Cubierta:
*Cúpula de la Roca, decoración interior,
detalle, Jerusalén.*

Guías temáticas *Museum With No Frontiers (MWNF)*

EL ARTE ISLÁMICO EN EL MEDITERRÁNEO | PALESTINA

Peregrinación, Ciencias y Sufismo
El arte islámico en Cisjordania y Gaza

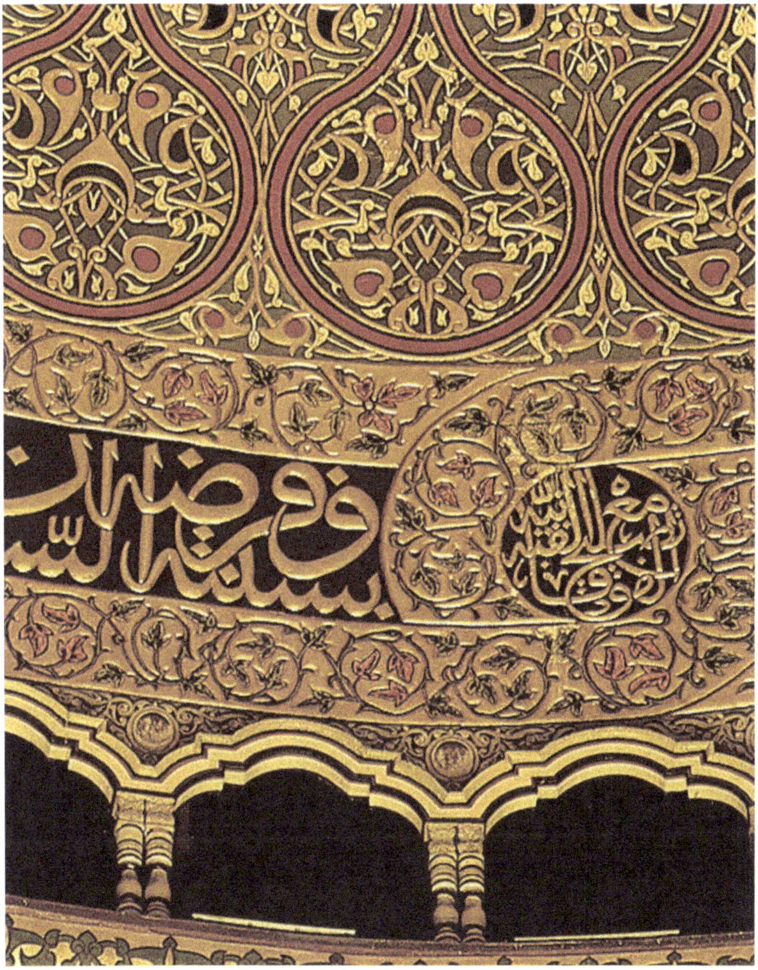

La realización del Itinerario-Exposición Museum With No Frontiers
PEREGRINACIÓN, CIENCIAS Y SUFISMO: El arte islámico en Cisjordania y Gaza
ha sido cofinanciada por la **Unión Europea**
en el marco del Programa **Euromed Heritage**
y ha recibido el apoyo de las instituciones palestinas e internacionales siguientes:

UNION EUROPEA
Euromed Heritage

MINISTERIO DE CULTURA
Dirección del Patrimonio Cultural
Autoridad Palestina

Ministerio de Cultura, Dirección del Patrimonio Cultural,
Autoridad Palestina

Ministerio de Asuntos Exteriores y de Cooperación,
Agencia Española de Cooperación Internacional para el Desarrollo (AECID),
España

Ministerio Federal de Asuntos Exteriores, Alemania

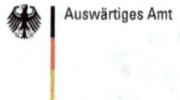

Ministerio Federal de Asuntos Europeos e Internacionales, Austria

Primera edición
© 2003 Ministerio de Cultura, Dirección del Patrimonio Cultural, Autoridad Palestina & Museum With No Frontiers
  (textos e ilustraciones).
© 2003 Electa (Random House Mondadori, S.A.), Madrid, España & Museum With No Frontiers.
© 2003 Al-Faris Publishing and Distribution Co., Ammán, Jordania.

Segunda edición
eBook
© 2010 Museum Ohne Grenzen | Museum With No Frontiers, MWNF (textos e ilustraciones)
© 2010 Museum Ohne Grenzen | Museum With No Frontiers, MWNF

Libro de bolsillo
© 2019 Museum Ohne Grenzen | Museum With No Frontiers, MWNF (textos e ilustraciones)
© 2019 Museum Ohne Grenzen | Museum With No Frontiers, MWNF

ISBN: 978-3-902782-83-0 (eBook)
      978-3-902782-82-3 (libro de bolsillo)
Todos los derechos reservados.

Información: www.museumwnf.org

Museum Ohne Grenzen | Museum With No Frontiers (MWNF) hace todos los esfuerzos posibles por garantizar la exactitud de la información contenida en sus publicaciones. Sin embargo, MWNF no puede ser considerado responsable por posibles errores, omisiones o inexactitudes y declina toda responsabilidad en caso de accidente, de cualquier tipo, que pueda ocurrir durante las visitas propuestas.

Este libro se preparó entre 1998 y 2003. Toda la información práctica (como llegar, horarios, contactos, etc.) se refiere al momento de la preparación del libro y por lo tanto se recomienda comprobar los datos antes de programar una visita.

Las opiniones expresadas en esta obra no reflejan necesariamente las opiniones de la Unión Europea o de sus estados miembros.

Por otra parte, las denominaciones empleadas en esta publicación y la presentación de los datos que en ella figuran no implican, por parte de la Unión Europea y de sus Estados miembros, ni por parte de Museum With No Frontiers, ninguna toma de posición respecto al estatuto jurídico de las ciudades y territorios mencionados, ni respecto al trazado de sus fronteras y límites.

Programa
Museum With No Frontiers
Idea y concepción general
Eva Schubert

Director del proyecto
Walid Sharif, Ramallah

**Coordinador del
Comité científico**
Mahmoud Hawari, Jerusalén

Comité científico
Mahmoud Hawari, Jerusalén
Yusuf Natsheh, Jerusalén
Nazmi al-Ju'beh, Jerusalén
Marwan Abu Khalaf, Ramallah
Mu'en Sadeq, Gaza

Catálogo

Introducciones
Yusuf Natsheh, Jerusalén
Nazmi al-Ju'beh, Jerusalén

Presentación de los recorridos
Comité científico

Revisión
Anne-Marie Lapillonne, Marseille

Textos técnicos
Sa'd al-Nimr, Ramallah
Jihan Barakat, Ramallah

Revisión del texto árabe

Coordinación
Yusuf Natsheh

Control científico
Mahmoud Hawari
Nazmi al-Ju'beh

Editing
Rushdi al-Ashhab

Ilustraciones

Fotógrafos
Issa Freij, Jerusalén
Garo Nelbendian, Jerusalén

Búsqueda iconográfica
Diana Phillips, Londres

Mapa general y esquemas
Sa'd al-Nimr, Ramallah
Sergio Viguera, Madrid

Planos de los monumentos
Sergio Viguera, Madrid

Traducción al español
Lourdes Domingo Díez de la Lastra, Málaga
Rosalía Aller Maisonnave, Madrid

Revisión de la edición española
Rosalía Aller Maisonnave, Madrid

Introducción general
El Arte Islámico en el Mediterráneo

Texto
Jamila Binous, Túnez
Mahmoud Hawari, Jerusalén-Este
Manuela Marín, Madrid
Gönül Öney, Esmirna

Planos
Şakir Çakmak, Esmirna
Ertan Daş, Esmirna
Yekta Demiralp, Esmirna

Diseño y maquetación
Agustina Fernández,
Electa España, Madrid
Christian Eckart,
MWNF, Viena (2ª edición)

Coordinación local

Director de Producción
Sa'd al-Nimr, Ramallah

Ayudante de Producción
Jihan Barakat, Ramallah

Coordinación internacional

Coordinación general
Eva Schubert

*Coordinación Comités Científicos,
traducciones, edición y producción
de los catálogos (1ª edición)*
Sakina Missoum, Madrid

Agradecimientos

Agradecemos a las instituciones que se mencionan a continuación su apoyo al proyecto:

Ministerio de Cultura, Dirección del Patrimonio Cultural, Ramallah
Ministerio de Turismo y Antigüedades, Departamento de Desarrollo y Planificación, Ramallah
Ministerio de Planificación y Cooperación Internacional, Ramallah
Ministerio de los Waqfs y Asuntos Religiosos, Ramallah
Ministerio del Trabajo, Ramallah
Ministerio del Gobierno Local, Ramallah
Ayuntamiento de Nablus
Ayuntamiento de Gaza
Ayuntamiento de Hebrón
Ayuntamiento de Jericó
Oficina de Asistencia Técnica de la Comisión Europea para Cisjordania y la Franja de Gaza
Centro Cultural Khalil Sakakini, Ramallah

Referencias fotográficas
Véase la página 5, así como
Ann & Peter Jousiffe (Londres), página 20 (Alepo)
Archivos Oronoz Fotógrafos (Madrid), página 23 (Alhambra, Granada)

Referencias de planos
R. Ettinghaussen y O. Grabar (Madrid, I, 1997), página 26 (Mezquita de Damasco).
Z. Sönmez (Ankara, 1995), página 27 (Mezquitas de Divriği y Estambul) y página 28 (Madrasa de Sivas).
Sergio Viguera (Madrid), página 28 (Tipología de alminares).
S. S., Blair y J. M. Bloom (Madrid, II, 1999), página 29 (Mezquita y Madrasa Sultán Hassan).
R. Ettinghaussen y O. Grabar (Madrid, I, 1997), Página 30 (Qasr al-Jayr al-Charqi)
A. Kuran (Estambul, 1986), página 31 (Jan Sultán Aksaray)

Museum With No Frontiers está a disposición de los propietarios de los derechos de eventuales fuentes iconográficas no identificadas.

Advertencias

Transcripción del árabe

Se han utilizado los arabismos del castellano como "magreb", "alcazaba", "muftí", "alminar", "zoco", etc., que han conservado el sentido de su lengua de procedencia, y se ha respetado la transcripción fonética de los nombres y palabras árabes de acuerdo con la pronunciación local. Para las demás palabras, hemos utilizado un sistema de transcripción simplificado para el cual hemos optado por no transcribir la *hamza* inicial y por no diferenciar entre vocales breves y largas, que se transcriben por *a, i, u*. La *ta' marbuta* se transcribe por *a* (estado absoluto) y *at* (seguida de un genitivo). La transcripción de las veintiocho consonantes árabes se indica en el cuadro siguiente:

ء	'	ح	h	ز	z	ط	t	ق	q	ه	h
ب	b	خ	kh	س	s	ظ	z	ك	k	و	u/w
ت	t	د	d	ش	sh	ع	'	ل	l	ي	y/i
ث	th	ذ	dh	ص	s	غ	gh	م	m		
ج	j	ر	r	ض	d	ف	f	ن	n		

Las palabras que aparecen en cursiva en el texto, salvo las acompañadas por su traducción o explicación, se encuentran en el glosario.

La era musulmana

La era musulmana comienza a partir del éxodo del Profeta Muhammad desde La Meca a Yazrib, que tomó entonces el nombre de *Madina*, "la Ciudad" por excelencia, la del Profeta. Acompañado de su pequeña comunidad (70 personas y miembros de su familia), recién convertida al Islam, el Profeta realizó *al-hiyra* (Hégira, literalmente "emigración") y se inició una nueva era. La fecha de esta emigración está fijada el primer día del mes de *Muharram* del año 1 de la Hégira, que coincide con el 16 de julio del año 622 de la era cristiana. El año musulmán se compone de 12 meses lunares; cada mes tiene 29 ó 30 días. Treinta años constituyen un ciclo en el cual el 2.°, 5.°, 7.°, 10.°, 13.°, 16.°, 18.°, 21.°, 24.°, 26.° y 29.° años son bisiestos de 355 días; los demás son años corrientes de 354 días. El año lunar musulmán es 10 u 11 días más corto que el año solar cristiano. Cada día empieza no justo después de la medianoche, sino inmediatamente después del ocaso, en el crepúsculo. La mayoría de los países musulmanes utiliza el calendario de la Hégira (que señala todas las fiestas religiosas) en paralelo con el calendario cristiano.

Las fechas

Las fechas aparecen primero según el calendario de la Hégira, seguidas de su equivalente en el calendario cristiano, tras una barra oblicua.
La fecha de la Hégira no figura cuando se trata de referencias procedentes de fuentes cristianas, de acontecimientos históricos europeos o que hayan tenido lugar en Europa, de dinastías cristianas y de fechas anteriores a la era musulmana o posteriores al inicio del mandato británico sobre Palestina (1917-1948).
La correspondencia de los años de un calendario a otro solo puede ser exacta cuando se proporcionan el día y el mes. Para facilitar la lectura, hemos evitado en la medida de lo posible los años intercalados y, cuando se trata de una fecha de la Hégira comprendida entre el final y el comienzo de un siglo, se mencionan directamente los dos siglos correspondientes.
Las fechas anteriores a la era cristiana se indican con a. C.

Abreviaturas

m. = muerto; r. = reinado; h. = hacia.

Indicaciones prácticas

Este catálogo fue redactado en 2001. Como consecuencia del desarrollo de los acontecimientos políticos acaecidos en la región posteriormente a la fecha, algunas descripciones proporcionadas en él pueden diferir de la situación que el visitante encontrará sobre el terreno.

La mención de Palestina, así como la definición del país, se refiere a los territorios de Cisjordania y de la Franja de Gaza, según las convenciones internacionales en vigor. Asimismo, tres recorridos en Jerusalén-Este han sido incluidos en este catálogo.

Los visitantes deberán llevar un pasaporte válido para al menos seis meses, lo que les permitirá permanecer tres meses en Palestina. Se puede entrar a Palestina por las fronteras egipcias y jordanas, o en avión por los aeropuertos de Gaza (Palestina) y Tel Aviv (Israel).

Aeropuerto de Gaza
Autobuses y taxis para Gaza City, desde donde taxis individuales y colectivos aseguran un servicio regular hacia Jerusalén y la mayoría de las ciudades palestinas; Gaza-Jerusalén: aprox. 80 km.

Aeropuerto de Tel Aviv
Autobuses entre el aeropuerto y Jerusalén (Puerta de Damasco); aprox. 35 km.

Por Jordania
Desde King Hussein Bridge, taxis individuales o colectivos aseguran la conexión con Jerusalén y la mayoría de las ciudades palestinas; King Hussein Bridge-Jerusalén: aprox. 30 km.

Por Egipto
Desde el puesto fronterizo de Rafah, hay autobuses que aseguran la conexión con Gaza City.
El idioma oficial es el árabe, pero numerosos Palestinos hablan también en inglés.

Durante su estancia en Palestina, los visitantes podrán utilizar tanto el dólar americano como el dinar jordano o el shekel israelí, ya que estas tres monedas están en vigor. El euro también empieza a circular, y puede ser cambiado en los bancos y oficinas de cambio de moneda en todas las ciudades del país. Las principales tarjetas de crédito se aceptan en todo el territorio. Es posible sacar dinero en varios bancos de las grandes ciudades.

Las grandes aglomeraciones disponen de hoteles de 3 a 5 estrellas, y la mayoría de ellos ofrecen alojamiento con desayuno incluido o media pensión. Las reservas pueden efectuarse a través de The Arab Hotel Association (www.palestinehotels.com).

El medio más apropiado para visitar los recorridos, monumentos y yacimientos que componen la exposición Museo Sin Fronteras en Palestina es el coche. El hotel le podrá facilitar los trámites correspondientes si desea alquilar un vehículo. Pero en las principales carreteras podrá también utilizar la red palestina, bastante bien desarrollada, de transportes en común, o coger un taxi colectivo. En cuanto a los taxis privados, se alquilan para la jornada o media jornada, en función de la longitud del recorrido; también en este caso el hotel estará a su disposición para brindarle la asistencia necesaria.

Se recomienda el uso de un mapa de carreteras y de planos de las ciudades a visitar. Es preferibles seguir los nueve recorridos de la Exposición en el orden propuesto, ya que la selección de los temas y monumentos se ha realizado según un criterio secuencial.

Cada recorrido va acompañado de un esquema gráfico que permite visualizar el viaje en su conjunto y los desplazamientos a realizar. Las etapas (señaladas con números arábigos) de cada recorrido (números romanos) están acompañadas por indicaciones técnicas en cursiva (cómo llegar a las ciudades y a los monumentos, horarios de visita, etc.), vigentes en el momento de la redacción del catálogo. Los recorridos incluyen monumentos principales y opcionales, "ventanas" (título sobre franja amarilla) que tratan temas complementarios, y vistas panorámicas, elegidas por su particular interés asociado a los lugares seleccionados.

Se recomienda a los visitantes llevar ropa cómoda para el viaje, así como la adopción de una vestimenta acorde con las costumbres locales para la visita de los lugares santos. Es muy probable que se pida a las mujeres cubrirse la cabeza antes de entrar en un edificio religioso.

Las mezquitas, *madrasa*s y *janqa*s son lugares de culto donde se realizan las cinco oraciones diarias: al alba, *al-fayr*; al mediodía, *al-duhr* (invierno 12 horas, verano 13 horas); a media tarde, *al-'asr* (invierno 15 horas, verano 16 horas); al ocaso, *al-magrib*; y a la noche (*al-'icha'*). Los mejores momentos para la visita son antes de la oración del mediodía (*al-duhr*) y entre esta y la de media tarde (*al-'asr*).

Los días festivos en Palestina corresponden a las fiestas religiosas, y acontecen en fechas (del calendario de la Hégira) diferentes según los años (del calendario cristiano). El 1 de enero y la Fiesta del Trabajo (1 de mayo) también son festivos.

Durante el mes de Ramadán, los musulmanes ayunan desde el amanecer hasta la puesta del sol. Los comercios cierran un poco antes de la puesta del sol. Los restaurantes, con excepción de los de hoteles, están cerrados durante el día y no abren hasta después del crepúsculo. Para no herir la sensibilidad de los practicantes, recomendamos a los visitantes abstenerse de comer, beber o fumar en los lugares públicos.

Museo Sin Fronteras no se responsabiliza de las posibles modificaciones acontecidas desde la redacción del catálogo ni de los incidentes, pérdidas o daños personales que pudieran producirse durante la estancia en Palestina.

Le deseamos una agradable estancia en Palestina.

El equipo de Museo Sin Fronteras

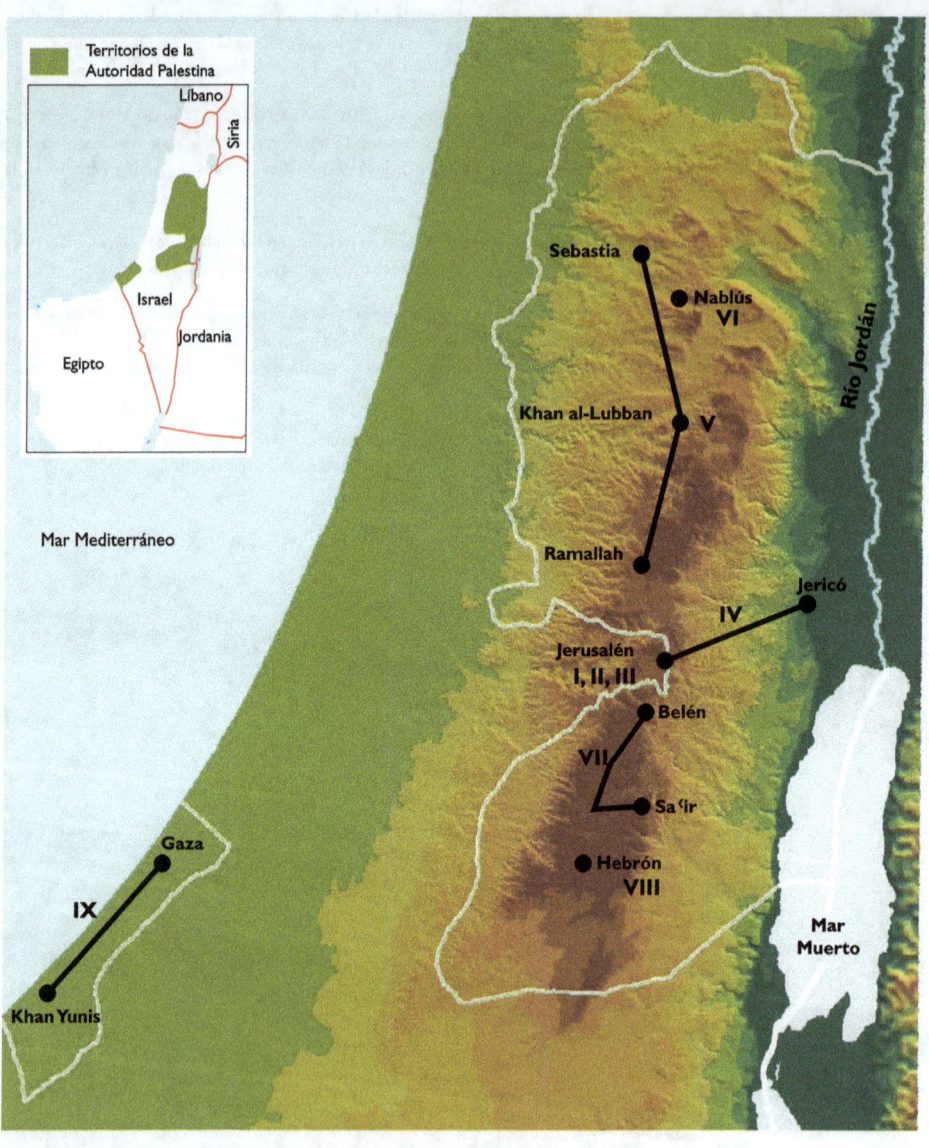

Sumario

15 **El Arte Islámico en el Mediterráneo**
*Jamila Binous, Mahmoud Hawari, Manuela Marín,
Gönül Öney*

35 **Palestina islámica: historia, política
y religión**
Nazmi al-Ju'beh, Yousef Natsheh

52 **Arquitectura y artes decorativas
de la Palestina islámica**
Nazmi al-Ju'beh

67 **Recorrido I**
Jerusalén y al-Haram al-Charif:
la *qibla* de Palestina
Yusuf Natsheh, Mahmoud Hawari
Los manuscritos de la Biblioteca
de la Mezquita al-Aqsa
Los sistemas hidráulicos de al-Haram al-Charif
Yusuf Natsheh

95 **Recorrido II**
Las instituciones sufíes en Jerusalén
Yusuf Natsheh
Los zocos
Yusuf Natsheh
Fortificaciones y puertas de la ciudad antigua
Mahmoud Hawari

113 **Recorrido III**
Jerusalén: el centro del saber y
de las ciencias religiosas
Yusuf Natsheh
El sistema del *waqf*
La jornada de un estudiante en una *madrasa*
Yusuf Natsheh

133 **Recorrido IV**
Un viaje por el desierto
Yusuf Natsheh, Mahmoud Hawari
Mawsim de Nabi Musa
La vida monástica en el desierto
Yusuf Natsheh

151 **Recorrido V**
La ruta de los *jans* y del sufismo
Marwan Abu Khalaf, Nazmi al-Ju'beh
El servicio de correo entre El Cairo y Damasco
Marwan Abu Khalaf

165 **Recorrido VI**
Nablus: la ciudad de los *hammams* y del jabón
*Marwan Abu Khalaf, Naseer R. Arafat,
Nazmi al-Ju'beh*
La fabricación del jabón
Marwan Abu Khalaf
Los palacios de Nablus
Naseer R. Arafat

187 **Recorrido VII**
La ruta de la peregrinación
entre Jerusalén y Hebrón
Nazmi al-Ju'beh
El sistema de abastecimiento de agua en Jerusalén
Nazmi al-Ju'beh

199 **Recorrido VIII**
Hebrón: la ciudad de Abraham
Nazmi al-Ju'beh
Los barrios antiguos
La producción de vidrio
Nazmi al-Ju'beh

217 **Recorrido IX**
Gaza: La puerta de África
Mu'en Sadeq
La producción de alfarería
La industria textil tradicional
Mu'en Sadeq

233 **Glosario**

238 **Personajes históricos**

246 **Orientación bibliográfica**

248 **Autores**

LAS DINASTÍAS ISLÁMICAS EN EL MEDITERRÁNEO

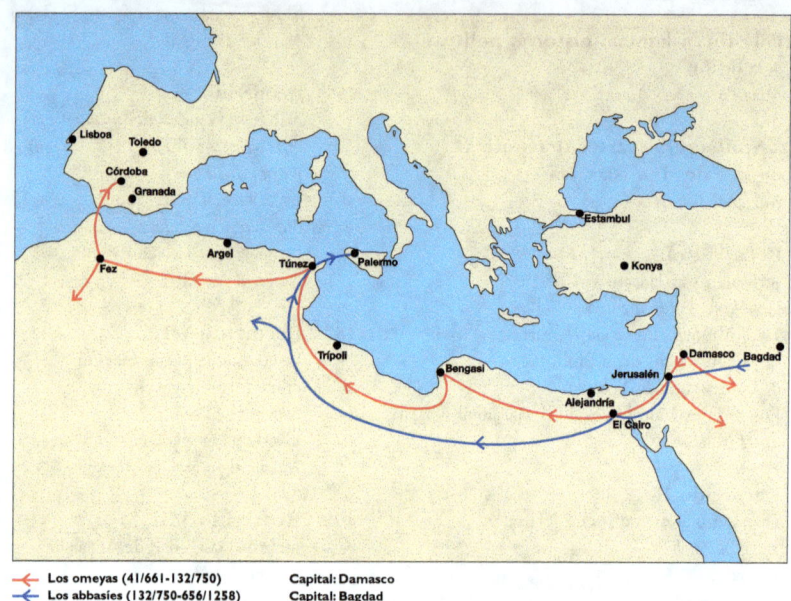

← Los omeyas (41/661-132/750) Capital: Damasco
← Los abbasíes (132/750-656/1258) Capital: Bagdad

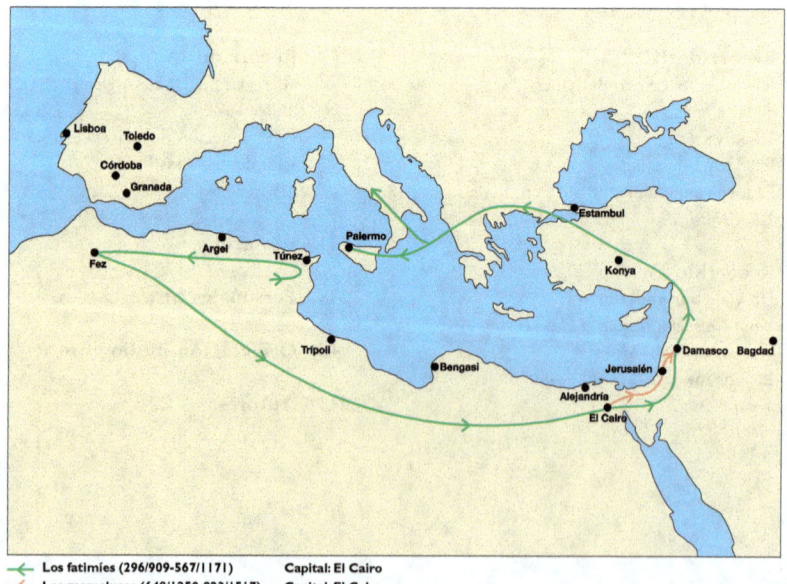

← Los fatimíes (296/909-567/1171) Capital: El Cairo
← Los mamelucos (648/1250-923/1517) Capital: El Cairo

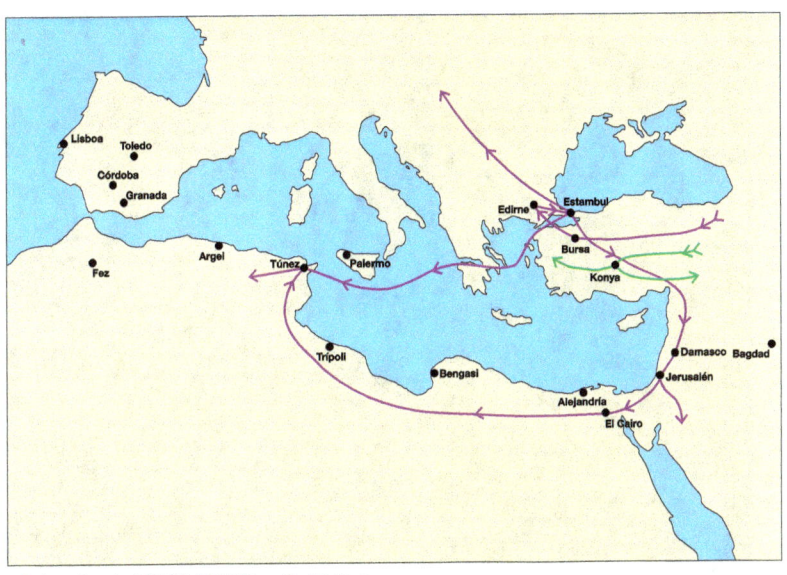

← Los selyuquíes (571/1075-718/1318)   Capital: Konya
← Los otomanos (699/1299-1340/1922)   Capital: Estambul

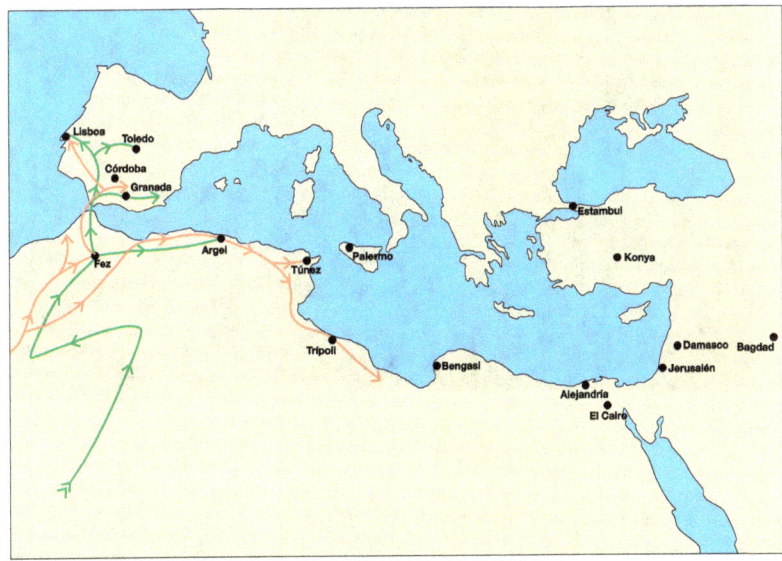

← Los almorávides (427/1036-541/1147)   Capital: Marrakech
← Los almohades (515/1121-667/1269)   Capital: Marrakech

*Qusayr 'Amra,
pintura mural
en la Sala de Audiencia,
Badiya de Jordania.*

EL ARTE ISLÁMICO EN EL MEDITERRÁNEO

Jamila Binous
Mahmoud Hawari
Manuela Marín
Gönül Öney

El legado islámico en el Mediterráneo

Desde la primera mitad del siglo I/VII, la historia de la Cuenca Mediterránea ha estado unida en casi igual proporción a la de dos culturas: el Islam y el Occidente cristiano. Esta extensa historia de conflicto y contacto ha generado una mitología ampliamente difundida por el imaginario colectivo, una mitología basada en la imagen de la otra cultura como el enemigo implacable, extraño y diferente y, como tal, incomprensible. Por supuesto, las batallas han salpicado los siglos transcurridos desde que los musulmanes se esparcieron desde la Península Arábiga y se apoderaron del Creciente Fértil, Egipto, y posteriormente del norte de África, Sicilia y la Península Ibérica, penetrando por la Europa occidental hasta el mismo sur de Francia. A principios del siglo II/VIII, el Mediterráneo estaba bajo control islámico.

Este impulso de expansión, de una intensidad raramente igualada en la historia, se llevaba a cabo en nombre de una religión que se consideraba heredera simultánea de sus dos predecesoras: el judaísmo y el cristianismo. Pero sería una inapropiada simplificación explicar la expansión islámica únicamente en términos religiosos. Existe una imagen muy extendida en Occidente que presenta el Islam como una religión de dogmas simples adaptados a las necesidades de la gente corriente y difundida por vulgares guerreros que habrían surgido del desierto blandiendo el Corán en las puntas de sus espadas. Esta burda imagen ignora la complejidad intelectual de un mensaje religioso que, desde el momento de su aparición, transformó el mundo. Se identifica esta imagen con una amenaza militar y se justifica así una respuesta en los mismos términos. Finalmente, reduce toda una cultura a uno solo de sus elementos —la religión— y, al hacerlo, la priva de su potencial de evolución y cambio.

Los países mediterráneos que se fueron incorporando progresivamente al mundo musulmán comenzaron sus respectivos trayectos desde puntos de partida muy diferentes. Por tanto, las formas de vida islámica que comenzaron a desarrollarse en cada uno de ellos fueron lógicamente muy diversas, aunque dentro de la unidad resultante de su común adhesión al nuevo dogma religioso. Es precisamente la capacidad de asimilar elementos de culturas previas (helenística, romana, etc.) uno de los rasgos distintivos que caracterizan a las sociedades islámicas. Si se restringe la observación al área geográfica del Mediterráneo, que era culturalmente muy heterogénea en el momento de la emergencia del Islam, se descubre rápidamente que este momento inicial no supuso ni mucho menos una ruptura con la historia previa. Se constata así la imposibilidad de imaginar un mundo islámico inmutable y monolítico, embarcado en el ciego seguimiento de un mensaje religioso inalterable.

Si algo se puede distinguir como *leitmotiv* presente en toda el área del Mediterráneo es la diversidad de expresión combinada con la armonía de sentimiento, un sentimiento más cultural que religioso. En la Península Ibérica —por empezar por el perímetro occidental del Mediterráneo— la presencia del Islam, impuesta inicialmente mediante la conquista militar, produjo una sociedad claramente diferenciada de la cristiana, pero en permanente contacto con ella. La importancia de la expresión cultural de esta sociedad islámica fue percibida como tal incluso después de que cesara de existir, y dio lugar a lo que tal vez sea uno de los componentes más originales de la cultura hispánica: el arte mudéjar. Portugal ha mantenido, a lo largo del periodo islámico, fuertes tradiciones mozárabes cuyas huellas siguen claramente visibles hoy en día. En Marruecos y Túnez, el legado andalusí quedó asimilado en las formas locales y sigue siendo evidente en nuestros días. El Mediterráneo occidental produjo formas originales de expresión que reflejan su evolución histórica conflictiva y plural.
Encajado entre Oriente y Occidente, el Mar Mediterráneo está dotado de enclaves terrestres como Sicilia, que corresponden a emplazamientos históricos estratégicos con siglos de antigüedad. Conquistada por los árabes que se habían establecido en Túnez, Sicilia siguió perpetuando la memoria histórica y cultural del Islam mucho después de que los musulmanes cesaran de tener presencia política en la isla. Las formas estéticas normandas conservadas en los edificios demuestran claramente que la historia de estas regiones no puede explicarse sin entender la diversidad de experiencias sociales, económicas y culturales que florecieron en su suelo.
En agudo contraste, pues, con la imagen inamovible a la que aludíamos al principio, la historia del Islam mediterráneo se caracteriza por una sorprendente diversidad. Está formada por una mezcla de gentes y caracteres étnicos, de desiertos y tierras fértiles. Aunque la religión mayoritaria fue la del Islam desde el principio de la Edad Media, también es cierto que las minorías religiosas mantuvieron cierta presencia. El idioma del Corán, el árabe clásico, ha coexistido en términos de igualdad con otros idiomas y dialectos del propio árabe. Dentro de un escenario de innegable unidad (religión musulmana, idioma y cultura árabes), cada sociedad ha evolucionado y respondido a los desafíos de la historia de una forma propia.

Aparición y desarrollo del arte islámico

En estos países, dotados de civilizaciones diversas y antiguas, fue surgiendo a finales del siglo II/VIII un nuevo arte impregnado de las imágenes de la fe islámica, que acabó imponiéndose en menos de cien años. Este arte dio origen a todo tipo de creaciones e innovaciones basadas en la unificación de las fórmulas y los procesos tanto decorativos como arquitectónicos de las diversas regiones, inspirándose simultáneamente en las tradiciones artísticas sasánidas, grecorromanas, bizantinas, visigóticas y beréberes.

El primer objetivo del arte islámico fue servir tanto a las necesidades de la religión como a los diversos aspectos de la vida socioeconómica. Y así aparecieron nuevos edificios destinados a usos religiosos, tales como las mezquitas y los santuarios. Por este motivo, la arquitectura desempeñó un papel central en el arte islámico, ya que gran parte de las otras artes están ligadas a ella. No obstante, al margen de la arquitectura, apareció un abanico de artes menores que encontraron su expresión artística a través de una amplia variedad de materiales, tales como la madera, la cerámica, los metales o el vidrio, entre otros muchos. En el caso de la alfarería, se recurrió a una amplia variedad de técnicas, entre las cuales sobresalen las piezas policromadas y lustradas. Se fabricaron también vidrios de gran belleza, alcanzándose un alto nivel en la realización de piezas adornadas con oro y esmaltes de colores brillantes. En la artesanía del metal, la técnica más sofisticada fue el trabajo en bronce con incrustaciones de plata o cobre. Se confeccionaron también tejidos y alfombras de alta calidad, con diseños basados en figuras geométricas, humanas y animales. Los manuscritos iluminados con ilustraciones en miniatura, por otra parte, representan un avance espectacular en las artes del libro. Toda esta diversidad en las manifestaciones menores refleja el esplendor alcanzado por el arte islámico.

Sin embargo, el arte figurativo quedó excluido del ámbito litúrgico del Islam, lo cual significa que permanece marginado con respecto al núcleo central de la civilización islámica y que solo es tolerado en su periferia. Los relieves son poco frecuentes en la decoración de los monumentos, mientras que las esculturas son casi planas. Esta ausencia se ve compensada por la gran riqueza ornamental de los revestimientos de yeso tallado, paneles de madera esculpida y mosaicos de cerámica vitrificada, así como frisos de *muqarnas* (mocárabe). Los elementos decorativos sacados de la naturaleza —hojas, flores, ramas— están estilizados al máximo y son tan complicados que casi no evocan sus fuentes de inspiración. La imbricación y la combinación de motivos geométricos, como rombos y polígonos, configuran redes entrelazadas que recubren por completo las superficies, dando lugar a formas llamadas "arabescos". Una innovación dentro del repertorio decorativo fue la introducción de elementos epigráficos en la ornamentación de los monumentos, el mobiliario y todo tipo de objetos. Los artesanos musulmanes recurrieron a la belleza de la caligrafía árabe, la lengua del Libro Sagrado, el Corán, no solo para la transcripción de los versos coránicos, sino simplemente como elemento decorativo para la orna-

Cúpula de la Roca, Jerusalén.

mentación de los estucos y los marcos de los paneles.

El arte estaba también al servicio de los soberanos. Para ellos los arquitectos construían palacios, mezquitas, escuelas, casas de baños, *caravansarays* y mausoleos que llevan a menudo el nombre de los monarcas. El arte islámico es, sobre todo, un arte dinástico. Con cada soberano aparecían nuevas tendencias que contribuían a la renovación parcial o total de las formas artísticas, según las condiciones históricas, la prosperidad de los diferentes reinos y las tradiciones de cada pueblo. A pesar de su relativa unidad, el arte islámico permitió así una diversidad propicia a la aparición de diferentes estilos, identificados con las sucesivas dinastías.

La dinastía omeya (41/661-132/750), que trasladó la capital del califato a Damasco, representa un logro singular en la historia del Islam. Absorbió e incorporó el legado helenístico y bizantino, y refundió la tradición clásica del Mediterráneo en un molde diferente e innovador. El arte islámico se formó, por tanto, en Siria, y la arquitectura, inconfundiblemente islámica debido a la personalidad de los fundadores, no perdió su relación con el arte cristiano y bizantino. Los más importantes monumentos omeyas son la Cúpula de la Roca de Jerusalén, el ejemplo más antiguo de santuario islámico monumental; la Mezquita Mayor de Damasco, que sirvió de modelo para las mezquitas posteriores; y los palacios del desierto de Siria, Jordania y Palestina.

Cuando el califato abbasí (132/750-656/1258) sustituyó a los omeyas, el centro político del Islam se trasladó desde el Mediterráneo hasta Bagdad, en Mesopotamia. Este factor influyó en el desarrollo de la civilización islámica, hasta el punto de que todo el abanico de manifestaciones culturales y artísticas quedó marcado por este cambio. El arte y la arquitectura abbasíes se inspiraban en tres grandes tradiciones: la sasánida, la asiática central y la selyuquí. La influencia del Asia central estaba presente ya en la arquitectura sasánida, pero en Samarra esta influencia se reflejó en la forma de trabajar el estuco con ornamentaciones de arabescos que rápidamente se difundiría por todo el mundo islámico. La influencia de los monumentos abbasíes se puede observar en los edificios construidos durante este período en otras regiones del imperio, pero especialmente en Egipto e Ifriqiya. La mezquita de Ibn Tulun (262/876-265/879), en El Cairo, es una obra maestra notable por su planta y por su unidad de concepción. Se inspiró en el modelo de la Mezquita Mayor abbasí de Samarra, sobre todo en su alminar en espiral. En Kairuán, la capital de Ifriqiya, los vasallos de los califas abbasíes, los aglabíes (184/800-296/909), ampliaron la Mezquita Mayor de Kairuán, una de las más venerables mezquitas *aljamas* del Magreb y cuyo *mihrab* está revestido con azulejos de Mesopotamia.

El reinado de los fatimíes (296/909-567/1171) representa un período notable en la historia de los países islámicos del Mediterráneo: el norte de África, Sicilia, Egipto y Siria. De sus construcciones arquitectónicas permanecen algunos ejemplos como testimonio de su gloria pasada: en el Magreb central, la Qal'a de los Bani Hammad y la mezquita de Mahdia; en Sicilia la Cuba (*Qubba*) y la Zisa

Mezquita de Kairuán, mihrab, Túnez.

Mezquita de Kairuán, alminar, Túnez.

El arte islámico en el Mediterráneo

Ciudadela de Alepo, vista de la entrada, Siria.

Complejo Qaluwun, El Cairo, Egipto.

(*al-'Aziza*), en Palermo, construidos por artesanos fatimíes bajo el reinado del rey normando Guillermo II; en El Cairo, la mezquita de al-Azhar es el ejemplo más prominente de la arquitectura fatimí egipcia.

Los ayyubíes (567/1171-648/1250), quienes derrocaron a la dinastía fatimí de El Cairo, fueron importantes mecenas de la arquitectura. Establecieron instituciones religiosas (*madrasas*, *janqas*) para la propagación del Islam sunní, así como mausoleos, establecimientos de beneficencia social e imponentes fortificaciones derivadas del conflicto militar con los cruzados. La ciudadela siria de Alepo es un ejemplo notable de su arquitectura militar.

Los mamelucos (648/1250-923/1517), sucesores de los ayyubíes que resistieron con éxito a los cruzados y a los mongoles, consiguieron la unidad de Siria y Egipto, y construyeron un imperio fuerte. La riqueza y el lujo que reinaban en la corte del sultán mameluco de El Cairo fueron la causa principal de que los artistas y arquitectos llegaran a desarrollar un estilo arquitectónico de extraordinaria elegancia. Para el mundo islámico, el período mameluco señala un momento de renovación y renacimiento. El entusiasmo de los mamelucos por la fundación de instituciones religiosas y por la reconstrucción de las existentes los sitúa entre los más grandes impulsores del arte y la arquitectura en la historia del Islam. Constituye un ejemplo típico de este período la

Mezquita de Hassan (757/1356), una mezquita funeraria de planta cruciforme en la que los cuatro brazos de la cruz están formados por cuatro *iwan*s que circundan un patio central.

Anatolia fue el lugar de nacimiento de dos grandes dinastías islámicas: los selyuquíes (571/1075-718/1318), quienes introdujeron el Islam en la región, y los otomanos (699/1299-1340/1922), quienes pusieron fin al imperio bizantino con la toma de Constantinopla, consolidando su hegemonía en toda la región.

Mezquita Selimiye, vista general, Edirne, Turquía.

El arte y la arquitectura selyuquíes dieron lugar a un floreciente estilo propio a partir de la fusión de las influencias provenientes de Asia central, Irán, Mesopotamia y Siria con elementos derivados del patrimonio de la Anatolia cristiana y la antigüedad. Konya, la nueva capital de la Anatolia central, al igual que otras ciudades, fue enriquecida con numerosos edificios construidos en este nuevo estilo selyuquí. Son numerosas las mezquitas, *madrasa*s, *turbe*s y *caravansaray*s que han llegado hasta nuestros días, lujosamente decorados por estucos y azulejos con diversas representaciones figurativas.

A medida que los emiratos selyuquíes se desintegraban y Bizancio entraba en declive, los otomanos fueron ampliando rápidamente su territorio y trasladaron la capital de Iznik a Bursa y luego otra vez a Edirne. La conquista de Constantinopla en 858/1453 por el sultán Mehmet II imprimió el necesario impulso para la transición desde un estado emergente a un gran imperio, una superpotencia cuyas fronteras llegaban hasta Viena, incluyendo los Balcanes al oeste e Irán al este, así como el norte de África desde Egipto hasta Argelia. El Mediterráneo se convirtió, pues, en un mar otomano. La carrera por superar el esplendor de las iglesias bizantinas heredadas, cuyo máximo ejemplo es Santa Sofía, cul-

Cerámica del palacio Kubadabad, museo Karatay, Konya, Turquía.

El arte islámico en el Mediterráneo

Mezquita Mayor de Córdoba, mihrab, España.

Madinat al-Zahra', Dar al-Yund, España.

minó en la construcción de las grandes mezquitas de Estambul. La más significativa de ellas es la mezquita Süleymaniye, concebida en el siglo X/XVI por el famoso arquitecto otomano Sinán, que constituye el ejemplo más significativo de armonía arquitectónica en edificios con cúpula. La mayoría de las grandes mezquitas otomanas formaba parte de extensos conjuntos de edificios llamados *külliye*, compuestos por varias *madrasas*, una escuela coránica, una biblioteca, un hospital (*darüssifa*), un hostal (*tabjan*), una cocina pública, un *caravansaray* y varios mausoleos. Desde principios del siglo XII/XVIII, durante el llamado Período del Tulipán, el estilo arquitectónico y decorativo otomano reflejó la influencia del Barroco y el Rococó franceses, anunciando así la etapa de occidentalización de las artes y la arquitectura islámicas.

Situado en el sector occidental del mundo islámico, al-Andalus se convirtió en la cuna de una forma de expresión artística y cultural de gran esplendor. Abderramán I estableció un califato omeya independiente (138/750-422/1031) cuya capital era Córdoba. La Mezquita Mayor de esta ciudad habría de convertirse en predecesora de las tendencias artísticas más innovadoras, con elementos como los arcos superpuestos bicolores y los paneles con ornamentación vegetal, que pasarían a formar parte del repertorio de formas artísticas andalusíes.

En el siglo V/XI, el Califato de Córdoba se fragmentó en una serie de principados

El arte islámico en el Mediterráneo

incapaces de hacer frente al progresivo avance de la Reconquista, iniciada por los estados cristianos del noroeste de la Península Ibérica. Estos reyezuelos, o Reyes de Taifa, recurrieron a los almorávides en 479/1086 y a los almohades en 540/1145, para repeler el avance cristiano y restablecer parcialmente la unidad de al-Andalus.

A través de su intervención en la Península Ibérica, los almorávides (427/1036-541/1147) entraron en contacto con una nueva civilización y quedaron inmediatamente cautivados por el refinamiento del arte andalusí, como lo refleja su capital Marrakech, donde construyeron una gran mezquita y varios palacios. La influencia de la arquitectura de Córdoba y otras capitales como Sevilla se hizo sentir en todos los monumentos almorávides desde Tlemcen o Argel hasta Fez.

Mezquita de Tinmel, vista aérea, Marruecos.

Bajo el dominio de los almohades (515/1121-667/1269), quienes extendieron su hegemonía hasta Túnez, el arte islámico occidental alcanzó su momento de máximo apogeo. Durante este período, se renovó la creatividad artística que se había originado bajo los soberanos almorávides y se crearon varias obras maestras del arte islámico. Entre los ejemplos más notables se encuentran la Mezquita Mayor de Sevilla, con su alminar, la Giralda; la Kutubiya de Marrakech; la mezquita de Hassan de Rabat; y la Mezquita de Tinmel, en lo alto de las Montañas del Atlas marroquí.

Tras la disolución del imperio almohade, la dinastía nazarí (629/1232-897/1492) se instaló en Granada y alcanzó su esplendor en el siglo VIII/XIV. La civilización de Granada había de convertirse en un modelo cultural durante los siglos venideros en España (el arte mudéjar) y sobre todo en Marruecos, donde esta tradición artística disfrutó de gran popularidad y se ha conservado hasta nuestros días en la arquitectura, la decoración, la música y la cocina. El famoso palacio y fuerte de *al-Hamra'*

Torre de las Damas y jardines, la Alhambra, Granada, España.

Mértola, vista general, Portugal.

Friso epigráfico con caracteres cursivos sobre azulejos, madrasa Buinaniya, Mequinez, Marruecos.

(la Alhambra) de Granada señala el momento cumbre del arte andalusí y posee todos los elementos de su repertorio artístico.

En Marruecos, los meriníes (641/1243-876/1471) sustituyeron en la misma época a los almohades, mientras que en Argelia reinaban los Abd al-Wadid (633/1235-922/1516) y en Túnez los hafsíes (625/1228-941/1534). Los meriníes perpetuaron el arte andalusí, enriqueciéndolo con nuevos elementos. Embellecieron la capital Fez con numerosas mezquitas, palacios y *madrasas*, considerados todos estos edificios, con sus mosaicos de cerámica y sus paneles de *zelish* decorando los muros, como los ejemplos más perfectos del arte islámico. Las últimas dinastías marroquíes, la de los saadíes (933/1527-1070/1659) y la de los alauíes (1070/1659-hasta hoy), prosiguieron la tradición artística de los andalusíes exiliados de su tierra nativa en 897/1492. Para construir y decorar sus monumentos, estas dinastías siguie-

El arte islámico en el Mediterráneo

Qal'a de los Bani Hammad, alminar, Argelia.

Tumba de los Saadíes, Marrakech, Marruecos.

ron recurriendo a las mismas fórmulas y a los mismos temas decorativos que las dinastías precedentes, y añadieron toques innovadores propios de su genio creativo. A principios del siglo XI/XVII, los emigrantes andalusíes (los moriscos) que establecieron sus residencias en las ciudades del norte de Marruecos, introdujeron allí numerosos elementos del arte andalusí. Actualmente, Marruecos es uno de los pocos países que ha mantenido vivas las tradiciones andalusíes en la arquitectura y el mobiliario, modernizadas por la incorporación de técnicas y estilos arquitectónicos del siglo XX.

LA ARQUITECTURA ISLÁMICA

En términos generales, la arquitectura islámica puede clasificarse en dos categorías: religiosa, como es el caso de las mezquitas y los mausoleos, y secular, como en los palacios, los *caravansarays* o las fortificaciones.

Arquitectura religiosa

Mezquitas

Por razones evidentes, la mezquita ocupa el lugar central en la arquitectura islámica. Representa el símbolo de la fe a la que sirve. Este papel simbólico fue comprendido por los musulmanes en una etapa muy temprana, y desempeñó un papel importante en la creación de adecuados signos visibles para el edificio: el alminar, la cúpula, el *mihrab* o el *mimbar*.

La primera mezquita del Islam fue el patio de la casa del profeta en Medina, desprovista de cualquier refinamiento arquitectónico. Las primeras mezquitas construidas por los musulmanes a medida que se expandía su imperio eran de gran sencillez. A partir de aquellos primeros edificios se desarrolló la mezquita congregacional o mezquita del viernes (*yami'*), cuyos elementos esenciales han permanecido inalterados durante casi 1400 años. Su planta general consiste en un gran patio rodeado de galerías con arcos, cuyo número de arcadas es más elevado en el lado orientado hacia la Meca (*qibla*) que en los otros lados. La Mezquita Mayor omeya de Damasco, cuya planta se inspira en la mezquita del Profeta, se convirtió en el prototipo de muchas mezquitas construidas en diversas partes del mundo islámico.

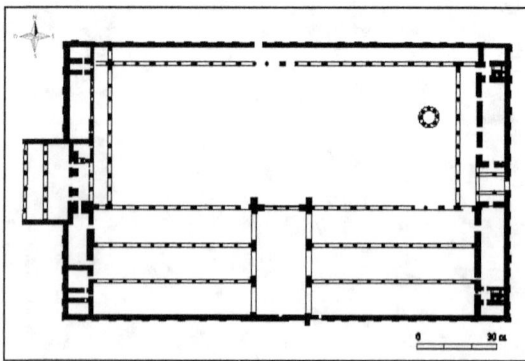

Mezquita omeya de Damasco, Siria.

Otros dos tipos de mezquitas se desarrollaron en Anatolia y posteriormente en los dominios otomanos: la mezquita basilical y la mezquita con cúpula. La primera tipología consiste en una simple basílica o sala de columnas inspirada en las tradiciones romana tardía y bizantina siria, introducidas con ciertas modificaciones durante el siglo V/XI. En la segunda tipología, que se desarrolló durante el período otomano, el espacio interior se organiza bajo una cúpula única. Los arquitectos otomanos crearon en las grandes mezquitas imperiales un nuevo estilo de construcción con cúpulas, fusionando la tradición de la mezquita islámica con la edificación con cúpula en Anatolia. La cúpula principal descansa sobre una estructura de planta hexagonal, mientras que las crujías laterales están cubiertas por cúpulas más pequeñas. Este énfasis en la creación de un espacio interior dominado por una única cúpula se convirtió en el punto de partida de un estilo que habría de difundirse en el siglo X/XVI. Durante este período, las mezquitas se convirtieron en conjuntos sociales multifuncionales formados por una *zawiya*, una *madrasa*, una cocina pública, unas termas, un *caravansaray* y un mausoleo dedicado al fundador. El monumento más importante de esta tipología es la mezquita Süleymaniye de Estambul, construida en 965/1557 por el gran arquitecto Sinán.

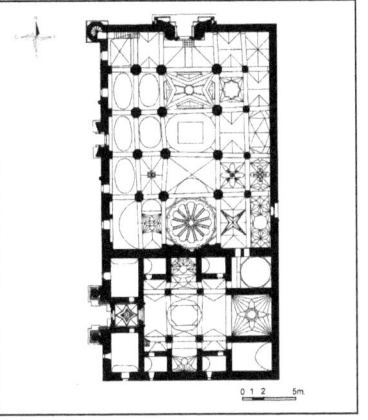

Mezquita Mayor de Divriği, Turquía.

El alminar desde lo alto del cual el *muecín* llama a los musulmanes a la oración, es el signo más prominente de la mezquita. En Siria, el alminar tradicional consiste en una torre de planta cuadrada construida en piedra. Los alminares del Egipto mameluco se dividen en tres partes: una torre de planta cuadrada en la parte inferior, una sección intermedia de planta octogonal y una parte superior cilíndrica rematada por una pequeña cúpula. Su cuerpo central está ricamente decorado y la zona de transición entre las diversas secciones está recubierta con una franja decorativa de mocárabe. Los alminares norteafricanos y españoles, que comparten la torre cuadrada con los sirios, están decorados con paneles de motivos ornamentales dispuestos en torno a ventanas geminadas. Durante el período otomano las torres cuadradas fueron sustitui-

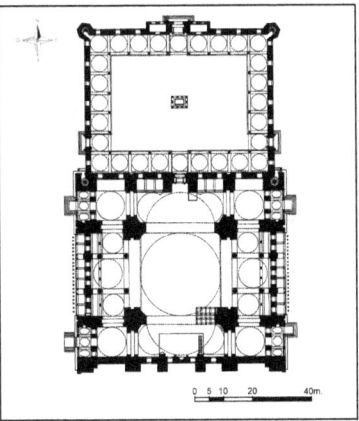

Mezquita Süleymaniye, Estambul, Turquía.

Tipología de alminares.

das por alminares octogonales y cilíndricos. Suelen ser alminares puntiagudos de gran altura y, aunque las mezquitas sólo suelen tener un único alminar, en las ciudades más importantes pueden tener dos, cuatro o incluso seis.

Madrasas

Parece probable que fueran los selyuquíes quienes construyeran las primeras madrasas en Persia a principios del siglo V/XI, cuando se trataba de pequeñas edificaciones con una sala central con cúpula y dos *iwans* laterales. Posteriormente se desarrolló una tipología con un patio abierto y un *iwan* central rodeados de galerías. En Anatolia, durante el siglo VI/XII, la *madrasa* se transformó en un edificio multifuncional que servía como escuela médica, hospital psiquiátrico, hospicio con comedores públicos (*imaret*) y mausoleo.

La difusión del Islam ortodoxo sunní alcanzó un nuevo momento cumbre en Siria y Egipto bajo el reinado de los zenyíes y los ayyubíes (siglos VI/XII - p. VII/XIII). Esto condujo a la aparición de la *madrasa* fundada por un dirigente cívico o político en aras del desarrollo de la jurisprudencia islámica. La fundación venía seguida de la concesión de una dotación financiera en perpetuidad (*waqf*), generalmente las rentas de unas tierras o propiedades en la forma de un pomar, unas tiendas en algún mercado (*suq*) o unas termas (*hammam*). La *madrasa* respondía tradicionalmente a una planta cruciforme con un patio central rodeado de cuatro *iwans*. Esta edificación no tardó en convertirse en la forma arquitectónica dominante, a partir de la cual las mezquitas adoptaron la planta de cuatro *iwans*. Posteriormente, fue

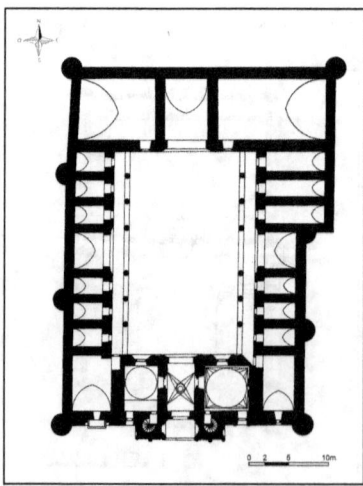

Madrasa de Sivas Gök, Turquía.

perdiendo su exclusiva función religiosa y política como instrumento de propaganda y comenzó a asumir funciones cívicas más amplias, como mezquita congregacional y como mausoleo en honor del benefactor. La construcción de *madrasas* en Egipto y especialmente en El Cairo adquirió un nuevo impulso con la llegada de los mamelucos. La típica *madrasa* cairota de esta época consistía en un gigantesco edificio con cuatro *iwans*, un espléndido portal de mocárabe (*muqarnas*) y unas espléndidas fachadas. Con la toma del poder por parte de los otomanos en el siglo X/XVI, las dobles fundaciones conjuntas —las típicas mezquitas-*madrasas*— se difundieron en forma de extensos conjuntos que gozaban del patronazgo imperial. El *iwan* fue desapareciendo gradualmente, sustituido por la sala con cúpula dominante. El aumento sustancial en el número de celdas con cúpulas para estudiantes constituye uno de los elementos que caracterizan las *madrasas* otomanas.

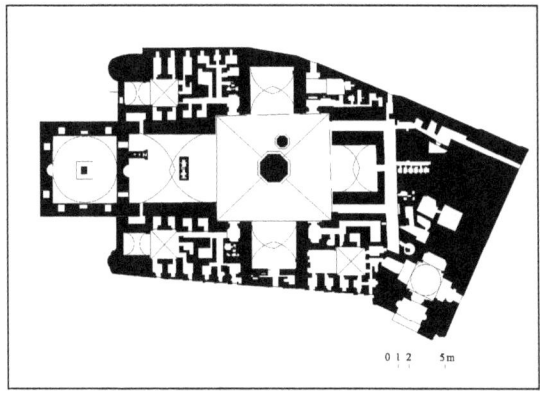

Mezquita y madrasa Sultán Hassan, El Cairo, Egipto.

Una de las varias tipologías de edificios que puede relacionarse con la *madrasa* en virtud tanto de su función como de su forma es la *janqa*. Este término, más que a un tipo concreto de edificio, se refiere a una institución que aloja a los miembros de una orden mística musulmana. Los historiadores han utilizado también los siguientes términos como sinónimos de *janqa*: en el Magreb, *zawiya*; en el mundo otomano, *tekke*; y en general, *ribat*. El sufismo dominó de forma permanente el uso de la *janqa*, que se originó en el este de Persia durante el siglo IV/X. En su forma más simple, la *janqa* era una casa donde un grupo de discípulos se reunía en torno a un maestro (*chayj*) y estaba equipada con instalaciones para la celebración de reuniones, la oración y la vida comunitaria. La fundación de *janqas* floreció bajo el dominio de los selyuquíes en los siglos V/XI y VI/XII, y se benefició de la estrecha asociación entre el sufismo y el *madhab chafi'i* (doctrina), favorecida por la elite dominante.

Mausoleos

La terminología utilizada por las fuentes islámicas para referirse a la tipología del mausoleo es muy variada. El término descriptivo corriente de *turba* hace referencia a la función del edificio como lugar de enterramiento. Otro término, el de *qubba*, hace hincapié en lo más identificable, la cúpula, y a menudo se

Qasr al-Jayr al-Charqi, Siria.

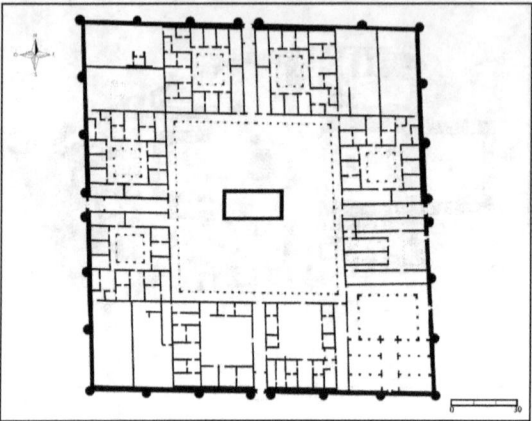

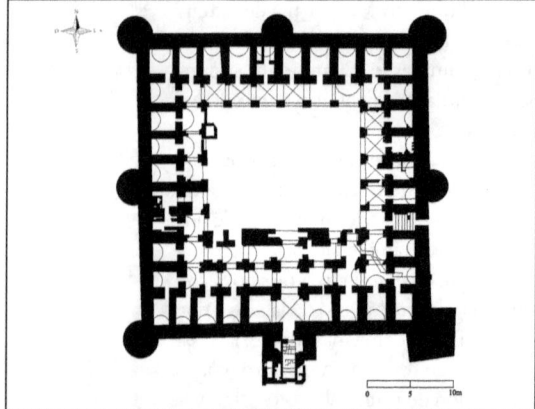

Ribat de Susa, Túnez.

aplica a una estructura donde se conmemora a los profetas bíblicos, a los compañeros del Profeta Muhammad o a personajes notables, ya sean religiosos o militares. La función del mausoleo no se limita exclusivamente a la de lugar de enterramiento y conmemoración, sino que desempeña también un papel importante para la práctica "popular" de la religión. Son venerados como tumbas de los santos locales y se han convertido en lugares de peregrinación. A menudo, estas edificaciones suelen estar ornamentadas con citas coránicas y dotadas de un *mihrab* que los convierte en lugares de oración. En algunos casos, el mausoleo forma parte de alguna edificación contigua. Las formas de los mausoleos islámicos medievales son muy variadas, pero la forma tradicional tiene la planta cuadrada y está rematada por una cúpula.

Arquitectura secular

Palacios

El período omeya se caracteriza por los palacios y las casas de baños situados en remotos parajes desérticos. Su planta básica proviene de los modelos militares romanos. Aunque la decoración de estas edificaciones es ecléctica, constituyen los mejores ejemplos del incipiente estilo decorativo islámico. Entre los medios utilizados para llevar a cabo esta notable diversidad de motivos decorativos se encuentran los mosaicos, las pinturas murales y las esculturas de piedra o estuco. Los palacios abbasíes de Irak, tales como los de Samarra y Ujaydir, responden al mismo esquema en planta que sus predecesores omeyas, pero sobresalen por su mayor tamaño, el uso de un gran *iwan*, una cúpula y un patio, así como por el recurso generalizado a las decoraciones de estuco. Los palacios del período islámico tardío desarrollaron un estilo característico diferente, más decorativo y menos monumental. El ejemplo más notable de palacio real o principesco es La Alhambra. La amplia superficie del palacio se fragmenta en una serie de unidades independientes: jardines, pabellones y patios. Sin embargo, el rasgo más sobresaliente de La Alhambra es la decoración, que brinda una atmósfera extraordinaria al interior del edificio.

Caravansarays

El *caravansaray* suele hacer referencia a una gran estructura que ofrece alojamiento a viajeros y comerciantes.

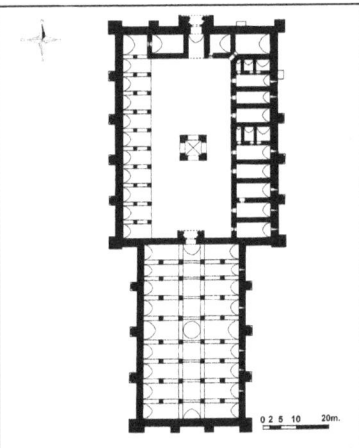

Jan Sultan Aksaray, Turquía.

Generalmente es de planta cuadrada o rectangular, y ofrece una única entrada monumental saliente y torres en los muros exteriores. En torno a un gran espacio central rodeado por galerías se organizan habitaciones para los viajeros, almacenes de mercancía y establos.

Esta tipología de edificio responde a una amplia variedad de funciones, como lo demuestran sus múltiples denominaciones: *jan*, *han*, *funduq* o *ribat*. Estos términos señalan diferencias lingüísticas regionales más que distinciones funcionales o tipológicas. Las fuentes arquitectónicas de los diversos tipos de *caravansarays* son difíciles de identificar. Algunas derivan tal vez del *castrum* o campamento militar romano, con el que se relacionan los palacios omeyas del desierto. Otras tipologías, como las frecuentes en Mesopotamia o Persia, se asocian más bien a la arquitectura doméstica.

Organización urbana

Desde aproximadamente el siglo III/X, cualquier ciudad de cierta importancia se dotó de torres y muros fortificados, elaboradas puertas urbanas y una prominente ciudadela (*qal'a* o alcazaba) como asentamiento del poder. Estas últimas son construcciones realizadas con materiales característicos de la región circundante: piedra en Siria, Palestina y Egipto, o ladrillo, piedra y tapial en la Península Ibérica y el norte de África. Un ejemplo singular de arquitectura militar es el *ribat*. Desde el punto de vista técnico, consistía en un palacio fortificado destinado a los guerreros islámicos que se consagraban, ya fuera provisional o permanentemente, a la defensa de las fronteras. El *ribat* de Susa, en Túnez, recuerda los primeros palacios islámicos, pero difiere de ellos en su distribución interior con grandes salas, así como por su mezquita y alminar.

La división en barrios de la mayoría de las ciudades islámicas se basa en la afinidad étnica y religiosa, y constituye por otra parte un sistema de organización urbana que facilita la administración cívica. En cada barrio hay siempre una mezquita. En el interior o en sus proximidades hay, además, una casa de baños, una fuente, un horno y una agrupación de tiendas. Su estructura está formada por una red de calles y callejones, y un conjunto de viviendas. Según la región y el período, las casas adoptan diferentes rasgos que responden a las distintas tradiciones históricas y culturales, el clima o los materiales de construcción disponibles.

El mercado (*suq*), que actúa como centro neurálgico de los negocios locales, es de hecho el elemento característico más relevante de las ciudades islámicas. La distancia del mercado a la mezquita determina su organización espacial por gremios especializados. Por ejemplo, las profesiones consideradas limpias y honorables (libreros, perfumeros y sastres) se sitúan en el entorno inmediato de la mezquita, mientras que los oficios asociados al ruido y el mal olor (herreros, curtidores, tintoreros) se sitúan progresivamente más lejos de ella. Esta distribución topográfica responde a imperativos basados estrictamente en criterios técnicos.

Palestina, según el
"Theatrum Orbis
Terrarum" de Abraham
Ortels llamado
Ortelius, Amberes, 1570
(© The Art Archive /
Museo Naval de
Génova / Dagli Orti
[A]).

PALESTINA ISLÁMICA: HISTORIA, POLÍTICA Y RELIGIÓN

Nazmi al-Ju'beh, Yusuf Natsheh

Palestina está situada entre el Mediterráneo, al oeste, y las orillas del Jordán y del mar Muerto, al este. Limítrofe del Líbano, al norte, linda con la península del Sinaí (Egipto) por el sur. A lo largo de su dilatada historia, Palestina ha sido testigo de las distintas épocas y culturas que se han sucedido en la región. Gracias a su privilegiada situación geográfica entre Asia menor, Mesopotamia y Siria, por una parte, y el valle del Nilo, por otra, desde siempre atrajo la codicia de los grandes imperios. Palestina se convirtió en lugar de paso obligado para la expansión de estas civilizaciones, que en su avance dejaron tras de sí no solo ruinas y desolación, sino también su formidable herencia cultural. No fue, pues, por casualidad, Palestina la primera región donde el ejército árabe se situó al alba de su colosal conquista (s. I/VII).

Tras eliminar los últimos brotes de resistencia de los bizantinos, que en 7/628 habían reconquistado Palestina a sus ocupantes persas, quienes habían gobernado allí durante catorce años, 'Amr Ibn al-'As cruzó a 'Aqaba (Ayla) en 13/635 y desde allí se dirigió al desierto del Neguev y Gaza, y posteriormente hacia el norte.

Aún no habían transcurrido dos años desde la entrada de los musulmanes en Palestina, cuando en 15/637 tuvo lugar la decisiva batalla de Yarmuk, la última victoria determinante sobre las tropas bizantinas, que no solo despejó el camino hacia el corazón de Palestina, sino también hacia las regiones de Siria. Jerusalén y Cesarea se resistieron a la ocupación, aunque fueron conquistadas poco después.

Palestina inaugura una nueva época de relativa estabilidad tras el largo período de luchas políticas y religiosas que se produjeron durante el reinado bizantino, enfrentado, a su vez, con el Estado sasánida de Persia. El nuevo gobierno islámico, que no dio lugar a cambios radicales en el país, estableció dos regiones administrativas y militares (*yund*s): al norte, *Yund al-Urdun* (provincia administrativa de Jordania) se extendía desde el sur de Líbano y el norte de Palestina hasta Marsh Ibn Emir y el noreste de Jordania, con Tiberíades por capital; la segunda, *Yund Filistin* (Palestina) tenía Ramla como capital y se extendía desde Marsh Ibn Emir hasta el Neguev y el sureste de Jordania.

No se sabe mucho de Palestina durante el período de los califas ortodoxos, salvo que 'Umar Ibn al-Jattab construyó la mezquita al-Aqsa, y que 'Uzman Ibn 'Affan estableció la primera flota de guerra islámica en Acre y fortificaciones costeras en las cuales instaló tropas. No se fundaron ciudades nuevas; la mayoría de los habitantes eran árabes y algunos ya se habían convertido al Islam antes de la conquista.

Durante la época de los omeyas (41/661-132/750), la creciente importancia religiosa y política de Palestina tuvo como consecuencia una impresionante actividad constructora. Los habitantes tomaron partido por los nuevos gobernantes y, junto a sus vecinos de Siria, constituyeron la columna vertebral del ejército y el poder omeyas. Por ello no es de extrañar que las ceremonias de investidura de Mu'awiya y otros califas omeyas tuviesen lugar en Jerusalén. Asimismo, durante la época de 'Abd al-Malik Ibn Marwan y de su hijo al-Walid I, se llevó a cabo el proyecto arquitectónico más prestigioso de los omeyas (y probablemente el más importante de toda la historia de la civilización islámica):

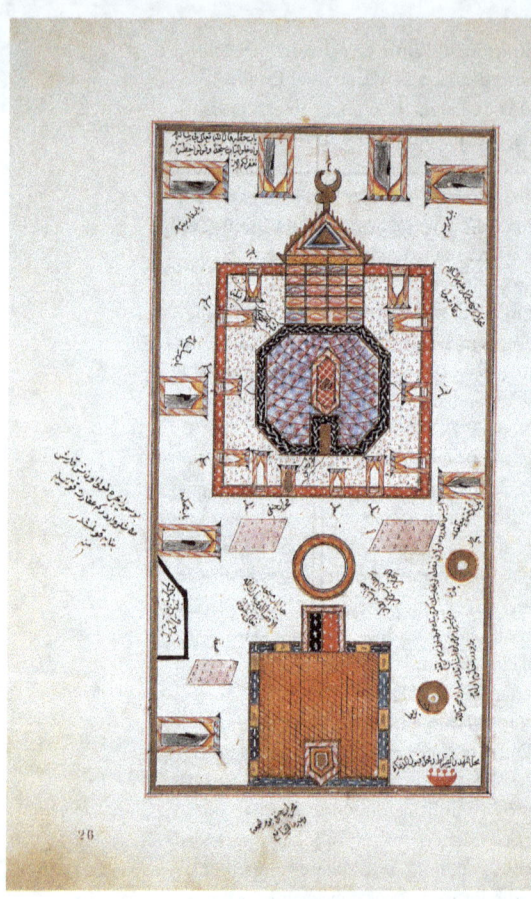

Al-Haram al-Charif con la Cúpula de la Roca y la Mezquita al-Aqsa, Jerusalén, "Nur-I vahhay li tahsil al-'Ilayj" (Ms.Vat. Turco 125, f.26r), decorado por el copista Mustafa Kashif (müzehhib) en 1243/1857 (© Biblioteca Vaticana).

la construcción de al-Haram al-Charif (el noble Santuario), que inmortalizó a esta dinastía en el mundo islámico y allende fronteras. Además de este proyecto, los omeyas erigieron diversos palacios (*qasrs*): Dar al-Idara en Jerusalén, Jirbat al-Mafyar (Palacio de Hicham) en Jericó, Jirbat al-Minya en la orilla noroeste del mar de Galilea, Qasr al-Sabbagin (de los Tintoreros) en Ramla (hoy en día desaparecida),

así como los *hammams* o baños de al-Hamma, en el sureste del mar de Galilea. Además, los omeyas se ocuparon de mejorar las vías de comunicación, en particular las que unían Palestina con Damasco, capital del califato. Ramla, la única ciudad construida por los omeyas en Palestina, fue fundada por Sulayman Ibn 'Abd al-Malik y terminada bajo el gobierno de 'Umar Ibn 'Abd al-'Aziz.

Aunque Palestina fue testigo del esplendor de los omeyas, también lo fue de la masacre de más de ochenta *emires* omeyas por orden de 'Abd Allah Ibn 'Ali al-'Abbas a orillas del río Abu Futrus. El asesinato de Marwan Ibn Muhammad, en 132/750, pone fin a la época omeya y marca el inicio de la dinastía abbasí.

Debido a haber padecido la mala administración de los omeyas en los últimos años de su gobierno, los habitantes de Palestina no se opusieron al poder abbasí. Sin embargo, al poco tiempo se dieron cuenta de la magnitud del perjuicio sufrido y terminaron rebelándose contra esta nueva dinastía. En nombre de los omeyas, protagonizaron distintos levantamientos.

El gobierno abbasí en Palestina puede dividirse en dos etapas: la primera (132/750-264/878) conoció el declive y la marginación del país, debido al deterioro de sus relaciones con la autoridad central de Bagdad y al traslado del poder islámico a Iraq. Durante la segunda etapa (264/878-358/969), Palestina estuvo vinculada a Egipto y disfrutó de una cierta independencia política, económica y territorial; fue también el período en el que aparecieron pequeños Estados relativamente independientes de Bagdad, entonces inmersa en conflictos políticos internos.

Durante estas dos etapas, en Palestina se pusieron en marcha varios proyectos arquitectónicos de tal envergadura que rivalizaban con los de los omeyas, y los abbasíes no escatimaron esfuerzos en la conservación de los Santos Lugares que habían heredado de sus antecesores. En 154/770-771, Abu Ya'far al-Mansur ordenó la restauración de la mezquita al-Aqsa, seriamente dañada por un terremoto ocurrido ese mismo año; lo mismo hizo al-Mahdi cuatro años más tarde, y al-Ma'mun restauró la Cúpula de la Roca en 215/831. Los abbasíes construyeron una serie de columnatas alrededor de la plataforma de la Cúpula de la Roca y se interesaron por al-Haram al-Ibrahimi, en Hebrón, y por el sistema hidráulico de Ramla. Asimismo, las fuentes históricas mencionan la construcción de una grandiosa mezquita en Ascalón.

En 254/868, a causa de la debilidad del poder central, Ahmad Ibn Tulun consiguió imponer su autoridad en Egipto y, en 264/877, continuó su expansión hacia Siria y Palestina. Este período estuvo consagrado a la actividad militar y ello se reflejó en el carácter de las construcciones tuluníes en Palestina, cuyo proyecto más famoso es la construcción y fortificación del puerto de Acre.

En 289/901, al final del gobierno tuluní, aparecieron por primera vez en Palestina los qarmatas, la anarquía se adueñó del país y la alarma cundió en Bagdad, que comenzó a prepararse para restablecer su autoridad en Palestina y Siria. Para evitar que llevasen a cabo su proyecto de establecer un estado qarmata de confesión ismailo-chi'i, en 292/905 los abbasíes iniciaron una rápida campaña que puso fin al poder qarmata, tanto en Siria como en Egipto.

Qasr Jirbat al-Mafyar, vista general, Jericó.

El Estado abbasí no pudo mantenerse en el poder en Palestina mucho tiempo. Surgió el Estado ijchidí (323/934-358/969), que extendió su poder primero a Siria y posteriormente siguió avanzando hacia Egipto. En repetidas ocasiones, el Estado

Mezquita al-Haram al-Ibrahimi y Hebrón, Grabado en acero, Hildburghausen (Bibli. Institut), h. 1850 (© Foto AKG, Londres).

abbasí intentó inútilmente regresar al poder en Siria. Durante este período, Sayf al-Din al-Hamadani intentó recuperar el control de Palestina, pero se encontró con la enérgica resistencia de los ijchidíes, e igualmente se sucedieron los ataques de los qarmatas, que de forma intermitente provocaron la inestabilidad del país. Es digno de mención que los ijchidíes y sus sucesores, entre ellos Kafur al-Ijchidi, se hicieron enterrar cerca de la mezquita al-Aqsa, en Jerusalén.

Al final del gobierno de los ijchidíes, el territorio de Egipto se ve alcanzado por los ataques de los fatimíes, lo que anuncia la aparición de un nuevo poder que iba a modificar los mapas político y confesional de la región. Los ataques fatimíes a Egipto se vieron coronados por el éxito en 358/968, con la entrada de Yawhar al-Siqilli (el Siciliano) en la ciudad de al-Fustat, que puso fin no solo al Estado ijchidí en Egipto, sino también al poder de los abbasíes y al Estado *sunni*, que no volvería a ser instaurado hasta la llegada del sultán ayubbí Salah al-Din (Saladino), dos siglos más tarde.

A pesar de que el Estado fatimí consiguió cierta estabilidad en Egipto, cuyo reflejo cultural podemos contemplar en las magníficas construcciones que adornan El Cairo, no logró restablecer el orden en Palestina. Los habitantes se opusieron al gobierno chi'i de los fatimíes y la inmensa mayoría rechazó esta doctrina. Surgieron fuerzas palestinas locales, como los Bani al-Yarrah min Tai', señores de Ramla, que intentaron en numerosas ocasiones emanciparse y que pusieron en peligro el control fatimí. En más de una ocasión consiguieron independizarse en Palestina, y emitieron monedas con sus insignias. Más tarde, a todos estos grupos se unieron los selyuquíes, que atacaron a los fatimíes enarbolando el estandarte de los *sunníes*.

Como todas las dinastías precedentes, los fatimíes contribuyeron a la conservación de los Santos Lugares de Palestina. El califa fatimí al-Dahir restauró la mezquita al-Aqsa, que se había visto afectada por el violento terremoto de 426/1035, y le añadió la cúpula que aún conserva. El espléndido *mimbar* de madera de la mezquita al-Ibrahimi fue construido bajo el reinado de Badr al-Yamali, *emir* del ejército fatimí. Se cuenta que el califa fatimí al-Hakim bi-Amr Allah ordenó —por la tensión que presidía sus relaciones con los bizantinos— la destrucción de la iglesia del Santo Sepulcro en 400/1009-1010, aunque antes de transcurridos cinco años ordenó su reconstrucción.

En 465/1073, el *emir* gaznawí Atsiz consiguió tomar Jerusalén a los fatimíes y la sometió al califa abbasí al-Qa'im bi-Amr Allah y al famoso sultán selyuquí Malik Chah. Posteriormente, extendió su dominio al puerto de Acre, que recuperó su actividad comercial en la región. Sin embargo, este reino desapareció siete años más tarde, debido a las presiones de los fatimíes, por un lado, y de los selyuquíes, por otro, y pasó a manos de Tutuch (un selyuquí, hermano de Malik Chah), quien consiguió conquistar Jerusalén en 472/1080, mientras que, al sur de Acre y en Palestina meridional, el litoral permanecía en poder de los fatimíes. El equilibrio de fuerzas entre los fatimíes y los selyuquíes impidió a ambos contendientes reunir un ejército capaz de librar una guerra deci-

Mezquita al-Haram al-Ibrahimi, mihrab y mimbar, Hebrón.

siva hasta la muerte del sultán Malik Chah, cuando Tutuch intentó ocupar su puesto debilitando al reino, ocasión que aprovecharon los fatimíes para atacar ese territorio. Al-Afdal Ibn Badr al-Yamali ocupó Jerusalén en 491/1098, al mismo tiempo que los cruzados asediaban la ciudad de Antioquía. No habían transcurrido ocho meses cuando el gobierno fatimí de Jerusalén debió enfrentar a un nuevo poder, el de los cruzados, que transformarían el curso de la historia de Oriente durante un período que se prolongó casi dos siglos.

Las campañas de los cruzados sobre Palestina comenzaron tras la famosa proclama del Papa Urbano II pronunciada en el concilio de Clermont, en Francia, en 488/1095. La primera cruzada llegó a las murallas de Jerusalén en 492/1099, y tras la irrupción de los cruzados en la ciudad se produjo una terrible masacre en la que perecieron, según algunos relatos, cerca de 70.000 personas. Las ciudades de Palestina cayeron sucesivamente en manos de los cruzados, mientras que el sur de la llanura costera permanecía en poder de los fatimíes. A pesar de su carácter colonial, esta ocupación no fue de poblamiento, ya que los cruzados no consiguieron atraer a un número significativo de europeos a la región, de manera que las zonas rurales siguieron siendo palestinas. Aunque los habitantes de las ciudades se mezclaron, en el campo la presencia cruzada se limitó a las fortalezas. En estas circunstancias, Palestina se convirtió en el símbolo de la rivalidad entre el Oriente islámico y el Occidente cristiano. Para Occidente, la caída de Palestina en manos de los cruzados simbolizó el desmoronamiento del mundo musulmán; por el contrario, el Oriente islámico veía el levantamiento árabe contra los cruzados como un símbolo de su resistencia a Occidente. Desde el punto de vista cultural, las pérdidas sufridas por Palestina fueron considerables. Los cruzados arrasaron cientos de edificios a lo largo y ancho del país y, salvo el recinto de al-Haram al-Charif, ninguna construcción anterior a su llegada ha perdurado. En Jerusalén y en las principales ciudades palestinas quedó reflejado el predominio de la actividad constructora de los cruzados, que introdujeron nuevos estilos arquitectónicos en la región, como el gótico y el románico, además de distintos tipos de edificios militares, que dejaron su clara impronta en las construcciones de la época ayyubí tardía. Mientras, la esfera de la administración se abría a los conceptos occidentales del sistema feudal. Hasta entonces, Palestina había formado parte de los distintos imperios que se sucedieron en la región. En adelante y por primera vez en su historia, accedía al rango de entidad política independiente: el reino latino de Jerusalén acababa de nacer.

Tras poner en práctica el plan ideado por los zangíes, que consistía en unificar el triángulo sirio formado por Damasco, Alepo y Mosul con Egipto, Salah al-Din al-Ayyubi logró vencer a los cruzados en Jerusalén. La batalla de Hattin, acaecida en 583/1187, supuso una victoria decisiva sobre las fuerzas cruzadas, y condujo a la reconquista de Jerusalén y de la mayor parte de Palestina.

La época ayyubí (583/1187-648/1250) se caracterizó por la gran actividad desplegada para recuperar el control integral del país, devolverle su anterior fisonomía cultural y demográfica, y recuperar sus vínculos con el mundo árabe, en particular con Egipto y Siria. Para lograrlo, Palestina fue dividida en cuatro territorios: los cruzados controlaban el litoral entre las ciudades de Tiro y Jaffa, mientras los ayyubíes dominaban las otras tres regiones: el sur correspondía a Egipto; el norte, desde Jerusalén hasta Tiberíades y Galilea, incumbía a Damasco, y el resto dependía del gobernador del emirato de al-Karak, en Transjordania.

Tras la muerte de Salah al-Din (589/1193), las luchas internas por su sucesión permitieron que las campañas de los cruzados, aunque poco encarnizadas, desestabilizaran la dinastía ayyubí. Aunque la época ayyubí se haya destacado por las guerras y las batallas, sus logros en el ámbito cultural fueron considerables. No hay un solo rincón de Palestina donde los sultanes y *emires* ayyubíes no dejasen su impronta, construyendo mezquitas y *madrasa*s, a favor de las cuales constituyeron incontables *waqf*s, además de las fortalezas para hacer frente a las campañas de los cruzados.

Los ayyubíes expulsaron a los cruzados del Oriente árabe, y crearon un nuevo y singular sistema político, el de los mamelucos, que se apoyaba en los esclavos blancos, para ejecutar sus planes. Más tarde, a la muerte de sus señores, el poder recayó en estos esclavos. La época mameluca dio comienzo después de que los mongoles, capitaneados por Hulagu, destruyesen Bagdad en 656/1258, y desde allí se trasladasen a Siria, donde los ayyubíes no pudieron contenerlos. A diferencia de los ayyubíes, los mamelucos lograron detener a Hulagu y legitimar su gobierno en la batalla de 'Ayn Yalut, en 658/1260. Además, la victoria conseguida les franqueó el paso hacia Siria, donde los mongoles ya habían puesto fin al poder de los ayyubíes. A los mamelucos solo les quedaba eliminar la presencia de los cruzados en Siria y, sobre todo, en Palestina. Finalmente lo consiguieron, bajo el reinado del sultán al-Malik al-Achraf Salah al-Din Jalil, cuando este tomó Acre, última posición fortificada de los cruzados, poniendo así fin a una larga historia de guerras que duraron cerca de dos siglos y en las que participaron la mayoría de los pueblos europeos.

Los mamelucos dividieron Palestina en tres regiones administrativas (*niyaba*s): Safad, Gaza y Jerusalén. Debido a que Palestina era a un tiempo la Tierra Santa y el puente entre las dos partes del sultanato, le dedicaron toda su atención. Con el objetivo de reforzar las relaciones entre Egipto y Siria a través de Palestina, los mamelucos hicieron grandes inversiones en la construcción de una red de *jan*s a lo largo de las principales vías de comunicación comercial y de peregrinación. Pusieron también en pie una red de estaciones de postas entre El Cairo y Damasco. Durante el período de los mamelucos, Palestina disfrutó de una relativa calma y vivió un renacimiento cultural. El debilitamiento de la amenaza de los cruzados permitió, por primera vez, que las inversiones se dirigieran a ámbitos no militares, y se construyeron *madrasa*s, *zawiya*s, *takiyya*s, *ribat*s y *sabil*s, además de mezquitas.

Fue Jerusalén la que se llevó la mejor parte del interés de los mamelucos. La mayoría de los sultanes y *emires* la honraron con sus visitas y construcciones conmemorativas de carácter educativo y benéfico que todavía marcan la fisonomía cultural de la ciudad, convertida en polo de atracción para los *ulemas* y estudiosos. En sus *madrasa*s estudiaron decenas de eminentes *ulemas* y dirigentes sufíes, durante la época mameluca. A favor de la ciudad se constituyeron gran cantidad de *waqf*s, que garantizaban la continuidad de las actividades de las distintas fundaciones. Los mamelucos tampoco escatimaron

Batalla a las puertas de Jerusalén. Los musulmanes derriban a los infieles y los expulsan de la ciudad, según "La Fina Flor de las Historias" de Luqman, 1583 (© The Art Archive / Dagli Orti).

recursos en el resto de las ciudades de Palestina como Hebrón, Safad, Acre y Gaza, y a lo largo y ancho del país se puede contemplar la influencia de la arquitectura mameluca en los santuarios, la mayoría de los cuales fueron construidos, reconstruidos o restaurados bajo el reinado de cada uno de los gobernadores. La evolución del comercio internacional, el desgaste del régimen y el imparable empuje de los otomanos provocaron la caída de los mamelucos tras la batalla de Marsh Dabiq, en el norte de Siria, en 922/1517. Tras ella, Palestina pasó a formar parte indivisible de un vasto imperio plurilingüe, multiétnico y multicultural, bajo la bandera del Imperio otomano, cuyo período se prolongará cuatro siglos. El gobierno otomano en Palestina puede dividirse en cuatro etapas. La primera se caracteriza por la emergencia de fuerzas locales desorganizadas (de origen beduino y feudal), a las cuales el Estado otomano recurre para gobernar el país. Durante la segunda etapa, los otomanos tuvieron que afrontar iniciativas exteriores como la de Fajr al-Din al-Ma'ni, *emir* del Monte Líbano, hasta que el poder central otomano acaba con él en 1045/1635-1636, retoma el control directo de la región y nombra a gobernadores otomanos en Damasco y Sidón. La tercera etapa se identifica por el establecimiento del primer principado árabe semi-independiente, bajo la soberanía del clan de los Zaydana y de decenas de dirigentes rurales. Es también el período en el que hace su aparición Ahmad al-Yazzar, *wali* de Acre, cuya fama se propagó a raíz de la resistencia que opuso a la expedición de Napoleón Bonaparte en 1214/1799, cuando nuevas ambiciones europeas se despertaban. La cuarta etapa se sitúa en el siglo XIII/XIX, cuando la autoridad central intenta llevar a cabo una renovación del gobierno por un sistema de reformas (*tandimat*s). Es también el momento en que Muhammad Ali invade Palestina y la anexiona a Egipto en 1246/1830-1831. En la segunda mitad de este siglo, las puertas de Palestina están abiertas a las intervenciones occidentales, a las actividades misioneras y, finalmente, a los movimientos sionistas que intensifican el ritmo de la inmigración judía a Palestina. Después de cuatro siglos, el reinado otomano llega a su fin con la Primera Guerra Mundial y el mandato británico sobre Palestina (1922-1948). Debido a la partición producida en Palestina en 1948 entre Israel y la "Palestina árabe", este catálogo no toma en cuenta los sitios que se encuentran en territorio israelí desde la creación del Estado de Israel.

La Palestina otomana dependía administrativamente de la *wilaya* (provincia) de Siria, dividida en cinco *sanyak*s (distritos): Jerusalén, Gaza, Safad, Nablus y Lajjun. Ello concedía una gran importancia a Palestina, dado que el resto del territorio sirio no formaba más de cuatro distritos administrativos. Con el fin de garantizar la seguridad de los caminos, los otomanos construyeron y restauraron una serie de *caravansaray*s y fortalezas, como las de al-Minya, 'Uyun al-Tuyyar, Yanin, Qaqun, Ra's al-'Ayn, Jan Yunis, al-'Arich y Bayt Yibrin. Durante la primera época de su gobierno realizaron importantes proyectos arquitectónicos como la construcción de las murallas de Jerusalén, la restauración de al-Haram al-Charif, diversos proyectos hidráulicos y mezquitas. Aparte de la construcción de la fortaleza de al-Dahir, en Hebrón, las murallas de Tiberíades y las fortalezas de Acre, numerosos proyectos de gran envergadura fueron llevados a cabo en Hebrón, Gaza y Acre. Sin embargo, durante las etapas siguientes se observa que este tipo de proyectos comienzan a desaparecer, y el interés por Palestina disminuye a medida que las guerras con Europa acaparan toda la atención del Estado otomano.

Los sufíes y el Islam

Los cambios políticos y administrativos sucesivos apenas alteraron el lugar de Palestina en el mundo musulmán. A lo largo de los períodos mencionados anteriormente, los musulmanes siguieron yendo a Palestina debido al estatuto de Jerusalén, como primera *qibla*, tercero de los Santos Lugares del Islam y primer destino para peregrinos, visitantes, sufíes y eruditos. Es desde Jerusalén que, para la tradición islámica, el Profeta Muhammad realizó su Viaje nocturno al paraíso. Según los *hadiz*, el Profeta preconizaba la visita a Jerusalén, que alberga el tercer lugar más venerado después de La Meca y Medina; además, se sitúa en las proximidades de al-Haram al-Ibrahimi (donde se encuentra la tumba del patriarca Abraham) y del lugar de nacimiento de Jesucristo.

Ninguno de los territorios del Islam disfruta de una cantidad semejante de Santos Lugares como Palestina, patria y cuna de las religiones reveladas. Tras la peregrinación a La Meca, los musulmanes acostumbraban visitar Jerusalén para consagrar sus rituales. Durante esta visita también se dirigían a los demás Santos Lugares, sobre todo a la ciudad de Hebrón. Por esta razón proliferaron a lo largo y ancho del país los *caravansarays*; el de Hebrón (que se remonta a los primeros tiempos del Islam) es el más famoso entre todos, así como la *takiyya* de Jerusalén, que data de la primera época otomana. Asimismo fueron construidos establecimientos sufíes de todo tipo, con capacidad para albergar a la gran cantidad de adeptos que afluían a ellos sin cesar. En

El profeta Muhammad transportado por los ángeles. Debajo, la destrucción del templo de Jerusalén, según "La Fina Flor de las Historias" de Luqman, 1583 (© The Art Archive / Museo de Arte Turco e Islámico de Estambul / Dagli Orti [A]).

Jerusalén, según un mosaico bizantino del siglo VI (la más antigua representación de la Ciudad Santa), Iglesia de San Jorge, Madaba, Jordania.

ocasiones, la visita coincidía con algún *mawsim* importante de los que anualmente se celebran en la tumba de un santón, como el de Nabi Musa o el de Nabi Salih. Todos los califas, sultanes y emires, sin excepción, han contribuido a esta importante tradición. La mayoría han visitado Jerusalén y orado delante del *mihrab* de la mezquita al-Aqsa, distribuido donativos entre los pobres, dedicado un *waqf* en beneficio de los Santos Lugares y construido mezquitas, *madrasa*s, *qubba*s y *zawiya*s por todo el país, buscando así la recompensa en la otra vida o el perdón.

Las primeras obras escritas al inicio de la era islámica para cantar las alabanzas del país hacen de él una perfecta descripción. Los relatos de viajes abundaban en referencias y mapas destinados a facilitar el viaje y, a finales del siglo IV/X, aparece una literatura consagrada a "los méritos de Jerusalén" con descripciones pormenorizadas de la ciudad. Estas obras recogían lo mejor de las ciudades palestinas, la descripción de sus Santos Lugares, la relación de personas que las visitaron o vivieron en ellas: compañeros del Profeta, califas, *ulema*s o devotos, además de la relación de quienes fueron enterrados allí y quienes habían participado en su conquista. Este tipo de libros se han convertido en verdaderas guías de viaje para los peregrinos a lo largo de los distintos períodos islámicos, especialmente durante las épocas de los mamelucos y los otomanos.

Numerosos centros de estudio se establecieron en la mezquita al-Aqsa y en sus aledaños, y Jerusalén terminó siendo un verdadero polo de atracción para todos los grandes letrados del mundo musulmán. Esta evolución alcanzó su punto culminante en tiempos de los mamelucos, cuando podían contarse más de cien *madrasa*s y otros establecimientos educativos. Habiendo atraído a los más destacados *ulemas* del momento, sus discípulos y estudiantes de diversa procedencia, Jerusalén se convirtió en un alto obligado en la ruta en busca del saber.

Como es el caso en la mayoría de los lugares santos, los ascetas venían para practicar el redescubrimiento de sí mismos y para dedicarse plenamente a la devoción. Así es como el *imam* al-Ghazali, en los momentos más oscuros de su vida, pasó largos años en al-Aqsa, haciendo penitencia y dedicado al conocimiento de sí mismo; por su parte, Abu Bakr al-Ma'afiri al-Ichbili al-Andalusi terminó instalándose en ella, a pesar de que su primera intención era tan solo efectuar un viaje de estudios y visitar los Santos Lugares, pues estos lugares proporcionaban a los adeptos del sufismo un entorno idóneo, por lo que solían prolongar sus estancias.

Lingüísticamente, el término "sufismo" proviene de la palabra *suf* (lana), que se aplicaba a quienes, por humildad, se vestían con un sayal de lana. Pero en el plano idiomático terminó por designar el hecho

Jerusalén, cúpulas y alminares de la ciudad antigua (© A. F. Kersting).

de dedicarse a la adoración absoluta a Dios, renunciar a las vanidades de la vida, los placeres, el confort y el prestigio. Esta quintaesencia de la doctrina sufí apareció en los primeros tiempos del Islam, pues su ejemplo fue dado por la vida del Profeta Muhammad y la conducta de la mayoría de sus compañeros. El carácter sacro de Jerusalén para la religión islámica atrajo a un gran número de devotos, ascetas y sufíes desde los inicios de la conquista islámica, como Muyir al-Din al-Hanbali, el famoso historiador de Jerusalén, lo documenta (901/1496).

Durante los siglos siguientes, el sufismo no permaneció tan simple y puro como en sus inicios, sino que evolucionó, y sus doctrinas y prácticas adquirieron una mayor complejidad a lo largo de diferentes fases. Escuelas de filosofía sufí aparecieron en busca de una explicación a la relación del individuo con Dios y con el universo; disertaban sobre la naturaleza del Creador y sobre la ontología de la existencia, intentando forjar instrumentos de conocimiento. Es indudable que este sufismo estuvo influido por las diferentes corrientes intelectuales, religiosas y filosóficas que predominaban en las culturas contemporáneas al Islam. Rabi'a al-'Adawiyya (m. 185/801) enseñaba que la obediencia a Dios no se hace ni por el temor a su infierno ni por la codicia de su paraíso, sino por el deseo de complacerle. Abu Yazid al-Bustami (m. 260/874), por su parte, estudiaba la teoría de la desaparición, según la cual la extinción no significa la aniquilación (como en el hinduismo), sino más bien la extinción de la finitud humana en un estado de comunión con Dios. Al-Hallay (m. 309/922) apeló a *al-hulul*, una manera de fusión de la naturaleza humana en la naturaleza divina. Muhyi al-Din Ibn al-'Arabi (m. 638/1240) abogaba por la unicidad universal (*wihdat al-wujud*).

Estas corrientes sufíes tuvieron eco en Jerusalén, tanto porque sus ideas se difundieron hasta allí como por la voz de algunos de sus grandes maestros que vivieron en ella, como Ibn Kiram al-Suyari (m. 255/869), fundador de la *janqa* al-Karamiyya en Jerusalén, que disertaba sobre los atributos de Dios y profesaba que la fe se inicia por la enunciación, aún si el corazón y la mente la niegan. Esta escuela de pensamiento no tuvo más que una existencia efímera y cedió el paso a otro tipo de sufismo, que supo imponerse aprovechando las instituciones fundadas por varios gobernadores y *emires*.

Numerosos factores explican la eliminación de las más destacadas figuras del sufismo. Entre ellos, el temor de los alfaquíes a la perversión de la pureza y la simplicidad de la religión, la dificultad del pueblo para comprender la doctrina y, puede que, sobre todo, la corrupción de la clase dirigente, dedicada a eliminar a sus adversarios, con el pretexto de defender la religión y la *chari'a*. Surge entonces una nueva forma de sufismo, cuyo más ilustre representante es el *imam* al-Ghazali (m. 505/1111). Durante su estancia en Jerusalén, su teoría originó una nueva corriente de pensamiento sufí. Para él, aún si el entendimiento humano es el instrumento más sofisticado para la comprensión y la reflexión, no es apto para interpretar el orden divino y metafísico. El único medio seguro para alcanzar la verdad es el sufismo, que apela al corazón, a la intuición y al gusto —pero no al espíritu—, lo que solo se puede cumplir a través de la purificación y de la inspiración.

Sin embargo, la purificación del alma no está al alcance de la mayoría, pues exige esfuerzos, resistencia, abstinencia de todo placer. Por consiguiente, quien busca la verdad debe pasar por las tres etapas del sufismo; será, paso tras paso, acólito, oblato y adepto. Para alcanzar la realidad divina, deberá superar ocho fases: el despertar (la salida de la inadvertencia); el arrepentimiento, el regreso a Dios, la pureza (el abandono de todo lo ilícito), la voluntad, la renunciación (la privación de las satisfacciones sensoriales), la integridad (lo íntimo / lo dicho, el hambre / la saciedad, el sueño / la vigilia se convierten en una misma y única cosa); finalmente, la satisfacción (la desgracia se convierte en fuente de placer). La liberación le conduce a la extinción.

Dado que no todas las personas tienen las mismas capacidades, es necesario que cada una realice este aprendizaje bajo la supervisión de un *chayj* sufí experimentado, que haya alcanzado el estadio de la revelación y de la pureza. Aunque el objetivo sea el mismo, las escuelas del sufismo han seguido caminos distintos. Entre las setenta cofradías sufíes de Jerusalén, las más eminentes son al-Qadiriyya, fundada por el célebre 'Abd al-Qadir al-Yilani (m. 561/1166) y al-Mawlawiyya fundada por Yalal al-Din al-Rumi (m. 672/1273), así como al-Naqchabandiyya, al-Jalwatiyya, al-Bastamiyya y al-Chadiliyya.

La estrecha relación entre los distintos *chayj*s de las cofradías sufíes y sus seguidores, y los gobernantes, *emires* y sultanes explica que instituciones sufíes como las *zawiya*s, las *janqa*s y los *ribat*s fueran patrocinadas por el Estado. Como contrapartida, el sufismo apoyaba abiertamente a los dirigentes y el sistema. Este tipo de sufismo es el que predominó en Jerusalén durante las épocas mameluca y otomana, y a él están vinculados decenas de edificios sufíes que se han conservado hasta nuestros días. Posteriormente el sufismo se anquilosó y los *chayj*s conservadores se inclinaron por ejercer su influencia sobre las gentes sencillas del vulgo. La entrega al ascetismo y la devoción disminuyó, provocando un violento enfrentamiento entre los sufíes y los alfaquíes.

Los Santos Lugares y el conocimiento

Los Santos Lugares no fueron solo beneficiosos para el movimiento sufí, sino que también consiguieron congregar a un gran número de *ulemas* de diferentes horizontes del mundo islámico, ya que el saber ocupa una posición eminente en el Islam; las primeras aleyas del Corán insisten en la importancia del estudio. Dios se dirigió a su Profeta diciendo: "¡Recita, en el nombre de tu Señor que ha creado, / ha creado al hombre de sangre coagulada! / ¡Recita! Tu Señor es el Munífico, / que ha enseñado el uso del cálamo, / ha enseñando al hombre lo que no sabía" (azora 96, versículos 1-5, trad., ed. y notas J. Cortés). El Corán distingue a los *ulemas* del vulgo diciendo: "Preguntaos si los que saben y los que no saben son iguales". El Profeta mismo incitaba a los musulmanes a no escatimar esfuerzos en la búsqueda del saber, aunque se encuentre en un lugar muy lejano; "incluso tan lejos como China", daba como ejemplo de esta lejanía en su época.

Para alcanzar la sabiduría, el viaje hacia sus fuentes se convierte en una necesidad para todo erudito. No hay mayor encomio a la sabiduría que el dicho: "Viajó a muchos lugares y fue discípulo de eminentes *ulemas* en tierras y regiones lejanas". Esta manifestación del viaje comenzó en el siglo I/VII-VIII con los Compañeros del Profeta que se fueron a Iraq, Siria y Egipto, y solo unos pocos permanecieron en el Hiyaz (Arabia occidental). Los más célebres fueron los que se dedicaron al estudio de las tradiciones proféticas.

El viaje era favorecido también por la peregrinación —uno de los cinco pilares del Islam— a La Meca y Medina. En ocasiones, algunos *ulemas* acababan por establecerse en una de las ciudades santas o en una de las capitales y recibían entonces el nombre de *muyawir*s. Siendo la búsqueda del saber uno de los valores cardinales de la tradición musulmana, disfrutaron de todas las comodidades para dedicarse al estudio y los debates con sus pares.

Por los numerosos factores mencionados anteriormente, Jerusalén (la Ciudad Santa, el Viaje nocturno, la primera *qibla*, el lugar donde se producirá la Resurrección, la última morada de muchos de los compañeros del Profeta) atrajo a los mayores sabios del mundo musulmán, que venían para visitarla o incluso instalarse. Jerusalén se convirtió en una de las seis principales capitales donde los sabios se paraban en su ruta en busca del saber y de educación islámica, junto con El Cairo, Damasco, Bagdad, La Meca y Medina. Aunque algunas de estas ciudades tuvieron que hacer frente a obstáculos y desgracias que les sobrevinieron, como Bagdad, que fue arrasada por los mongoles, y Jerusalén, devastada por los cruzados, no tardaron en recuperar su vigor y asumir su papel de centros educativos. La desintegración política que afectó al mundo islámico se vio compensada porque ni la influencia cultural de estas ciudades ni la evolución de las ciencias en los siglos IV/X y V/XI, se vieron menoscabadas.

La mezquita era, y en cierta medida sigue siendo, uno de los principales centros de estudio en el Islam, además de ser el primer lugar de culto, desde los tiempos del Profeta. Las mezquitas mayores de las capitales del Islam tuvieron un papel precursor en la difusión de las ciencias y el conocimiento. En las fuentes historiográficas encontramos relaciones que incluyen los nombres de estos *ulemas*. A modo de ejemplo podemos citar a 'Ibada Ibn al-Samat (m. 34/654), el primer *qadi* de Palestina y de Jerusalén, a quien el califa 'Umar encomendó también la tarea de enseñar en la ciudad, y Chahad Ibn 'Aws (m. 58/677-678). Entre los alfaquíes más eminentes que visitaron Jerusalén se encuentran el *imam* al-Awza'i, Sufyan al-Zawri, el *imam* al-Layz Ibn Sa'd y el *imam* al-Chafi'i, entre otros.

En los siglos IV/X y V/XI, la mezquita al-Aqsa fue un centro floreciente de la vida científica, donde los más brillantes estudiantes de la región se encontraban con *ulemas* procedentes de todos los rincones del mundo islámico. Allí destacaron, entre otros, Muhammad Ibn Ahmad al-

Muqaddasi (m. 380/990) el célebre autor de la mayor enciclopedia geográfica: *Kitab ahsan al-taqasim fi-ma'rifat al-aqalim* ("La mejor repartición para el conocimiento de las provincias"), Abu al-Fadl 'Ali Ibn Tahir al-Maqdisi (m. 507/1112), el famoso *ulema* Nasir al-Maqdisi (m. 490/1096) y 'Ata' al-Maqdisi. Entre los personajes más eminentes que visitaron Jerusalén en aquella época podemos mencionar al *imam* Muhammad Ibn al-Walid al-Tartuchi al-Andalusi (m. 520/1126), Abu Gana'im Muhammad Ibn Maymun al-Hafid al-Kufi, el otomano Abu 'Abd Allah al-Dibayi, el *imam* Abu Farash al-Chirazi y al-Ghazali Abu Hamid, que se retiró en la mezquita al-Aqsa y residió en la *madrasa* al-Nasiriyya, donde compuso muchas de sus obras. En aquella época, la enseñanza y el método científico se caracterizaban por el predominio de la discusión y la argumentación, y Jerusalén podía enorgullecerse de contar con los sabios más eminentes. Al-Ghazali se lamentaba de que en al-Aqsa solo hubiera 360 profesores. En las discusiones no participaban exclusivamente los *ulemas* musulmanes sino también los sabios de otras religiones monoteístas. Ibn al-'Arabi (m. 543/1148) describe así estos debates: "Estuvimos discutiendo con los karramíes, los mu'tazilíes, los muchabbahas y los judíos, y disputamos con los cristianos".

Mientras los debates se centraban en la teología, el derecho islámico, la exégesis

Mezquita al-Aqsa, vista general con la fachada principal, al-Haram al-Charif, Jerusalén.

y la contradicción, los temas de estudio trataban de las ciencias coránicas, los *hadiz* y sus distintas ramas. Asimismo, se profundizaba en la gramática árabe, la morfología, la literatura, la elocuencia y la poesía, entre otras materias. La mayoría de estos *ulemas* no percibía ni sueldo ni remuneración alguna por sus lecciones, sino que lo hacía por amor a Dios. Los profesores dictaban sus lecciones en el interior de al-Aqsa, donde los discípulos formaban un círculo a su alrededor; algunos maestros se apoyaban en una determinada columna, que luego se conocía con el nombre del célebre docente. Otras lecciones se dictaban sobre terrazas, cuando las condiciones meteorológicas lo permitían. Los cursos no estaban sujetos a condiciones ni a programas predeterminados.

La instrucción en Jerusalén recibió un golpe mortal con la ocupación de la ciudad por los cruzados en 492/1099; la enseñanza fue brutalmente interrumpida con la desaparición de un gran número de *ulemas* y alfaquíes que perecieron en combate. No obstante, cuando Saladino liberó Jerusalén del yugo de los cruzados en 583/1187, los *ulemas* regresaron a la ciudad, donde recibieron un trato de favor. Saladino construyó para ellos instituciones especialmente destinadas a facilitar su misión pedagógica, como las *madrasas*, los centros coránicos, los lugares de oración y las *zawiya*s; además, la mezquita al-Aqsa volvió a funcionar como centro de predicación, vigilia y orientación. Aunque hay indicios de que las *madrasa*s ya existían en Jerusalén antes de la ocupación cruzada, fue durante la época ayyubí cuando se multiplicaron, y alcanzaron su apogeo en la época mameluca.

En la mayoría de los casos, las escuelas llevaban el nombre de sus fundadores o de uno de sus profesores. Las cuatro doctrinas teológicas (*madhhab*s) del Islam constituían lo esencial de la enseñanza, y era bastante común que cada *madrasa* estuviera especializada en una de estas opciones. El sistema del *waqf* favorecía la atribución de becas a los alumnos de origen humilde pero beneméritos, y garantizaba el pago de los gastos corrientes de las *madrasa*s así como los salarios de los profesores. Las funciones que se podían desempeñar en estas instituciones eran de dos tipos: las pedagógicas y las administrativas. Entre las primeras se encontraba el cargo del *chayj* de la *madrasa* y los de los principales maestros, encargados de la enseñanza, atribuidos por contrato a grandes alfaquíes o *ulemas* considerados autoridades en su materia. El profesor entregaba a sus estudiantes un certificado llamado *iyaza*, que les autorizaba a transmitir sus enseñanzas y sus obras. El profesor estaba secundado por uno o varios repetidores, cuya función era explicar los temas complejos a los alumnos que necesitaban apoyo. Las funciones administrativas de una *madrasa* eran la de director, que se hacía cargo de la administración del establecimiento (gestión de los *waqf*s que le estaban atribuidos, pago de los estipendios de los alumnos y de los salarios de los profesores, la limpieza y el mantenimiento de las instalaciones); la de bibliotecario, censor, personal de servicio y responsable de la iluminación.

Aunque los contenidos científicos siguieron siendo los mismos en el siglo V/XI y los posteriores, los métodos de enseñanza empeoraron. Desaparecieron los círculos de debate y discusión, mientras el *iytihad* se debilitaba. Durante las épocas ayyubí y mameluca, la nueva metodología se podría resumir en monotonía, repetición y memorización, hasta que en la época otomana, y sobre todo en su última parte, se alcanzó un estadio de inflexibilidad y estrechez de espíritu. No obstante, Muyir al-Din ha interpretado los trabajos de un gran número de eminentes alfaquíes, *ulemas,* oradores, *qadi*es y profesores ayyubíes y mamelucos, que contribuyeron a preservar las ciencias de la *chari'a* y de la lengua árabe. Por último, conviene señalar que la mayoría de estas escuelas eran instituciones privadas que se mantenían de los bienes *waqf*s instituidos a su favor; sus puertas estaban abiertas a todas las clases sociales, sin distinción. Pero aún así, esta etapa puede considerarse como intermedia entre el progreso y la regresión.

ARQUITECTURA Y ARTES DECORATIVAS DE LA PALESTINA ISLÁMICA

Yusuf al-Natsheh

A pesar de que Palestina ocupa una pequeña zona geográfica, en ella el arte islámico tuvo un desarrollo notable, y tanto la arquitectura como las artes menores que la complementan resultan sorprendentes por la diversidad y singularidad que las caracterizan. Prueba de la importancia del arte islámico en Palestina es que alberga el monumento más antiguo y significativo conservado hasta nuestros días, la Cúpula de la Roca, en Jerusalén. Este edificio se considera en sí mismo una escuela artística independiente, que desde hace un siglo ha suscitado el interés de los estudiosos de la arquitectura y las artes islámicas.

El desarrollo de las artes islámicas en Palestina puede atribuirse a diversos factores, entre ellos la abundancia de materias primas básicas para la construcción y las artes plásticas, sobre todo la piedra. Palestina era conocida por poseer una gran variedad de piedras, que se caracterizaban por su adecuación a las artes decorativas y cuyos hermosos colores —rojo, negro, blanco y amarillo— propiciaron el desarrollo de la técnica *ablaq*, empleada en la arquitectura.

Las tradiciones artísticas y arquitectónicas nacidas en Palestina hace miles de años contribuyeron al progreso de las artes en general, y siguieron evolucionando cuando las influencias helenísticas, romanas y bizantinas se fusionaron con las tradiciones locales. Hasta Palestina, situada entre Egipto y Siria —el corazón y el centro del mundo islámico—, llegaron las influencias de la arquitectura y las tendencias artísticas desarrolladas en El Cairo, Damasco y Alepo, especialmente durante las épocas ayyubí y mameluca.

Los estilos arquitectónicos en las distintas épocas históricas

También contribuyó al desarrollo del arte islámico el estatuto religioso de Palestina, cuna de las tres religiones reveladas, que alberga las tumbas y los *maqam*s de muchos profetas y hombres devotos, además de los Santos Lugares de Jerusalén y Hebrón, que atraían a muchos creyentes deseosos de visitarlos o establecerse en ellos. Esta gran afluencia de visitantes despertó en los gobernadores y *emires* el deseo de fomentar la construcción en estos lugares de edificios a favor de los cuales constituían *waqf*s, y aunque estas edificaciones se consideraban en primer lugar una obra pía, también servían para mejorar la imagen de aquellos gobernantes deseosos de asegurarse el reconocimiento público.

La arquitectura y la ornamentación islámicas en las grandes ciudades de Palestina

Jarrón zoomorfo del Qasr Jirbat al-Mafyar en Jericó, Museo Rockefeller (47-4925), Jerusalén (© Sonia Halliday Photographs, foto D. Silverman, cortesía de la Autoridad de las Antigüedades Israelíes).

se caracterizan por la diversidad de sus manifestaciones. Así, en Jerusalén, primer centro de la arquitectura islámica de Palestina, encontramos los edificios más importantes y espléndidos, representativos de la mayoría de los estilos arquitectónicos islámicos y, en particular, del estilo omeya. Otras ciudades, como Hebrón y Gaza, la siguen en importancia. En Gaza, se concentran las muestras del estilo mameluco, pues fue capital de la provincia (*niyaba*) mameluca de Siria. En la arquitectura de la ciudad de Nablus predomina el estilo otomano, especialmente en los *qasr*s de las familias influyentes, hecho que no se ha manifestado en la arquitectura de Jerusalén.

Un fenómeno que conviene resaltar es la difusión de un estilo arquitectónico local durante la época otomana en los "pueblos-sede", que eran centros de poder, desde donde los jefes de clanes gobernaban las regiones colindantes. En su arquitectura predominaron los *qasr*s, verdaderas entidades independientes parecidas a pequeñas fortalezas, y a cuyo alrededor se situaban las casas y los edificios públicos del pueblo.

La diversidad de la tipología de la arquitectura islámica edificada en Palestina respondía a distintas funciones. Había edificios religiosos como los centros de oración y de enseñanza del Corán, las mezquitas, las *madrasa*s, las *zawiya*s sufíes, los santuarios y los mausoleos; edificios de carácter social como las *takiyya*s, los *sabil*s, los *ribat*s, los *qasr*s, las casas y los *hammam*s; centros de comercio como los zocos, los *caravansaray*s, los *jan*s, las almazaras y las fábricas de jabón; construcciones y obras militares como las murallas, las torres, las ciudadelas y las fortalezas. Estos edificios podían estar situados en el interior o en el exterior de las ciudades, así como en las principales vías de comunicación que enlazaban las ciudades y los pueblos.

Los diversos estilos artísticos y arquitectónicos desarrollados en Palestina se deben a las distintas dinastías gobernantes que los alentaron, y con las cuales, generalmente, acabaron por identificarse; el "estilo mameluco" en arquitectura es un buen ejemplo de este proceso. Se pueden señalar cuatro grandes períodos:

1. *La época islámica primitiva* (15/637-492/1099) abarca desde la conquista islámica de Palestina hasta su caída en manos de los cruzados, y comprende las épocas de los califas ortodoxos y las dinastías omeya, abbasí y fatimí. Aunque los vestigios de esta época sean poco numerosos, su importancia es considerable desde el punto de vista artístico. Su escaso número se debe al

Perdiz en estuco, detalle decorativo de una ventana del Qasr Jirbat al-Mafyar en Jericó, Museo Rockefeller, Jerusalén (© Sonia Halliday Photographs, foto D. Silverman, cortesía de la Autoridad de las Antigüedades Israelíes).

53

La Cúpula de la Roca, vista general, al-Haram al-Charif, Jerusalén.

tiempo transcurrido desde que fueron construidos, por una parte, y a las guerras y catástrofes que sufrió el país, por otra. Esta primera época se considera un período de transición de la época bizantina a la del gobierno árabe de Palestina. De este tiempo data un conjunto de mezquitas que reciben el nombre de "mezquitas de 'Umar" en referencia al califa ortodoxo 'Umar Ibn al-Jattab, conquistador de Palestina. Si se tienen en cuenta las reconstrucciones y reformas que se han realizado en estos edificios en distintas épocas, se puede afirmar que de las estructuras originales solo se ha conservado el nombre. La designación "mezquita de 'Umar" no se refiere necesariamente a que el califa 'Umar fuese su fundador, sino a que la mayoría son lo bastante antiguas como para que la construcción se remonte a su época. Entre los edificios más famosos que se conservan de estos tiempos están los de estilo omeya, y la mayoría de ellos se encuentran en Jerusalén, concentrados en el recinto de al-Haram al-Charif. 'Abd al-Malik restauró la muralla de al-Haram, y numerosas puertas, entre ellas Bab al-Rahma (puerta de la Misericordia), Bab al-Tawba (puerta del Arrepentimiento), Bab al-Asbat (puerta de los Leones), Bab al-'Atm (puerta de la Oscuridad), así como la puerta Doble y la puerta Triple en la muralla sur. Asimismo levantó la Cúpula de la Roca, la Qubbat al-Silsila (Cúpula de la Cadena) y otra serie de *qubbas* conmemorativas como Qubbat al-Nabi (Cúpula del Profeta) y Qubbat al-Mahchar (Cúpula de la Resurrección), e inició la construcción de la mezquita al-Aqsa. Al-Walid completó la construcción de esta mezquita y construyó Dar al-Imara (palacio omeya descubierto por excavaciones arqueológicas al sur de al-Haram).

También se atribuyen a la época omeya numerosos proyectos que se realizaron en Palestina, como la construcción del Qasr Jirbat al-Mafyar (el palacio de Hicham) en Jericó, Jirbat al-Minya, cerca de Tiberiades, una manufactura en Acre y otra en Ramla; la construcción de vías de comunicación y la colocación en estas vías de hitos miliares que indicaban las distancias. En la época posterior a la dinastía omeya, la actividad principal fue la conservación de las edificaciones ya existentes, sobre todo la mezquita al-Aqsa, la Cúpula de la Roca y el conjunto de la explanada de al-Haram al-Charif, y la ejecución de grandes proyectos de utilidad pública, como la construcción de una cisterna en Ramla, la ampliación del puerto de Acre y la construcción de nuevas mezquitas.

2. *La época ayyubí* (583/1187-648/1250) se caracterizó por una actividad constructora extraordinaria, especialmente en lo que a la construcción de ciudadelas, fortalezas y murallas se refiere. Sobre los ayyubíes recayó la responsabilidad de

recuperar para el Islam las ciudades palestinas y devolverles su carácter árabe, en particular a Jerusalén, Hebrón y Nablus, tras su liberación de la ocupación cruzada. Numerosas mezquitas que habían sido transformadas en iglesias durante esta época, como la Cúpula de la Roca y la mezquita al-Aqsa, así como las que se encontraban en Gaza y Sebastia, entre otros lugares, fueron rehabilitadas a su función original.

Los estilos arquitectónicos que caracterizaron las construcciones de los cruzados en la región se fusionaron con los propios de los ayyubíes, fusión que consistió en la mezcla de esos estilos distintos por la reutilización de elementos artísticos y arquitectónicos, y el empleo de técnicas constructivas similares. En muchos edificios de Jerusalén y en las fortalezas de Palestina, resulta imposible distinguir los dos estilos. Durante esta época, y bajo el patrocinio del sultán Salah al-Din y sus sucesores como al-Muʿaddam ʿIsa y al-Salih Naym al-Din Ayyub, se construyeron y fundaron numerosas *madrasa*s, *zawiya*s sufíes, así como distintos tipos de instalaciones hidráulicas y *sabil*s. La dinastía ayyubí dedicó particular atención a diversos proyectos de restauración, como la rehabilitación de al-Haram al-Charif y de la mezquita al-Haram al-Ibrahimi en Hebrón. Los edificios abandonados por los cruzados se restauraron y se destinaron a nuevas funciones.

3. *La época mameluca* (648/1250-922/1517) está considerada la edad de oro de la arquitectura islámica en Palestina, cuando la construcción de *masyid*s, *madrasa*s, *zawiya*s, mausoleos, puentes y establecimientos comerciales como *caravansaray*s y zocos aumentó considerablemente en la mayoría de las ciudades palestinas. Para facilitar los desplazamientos, el transporte y las comunicaciones, en las rutas que unían las ciudades más importantes se construyeron numerosos *jan*s como JanYunis cerca de Gaza, Jan al-Lubban en el camino de Nablus, Jan al-Dahir, en Jerusalén y Jan Asdud. La mayoría de estos establecimientos se encontraban en Jerusalén, Gaza, Hebrón y Safad; contaban con el soporte de generosos *waqf*s que garantizaban su mantenimiento.

4. *La época otomana* (922/1517-1336/1917) es la más larga y se caracterizó por la diversificación de los estilos arquitectónicos. En el siglo X/XVI, la actividad arquitectónica se concentró en la ciudad de Jerusalén, a la que los otomanos devolvieron la antigua gloria de la época omeya y principios de la mameluca, gracias a la realización de numerosas obras como la construcción de la muralla

Bab al-Asbat (puerta de los Leones), muralla oriental, Jerusalén (© Sonia Halliday Photographs).

de Jerusalén, que todavía hoy se eleva orgullosa, proyectos hidráulicos y fuentes, la restauración de la Cúpula de la Roca y de al-Haram al-Charif, y la edificación del complejo Sultan Jasaki.

Entre las ciudades que despertaron mayor interés durante la época otomana se encuentra Gaza, pues era la sede de un *sanyak* y en ella residía la familia al-Radwan, que gobernó en Palestina y asumió la organización de las caravanas de peregrinos procedentes de Siria.

En el siglo XI/XVII, bajo el gobierno de al-Dahir 'Umar, la actividad constructora alcanzó a otras ciudades poco atendidas en la época mameluca como Tiberíades, donde se construyeron mezquitas, una muralla que rodeaba la ciudad y una red de caminos que la comunicaron con las demás ciudades de Palestina. Esta actividad urbanística se llevó a cabo también en ciudades vecinas como Chafa' Amr, Acre y Haifa. A principios del siglo XII/XVIII, Ahmad Pacha al-Yazzar fortificó las murallas de Acre, lo que permitió rechazar la invasión de Napoleón, y fundó en el centro de la ciudad una mezquita *aljama* o mezquita mayor que lleva su nombre, una verdadera obra maestra de la arquitectura otomana, así como numerosas mezquitas, zocos, *hammam*s y *caravansaray*s.

En ciudades como Jaffa y Haifa también quedó reflejado el desarrollo arquitectónico de la época otomana, aunque en menor medida que en Hebrón o Nablus. Lo cierto es que la actividad constructora de los otomanos en la mayoría de las ciudades palestinas estaba vinculada a los esfuerzos de las familias más influyentes, originarias de la aristocracia local, que se aseguraban el gobierno y la administración de Palestina, en nombre del Estado otomano, beneficiándose a cambio de cierta autonomía. En cuanto intentaron liberarse de la tutela del Imperio, estas familias y sus jefes fueron eliminados, pero su legado arquitectónico se conservó. Durante las últimas décadas del Estado otomano se produjo el abandono de los métodos tradicionales de construcción, caracterizados por el empleo de arcos, columnas, bóvedas por arista y de cañón, y la utilización de materiales como el yeso y la argamasa. Los techos pasaron a ser planos y sostenidos con pilares metálicos, que se convirtieron en la norma aplicada. En esta época (1256/1840-1336/1917), los estilos arquitectónicos fueron tan diversos como su fuente de influencia, principalmente los Estados europeos, que en el siglo XIX manifestaron un creciente interés por Palestina. Aunque los rasgos característicos de la arquitectura tradicional conviven con los nuevos métodos, la piedra sigue siendo el material predilecto. Resulta, pues, muy difícil intentar aislar las características artísticas y los estilos arquitectónicos específicos de cada uno de estos períodos. Ello se debe a que tanto la arquitectura como las artes aplicadas de cada época han recibido la influencia de fuentes similares. Sin duda, la caída de un régimen político o de una dinastía no implica necesariamente el cambio o el rechazo de los estilos consolidados. La continuidad y la evolución de los estilos a lo largo del tiempo son la respuesta natural a las necesidades de la sociedad. Sin embargo, es posible establecer algunas características propias de las distintas épocas si bien algunas de ellas pueden manifestarse, con variantes, en más de un período.

Las características generales del arte islámico en Palestina no se diferencian de las encontradas en Egipto y Siria en las épocas omeya, fatimí, ayyubí y mameluca, ya que los tres países dependían de una misma entidad política y administrativa. Además, Palestina era el puente que garantizaba la comunicación entre dos regiones que albergaron sucesivamente la sede del gobierno en diferentes momentos. Esto explica el innegable parentesco estilístico entre las expresiones artísticas y arquitectónicas de Palestina, Egipto y Siria. La repetición de estas características la encontramos en la arquitectura omeya, donde predominan los espacios interiores y los patios, las fachadas de piedra, las torres circulares o semicirculares, los gruesos muros, los arcos de medio punto, las columnas y los capiteles de mármol. Comienzan a difundirse diversos tipos de inscripciones *cúficas*. Las paredes y los suelos se recubren de estucos y mosaicos ricamente decorados con motivos geométricos y florales, pero el arte figurativo está ausente en los edificios religiosos.

La arquitectura ayyubí se caracteriza porque de ella desaparece la decoración realizada en yeso o con mosaico, y la caligrafía de estilo *cúfico* es sustituida por el elegante estilo *nasji*, característico de aquella época, pero la piedra sigue siendo el material de construcción principal. Tratándose de las cúpulas, en esta época los arquitectos introducen, para las zonas de transición, soluciones que permiten pasar de una planta cuadrada a otra circular, mediante un octógono, por medio de pechinas o trompas de ángulo.

En lo que se refiere a los mamelucos, tuvieron especial cuidado en los portales de las fachadas, decorados con *muqarnas* y flanqueados por *mastabas* en las entradas, la disposición de hileras de piedra de distintos colores que se alternan (la técnica *ablaq*), y las largas bandas de inscripciones en caligrafía de estilo *zuluz* y *nasji*, en las cuales figuran los títulos de los sultanes y los blasones de los bienhechores. La parte superior de las entradas, rematadas con semicúpulas, también adquiere gran importancia. Hay mayor profusión de la decoración floral y geométrica en las fachadas, *arabescos* en las dovelas de los arcos, ménsulas y volutas, alternancia de piedras talladas para las claves de los arcos, cartuchos geométricos y medallones con estrellas de varias puntas. Asimismo, se difunden la decoración realizada con yeso moldeado y las almenas decorativas. Se emplearon bóvedas por arista y en forma de abanico, sostenidas por diferentes tipos de arcos, apoyados a su vez sobre pilares, mientras que las columnas, los muros y los saledizos de piedra empleados como apoyos para los balcones estaban enriquecidos con elegantes motivos abstractos. También encontramos elementos estructurales comunes en los edificios mamelucos como la *madrasa*, el *ribat* y el *turbe*. Las funciones de la arquitectura palestina eran similares a las de las construcciones egipcias y sirias, que contaban con cantidad de ejemplos de uso civil, religioso y militar. Y el sistema del *waqf* proveía los fondos necesarios para el funcionamiento de los edificios y las instituciones benéficas.

La llegada de los otomanos no supuso la desaparición de las tradiciones arquitectónicas mamelucas ni locales. A finales del siglo X/XVI, surgió en Jerusalén un nuevo estilo local, pero fue muy efímero. Sin embargo, poco a poco, las características generales de la escuela arquitectónica otomana aparecieron en los edificios de Jerusalén y de todo el país. Se puede observar en la forma de los alminares, que pasan del fuste cuadrado empleado en la época mameluca a ser cilíndricos; en la aparición de la caligrafía otomana de estilo *nasji* y *nasta'liq* en los edificios; en el revestimiento de las fachadas o los muros con azulejos de cerámica y especialmente en la zona del *mihrab*. Hicieron su aparición nuevos elementos decorativos y ornamentales hasta el momento desconocidos, como el uso en las fachadas de incrustaciones circulares en piedra, con motivos geométricos y florales; la difusión de las cúpulas rebajadas en lugar de las altas cúpulas mamelucas; mientras que la parte delantera de las fachadas principales se enriquece con portales dotados de arcos y columnas. A estos elementos podríamos añadir otros nuevos tipos de estructuras, como las fuentes murales del sultán Sulayman al-Qanuni (Solimán el Magnífico) y las *jalwa*s que se construyeron en la explanada de la Cúpula de la Roca.

Sin embargo, otras particularidades distinguen la arquitectura palestina de la egipcia o de la siria. La mayoría de los edificios son de menor tamaño y menos decorados que los de El Cairo, Alepo, u otras ciudades egipcias y sirias (salvo los del período omeya). Además, algunos monumentos no presentan ninguna de las características arquitectónicas que pueden observarse en otras ciudades sobre construcciones de la misma época. Palestina —pequeña región situada entre civilizaciones y estados más grandes e influyentes en el curso de la historia— supo mantener sus particularidades locales y, al mismo tiempo, absorbió las influencias artísticas de sus vecinos. Ello explica la existencia de elementos arquitectónicos y decorativos en la región cuyos orígenes se encuentran en El Cairo, Damasco y Alepo.

Otro fenómeno observable en la arquitectura islámica de Palestina es la reutilización de materiales de construcción y de ornamentación artística procedentes de otros edificios, como piedras, incrustaciones de mármol, columnas y capiteles. En ocasiones se llegó a reconstruir y volver a utilizar un edificio entero.

La importancia religiosa del país y la existencia de ciudades santas como Jerusalén y Hebrón contribuyeron a revestir a la arquitectura palestina de un carácter especial. Los monumentos de Jerusalén no pueden confundirse con los de El Cairo, Damasco y Alepo, y ni siquiera con los de Nablus y Gaza. En Jerusalén se encuentra el recinto de al-Haram al-Charif y en Hebrón el de al-Haram al-Ibrahimi; ambos influyeron en la evolución de la arquitectura en estas ciudades y contribuyeron a la multiplicación de instituciones religiosas y benéficas.

De ello resultó una concentración de estos edificios en ciertas partes de la ciudad, mientras los cánones de la arquitectura mameluca fueron sacrificados —específicamente en Jerusalén— para liberar los espacios cercanos a al-Haram al-Charif. El arquitecto debía adaptar el edificio a las particularidades de la zona. El resultado fue la aparición de anexos y edificios de varias plantas, y raramente encontramos en Jerusalén edificios con cuatro fachadas, como ocurre en El Cairo y

Cuenco de cerámica del Qasr Jirbat al-Mafyar en Jericó, Museo Rockefeller (47-4920), Jerusalén (© Sonia Halliday Photographs, foto D. Silverman, cortesía de la Autoridad de las Antigüedades Israelíes).

otras ciudades egipcias y sirias. Por otra parte, la importancia religiosa de la cuidad y su suave clima sedujeron a los *emires* mamelucos. La elección de Jerusalén como su lugar de residencia contribuyó al crecimiento urbano y a la elaboración de varios proyectos arquitectónicos para sufíes y otros de carácter benéfico. Además, el aumento de peregrinos dio lugar a la aparición de numerosos *ribats* y *jans* para albergarlos. La arquitectura en Palestina no es sino el reflejo de las tradiciones locales que prevalecían antes del Islam y a las cuales se fusionaron las características arquitectónicas desarrolladas en Egipto y Siria.

Las artes aplicadas

Las artes menores (o artes aplicadas) también florecieron en Palestina gracias al mecenazgo de las dinastías gobernantes. El trabajo sobre metal, madera o vidrio, la cerámica, los mosaicos y la iluminación de ejemplares del Corán y otros manuscritos ilustrados con ornamentos son otras tantas expresiones de las tendencias artísticas que predominaron en la región y en países vecinos como Siria, Egipto y Turquía. El más antiguo estilo ornamental islámico se encuentra en la Cúpula de la Roca, que se remonta a la época omeya; tuvo un impacto de considerable importancia sobre el desarrollo del arte islámico y es el primer ejemplo que muestra la coherencia de esta maestría.

Los mosaicos

Los mosaicos omeyas que se encuentran en Palestina son absolutamente incomparables. Sus mejores expresiones se conservan en la Cúpula de la Roca, en la mezquita al-Aqsa y en el Palacio de Hicham en Jericó. La muestra se ve enriquecida por los situados en la Mezquita Mayor de los Omeyas, en Damasco, algunas mezquitas omeyas de Siria y en los "palacios del desierto" de Jordania; la tradición de esta escuela se mantuvo en Palestina. La pureza espiritual caracteriza estos mosaicos que evocan la tendencia árabe orien-

Lámparas de aceite en cerámica del Qasr Jirbat al-Mafyar en Jericó, Museo Rockefeller (39-402, 40-1402, 43-208), Jerusalén (© Sonia Halliday Photographs, foto D. Silverman, cortesía de la Autoridad de las Antigüedades Israelíes).

Jirbat al-Mafyar, mosaico del suelo cerca de los baños del palacio, detalle, Jericó (© Sonia Halliday Photographs, foto D. Silverman).

tal inspirada en el estilo bizantino. Aparte de esta inspiración bizantina, el arte de los mosaicos en Palestina y Siria ha desarrollado sus propias vías artísticas introduciendo elementos sacados de la naturaleza tales como palmeras, hojas de acanto o de parra, volutas, piñas y otros motivos vegetales. Estos elementos iban acompañados de formas geométricas: círculos, cuadrados, triángulos y estrellas, además de líneas oblicuas u onduladas, bandas de caligrafía *cúfica* desprovista de signos diacríticos, flores, pétalos y granos. Para la disposición de estos elementos artísticos se recurría a la simetría y la oposición. El verde oscuro se empleaba como color de fondo, mientras el dorado estaba reservado para armonizar los colores y los elementos decorativos, y hacer resaltar las diferencias. Estos mosaicos han sido objeto de numerosos estudios e interpretaciones. Algunos investigadores analizaron en ellos una representación del paraíso según está descrito en el Corán, otros identificaron motivos decorativos abstractos y otros más han visto incluso símbolos políticos.

La escultura en madera

La decoración en madera se desarrolló en Palestina desde la época omeya y se mantuvo hasta la época otomana. Las numerosas obras de arte que encontramos en la mezquita al-Aqsa, la Cúpula de la Roca, el Museo Islámico de al-Haram al-Charif y el Museo Arqueológico de Palestina (Rockefeller) son una prueba de la importancia que tuvo esta industria, tanto del punto de vista funcional como decorativo.

La madera fue —y continúa siéndolo— uno de los principales materiales constructivos en Palestina. Desde los orígenes se utilizó para la realización de techos y la fabricación de puertas, ventanas y *machrabiyyas*, uno de los rasgos característicos de la arquitectura islámica.

La estructura de madera más antigua del mundo sigue siendo la cúpula interior del edificio de la Cúpula de la Roca, construida en la época fatimí. La Cúpula de la Roca tenía dos cúpulas superpuestas —una exterior y otra interior—, ambas de madera, y separadas por un espacio de aproximadamente 1,5 m; sin embargo la cúpula de madera exterior debió ser reemplazada durante los trabajos de restauración efectuados en 1960. El cercado que actualmente rodea la Roca también es de madera y se remonta a la época ayyubí. Muchas puertas de la mezquita al-Aqsa, la Cúpula de la Roca y las entradas de al-Haram al-Charif son de madera, y fueron construidas en las épocas mameluca y otomana. Magníficos ejemplos de la época mameluca se pueden contemplar en el Museo Islámico (interior de al-Haram al-Charif). Muchas columnas de madera presentan inscripciones que se remontan a la época mameluca, pero las obras de arte más hermosas son los paneles de madera de ciprés, suntuosamente esculpidos, que estaban fijados a la parte inferior de las columnas de la mezquita al-Aqsa. La parte superior del *mihrab* consiste en conchas estriadas. Sus arcos descansan sobre dos columnas decoradas con incisiones de líneas rectas, diagonales y en espiral, con hojas de laurel y acanto, con frutos, palmas, racimos u hojas de granada, además de algunos cestos y copas. Estos elementos encuentran sus orígenes en las artes decorativas helenísticas, con algunas modificaciones propias de la época omeya.

La caligrafía y las inscripciones

Entre las artes islámicas que alcanzaron mayor fama en Palestina, encontramos la caligrafía y las inscripciones en piedra, mármol, madera y metal. No hay ciudad de Palestina donde no encontremos una valiosa colección de este tipo de inscripciones, representativas de las diferentes épocas. Las colecciones más destacables se encuentran en Jerusalén y Hebrón. El

Cúpula de la Roca, base de la cúpula, detalle de la decoración, inscripción árabe de un versículo del Corán, al-Haram al-Charif, Jerusalén (© A. F. Kersting).

famoso epigrafista suizo Max van Berchem dedicó seis volúmenes al inventario y estudio de las inscripciones de Jerusalén, hace aproximadamente un siglo.

Además del valor artístico y estético de estas inscripciones, y de la información que nos proporcionan, la caligrafía y la epigrafía árabes en Palestina, y en el mundo islámico en general, contienen una valiosa información histórica sobre los edificios y los objetos que decoran. Estas inscripciones, y en particular las de la Cúpula de la Roca, tienen una gran importancia, pues constituyen el modelo más antiguo de la caligrafía y la escritura islámicas. Los estilos caligráficos empleados en estas inscripciones son muy diversos, y entre ellos encontramos el *cúfico*, el *nasji*, el *zuluz*, el *nasta'liq*, el *diwani,* formas de escritura que presentaban variantes entre la prosa y la poesía rimada. Estas inscripciones incluían también fórmulas de alabanza, el nombre de los soberanos y datos históricos relativos a la obra de arte. Al principio, los caracteres *cúficos* no presentaban signos diacríticos; posteriormente, empezaron a ser utilizados acompañados de puntos y signos de vocalización, e incluso con elementos decorativos. Estas inscripciones podían estar grabadas o en relieve. La mayoría han sido estudiadas y publicadas, pero todavía se producen nuevos descubrimientos que nos proporcionan más datos históricos sobre algunos aspectos de la arquitectura y el arte en Palestina.

Otro ejemplo de una práctica artística de gran maestría es la caligrafía de los diversos ejemplares del Corán escritos en papel o en pergamino de gacela. Dado el valor del Corán y su prestigio en el mundo islámico, los artistas musulmanes más devotos realizaron sus propios ejemplares del Libro sagrado. Primero cortaban las hojas según el tamaño deseado, que podía oscilar entre algunos centímetros y más de un metro —como el Corán de Barsbay que se conserva en el Museo Islámico y mide 110 × 190 cm, donado a la mezquita al-Aqsa en 221/835-836—. Luego comenzaba el trabajo del copista, seguido por el revisor, que controlaba la exactitud de cada letra, palabra, pausa y vocalización. A continuación el decorador le dedicaba un cuidado especial, sobre todo en el inicio de las azoras y las separaciones entre las aleyas.

Las partes más importantes era la *Fatiha* (la Apertura) y las secciones introductorias de los capítulos, pues aquí el artista mostraba todo su talento a través de la decoración floral y geométrica. Después del decorador llegaba el turno del dorador, que embellecía determinadas partes del Corán y, por último, el del encuadernador, que se ocupaba de forrarlo con dos sólidas cubiertas de cuero, ricamente decoradas. Para escribir estos ejemplares se empleaba tinta negra de la mejor calidad para el texto; el rojo y el blanco servían ocasionalmente para marcar la puntuación. Se utilizaban diversas grafías como el *cúfico*, el *nasji*, el *ta'liq*, el *nasta'liq*, el *magrebí andalusí*, el *farsi*, el *zuluz* y el *ruq'a*.

Hasta una época reciente, estos ejemplares se donaban como *waqf*s a las mezquitas, instituciones sufíes o benéficas, y a las escuelas. Sin embargo, con la difusión de la imprenta, los museos se han convertido en los lugares más adecuados para estas obras de arte religioso. En el Museo Islámico se encuentra una valiosa colección de ejemplares del Corán, en algunos de los cuales aparece la traducción al persa acompañando al texto árabe. Algunas páginas de estos ejemplares contienen valiosos datos históricos sobre el copista del ejemplar, su propietario, sus lectores y la fecha en que se terminó la copia, y algunas invocaciones como "que Dios conceda su misericordia a todos los que lo hayan leído". Los gobernadores y sultanes acostumbraban encargar ejemplares del Corán y donarlos a las mezquitas y los centros educativos.

Los azulejos

Entre las industrias artísticas de gran difusión en Palestina, se encuentra la fabricación de azulejos conocidos con el nombre de *qachani*, en referencia a Qachan, ciudad iraní especializada en esta industria que no tardaría en difundirse a otras partes del mundo islámico y, en particular, a ciudades turcas como Bursa, Iznik y Kütahya. Numerosos artesanos cualificados, procedentes de estas ciudades, se instalaron en Jerusalén durante el período otomano y establecieron las bases de esta industria en Palestina, donde se usó generosamente en la Cúpula de la Roca. El reflejo de esta industria se puede ver actualmente en los zocos de Jerusalén, Hebrón y Jericó, donde mosaicos, platos, cántaros, copas y objetos de vidrio se han convertido en un producto comercial de gran difusión turística. A los motivos decorativos islámicos originales se añadieron otros procedentes del credo cristiano, como el milagro de la multiplicación de los panes y los peces en al-Tabaga, o representaciones de la iglesia de la Natividad.

Esta industria hizo su aparición en Palestina en el siglo X/XVI, favorecida por la restauración de la Cúpula de la Roca, emprendida por Solimán el Magnífico, pues los mosaicos exteriores estaban muy deteriorados y el sultán ordenó que fuesen sustituidos por un hermoso revestimiento de azulejos de estilo *qachani*. Este género pronto se extendió a la mayoría de las mezquitas de Estambul, donde entradas y *mihrab*s fueron recubiertos de mosaicos decorativos. La mayor parte de la cerámica expuesta en el Museo Islámico, así como las decoraciones de la Cúpula de la Roca, datan de siete épocas distintas; las más antiguas son de los siglos IX/XV y X/XVI, las más modernas de 1964.

Los colores de estos azulejos son muy diversos: azul oscuro, turquesa, amarillo, verde, rojo, negro y blanco, mientras los motivos decorativos son florales, geométricos o caligráficos. La más famosa inscripción monumental es la que se encuentra sobre el octógono exterior de la Cúpula de la Roca, donde Muhammad Chafiq escribió la azora coránica *Ya Sin* en 1292/1874.

Cúpula de la Roca, entrada principal, al-Haram al-Charif, Jerusalén
(© A. F. Kersting).

Las ventanas decorativas de estuco

Entre las técnicas que alcanzaron más fama en Palestina, están el enmarcado y la decoración de ventanas con estuco, que se remontan al primer período del arte islámico, y una de sus técnicas más conocidas era el estilo abbasí llamado "de Samarra", aunque se supone que esta industria ya había hecho su aparición en Palestina en la época omeya, cuando se construyeron la Cúpula de la Roca y la mezquita al-Aqsa. La disposición de las ventanas tenía una gran importancia en el diseño, pues se empleaban con el fin de asegurar la luz natural y la ventilación, y adoptaban diferentes formas: rectangular, cuadrada o

Cúpula de la Roca, cúpula, detalle del tambor, ventanas con decoración de estuco incrustado de vidrio de colores, al-Haram al-Charif, Jerusalén.

circular. Si la ventana estaba situada al nivel de la calle, se protegía con rejas de hierro magníficamente decoradas, y si se encontraba a un nivel más alto, se realzaba con un bello panel decorativo realizado en yeso.

Esta industria se mantuvo hasta el período mameluco, y todavía hoy encontramos expertos artistas locales que practican este delicado oficio artístico en talleres que se encuentran en la mezquita al-Aqsa. Estas aberturas son de una gran belleza y perfección, cuya magnitud se aprecia sobre todo cuando los rayos del sol se deslizan por los elementos decorativos y adoptan el color de los pequeños trozos de vidrio que les sirven de fondo. El más magnífico ejemplo de estas ventanas lo encontramos en el tambor de la Cúpula de la Roca, en la parte superior del muro sur de la mezquita al-Aqsa, en el Museo Islámico y en distintos edificios esparcidos por toda Palestina.

Aparte de talento, esta industria requiere una paciencia extrema y el dominio de diversas destrezas. La fase inicial consiste, en primer lugar, en delimitar el tamaño de la ventana; luego se realiza un molde de madera resistente y se fija sobre una superficie plana; a continuación se mezcla el yeso y se vierte sobre el molde (generalmente de forma circular o rectangular y rematado por un arco de medio punto); la solución se mantiene hasta que se endurece. La segunda fase consiste en trazar a lápiz el patrón de la decoración que se va a realizar en la ventana; suele ser una decoración de motivos vegetales de finos rasgos y de formas geométricas, a menudo acompañadas de inscripciones caligráficas cuyos hermosos caracteres entrelazados contienen aleyas coránicas o invocaciones; en ellas suele figurar la fecha de fabricación o restauración de la ventana.

La siguiente fase es la que exige mayor precisión, pues en ella se procede a esculpir y cincelar el yeso según la forma deseada. Teniendo en cuenta que la ventana estará elevada varios metros sobre el nivel del suelo y del eje de visión, la escultura debe ser oblicua, sin lo cual la decoración no se podría ver y la penetración de la luz sería obstruida. Las herramientas que se emplean suelen ser muy pequeñas y de una extrema precisión, ya que el menor error significaría volver a repetir el molde. A continuación se llega a la última fase, que consiste en incrustar pequeñas piezas de vidrio en los calados de yeso. Aquí se observa la destreza del artista, en su elección de un determinado color para cada unidad decorativa, lo que permitirá percibir la distribución de los diferentes elementos al mismo tiempo que la homogeneidad decorativa de la obra. Habitualmente la fabricación de una ventana de gran tamaño (140 × 350 cm) insumía de cuatro a seis meses.

Las monedas

Una de las manifestaciones artísticas con implicaciones políticas, culturales y económicas fue la acuñación y puesta en circulación de las monedas. Esta actividad comenzó en una época temprana en Palestina, a principios de la época omeya, y se han encontrado vestigios de más de quince casas de la moneda en Jerusalén, Ramla, Tiberíades, Bisan, Safuriyya, Ascalón, Gaza y Lydda. Estos centros suministraban al mercado local y al mercado sirio una gran variedad de monedas de cobre y bronce. La acuñación continuó en Palestina durante la época abbasí, y Jerusalén aparece como un importante centro de emisión de monedas en el gobierno de al-Ma'mun (198/813-218/833). En la época tuluní se acuñaron dinares de oro, y en las épocas ijchidí, qarmata y fatimí, los dinares de plata completaron el sistema monetario. En estas monedas aparecían grabados versos coránicos y profesiones de fe como "No hay más dios que Dios y Muhammad es su profeta"; también se mencionaba al soberano bajo el cual se acuñaban las monedas. Estas monedas, a pesar de su pequeño tamaño, contenían importantes datos históricos que resultan de gran interés actualmente; las inscripciones que aparecían en ellas y la manera en que estas se realizaban atestiguan el alto nivel alcanzado por las técnicas del grabado, de la inscripción y del modelado artístico, que ponen de relieve el refinamiento del arte islámico en Palestina. Palestina conserva también colecciones de manuscritos de gran valor, obras maestras de metal y vidrio, alfombras y tejidos, trajes bordados y artesanía popular local, como la industria del vidrio en Hebrón, la cerámica de Gaza o los objetos de nácar y de madera de olivo. El visitante podrá contemplar muchas y hermosas piezas en los zocos y las tiendas de Jerusalén, Belén, Hebrón, Gaza y Nablus, donde podrá apreciar el grado de riqueza que alcanzaron la arquitectura y las artes en Palestina.

RECORRIDO I

Jerusalén y al-Haram al-Charif: la *qibla* de Palestina

Yusuf Natsheh, Mahmoud Hawari

I.I AL-HARAM AL-CHARIF
    I.1.a Museo Islámico
    I.1.b Mezquita al-Aqsa
    I.1.c Cúpula de la Roca
    I.1.d Puerta Dorada (Bab al-Rahma y Bab al-Tawba)
    I.1.e Jalwa noroeste de Ahmad Pacha
    I.1.f Mihrab de la Mastaba de 'Ali Pacha
    I.1.g Sabil Qaytbay
    I.1.h Qubba al-Nahawiyya
    I.1.i Madrasa al-Achrafiyya
    1.1.j Ciudadela (opción)

Los manuscritos de la Biblioteca de la Mezquita al-Aqsa
Los sistemas hidráulicos de al-Haram al-Charif

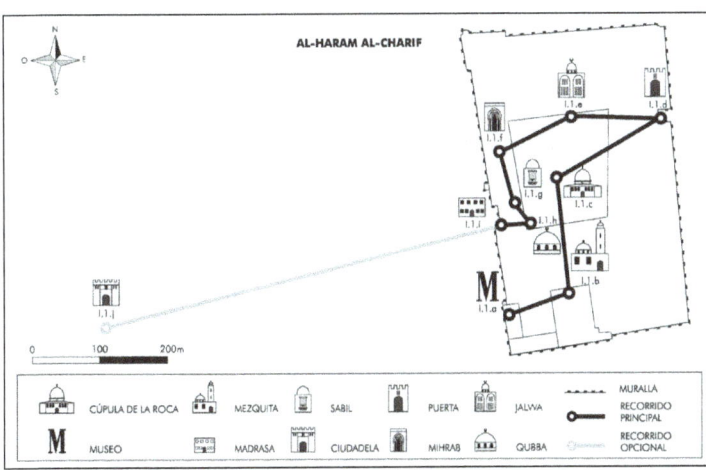

Cúpula de la Roca, vista del suroeste entre Qubba al-Nahawiyya y una escuela coránica, al-Haram al-Charif, Jerusalén.

Entre todas las ciudades santas, Jerusalén es una de las más eminentes, ya que las tres religiones reveladas —judía, cristiana e islámica— la consideran tierra sagrada. Amada y venerada por millones de hombres de todo el planeta, ha atravesado, a lo largo de su historia, períodos de prosperidad, gloria, desastre y destrucción.

Los restos arqueológicos indican que las primeras poblaciones de la zona se remontan al Calcolítico y a la primera Edad del Bronce (hacia los milenios V y IV a. C.). En los orígenes, el núcleo de la ciudad actual, el pueblo de Silwan, al sur de al-Haram al-Charif, fue fundado por los cananeos —aproximadamente a principios del milenio II a. C.—, en las inmediaciones del único manantial de la zona.

Durante las épocas que siguieron a su fundación, la ciudad creció y se desarrolló, pero su situación geográfica entre los imperios rivales del Nilo y del Éufrates hizo que fuese invadida y destruida en numerosas ocasiones, lo que explica la diversidad de su paisaje étnico y religioso. Jerusalén estuvo sometida sucesivamente a distintos gobiernos extranjeros: a Nabucodonosor, señor del nuevo Imperio babilónico, que la ocupó y arrasó en 587 a. C.; a la dominación de los persas comandados por Ciro el Grande, que ordena la reconstrucción del templo de Jerusalén en 538 a. C. y autoriza a los judíos a regresar a las tierras de Judea; a Alejandro Magno en 332 a. C., y a sus sucesores los ptolomeos y los selyuquíes, hasta la llegada de los romanos en 63 a. C. Durante las épocas helenística y romana, la cultura helénica domina todos los aspectos de la vida en Jerusalén. Un conflicto nace entre los símbolos y los defensores de la civilización pagana romana, por un lado, y la población judía local, apoyada por sus propias autoridades, por otro. A consecuencia de las dos revueltas judías contra Roma (66-70 y 132-135), los judíos ya no son admitidos en Jerusalén. Sin embargo, cristianos de origen pagano —pero no judío— viven en la ciudad desde el siglo II. Con el edicto de tolerancia de Milán de 313 y luego el Concilio de Nicea en 325, Jerusalén se impone cada vez más como un polo del cristianismo y así permanecerá durante todo el período bizantino. Durante el período cristiano se construyen muchas iglesias, mientras que la peregrinación a Tierra Santa comienza a organizarse de manera regular. Los árabes musulmanes se enorgullecen de la conquistado pacífica de Jerusalén por el califa 'Umar Ibn al-Jattab, en 15/638. Mediante un tratado, el califa garantizaba a todos los cristianos la paz y la seguridad de sus vidas y haciendas. El gobierno islámico de la Ciudad Santa se prolongó durante aproximadamente catorce siglos, salvo el período en que la ciudad se vio sometida al dominio de los cruzados (492/1099-583/1187). Las sucesivas dinastías islámicas —omeya, abbasí, fatimí, ayyubí, mameluca y otomana— se dedicaron a desarrollar la ciudad, y en particular al-Haram al-Charif. El período musulmán se distinguió por el espíritu de tolerancia, y la mayoría de las comunidades cristianas siguieron viviendo allí.

Jerusalén es la tercera ciudad sagrada del Islam, tras La Meca y Medina, y eso explica que los musulmanes hayan realizado enormes esfuerzos y hayan invertido grandes riquezas en el desarrollo y embellecimiento de la ciudad, especialmente en al-Haram al-Charif. Allí levantaron nume-

RECORRIDO I *Jerusalén y al-Haram al-Charif:* la qibla *de Palestina*
al-Haram al-Charif

rosas mezquitas, *madrasa*s, *zawiya*s, *caravansarays*, *qubba*s, *maqam*s, *sabil*s, *hammam*s, zocos y otros tipos de edificios. Así Jerusalén se convirtió en una de las más bellas ciudades de la Edad Media, y una de las más ricas en todos los ámbitos: religioso, cultural, social y artístico. La Cúpula de la Roca, construida en la época omeya y uno de los mayores hitos de la civilización islámica, forma parte de los más preciados tesoros culturales de la humanidad. Auténtica metáfora del arte islámico, constituye en sí misma un museo único en el mundo, por la gran cantidad de edificios monumentales que alberga, tanto islámicos como pertenecientes a otras culturas.

A excepción de la Cúpula de la Roca, la mezquita al-Aqsa y algunos monumentos repartidos por toda la ciudad que se remontan a la época omeya, la mayoría de los edificios de Jerusalén son de épocas posteriores a las Cruzadas y, sobre todo,

de la época de los mamelucos (658/1260-992/1517). Los sultanes y *emires* mamelucos mostraron un evidente interés por la ciudad y construyeron decenas de edificios religiosos, pedagógicos y comerciales, cuyo funcionamiento estaba asegurado por generosas donaciones. Esta impresionante actividad constructora reflejaba el prestigio de la ciudad como lugar de peregrinación para los musulmanes y como centro del pensamiento islámico, que el sufismo habría de confirmar notoriamente.

Y.N.

1.1 AL-HARAM AL-CHARIF

Situado en la zona sureste de la ciudad antigua de Jerusalén, ocupa aproximadamente una sexta parte de su superficie. Los muros sur y este del

Jerusalén, vista general desde el norte, litografía, D. Roberts (© Museo Victoria y Albert, Londres).

69

al-Haram al-Charif

santuario forman parte de la muralla de Jerusalén. Actualmente, los musulmanes solo pueden acceder a través de Bab al-Magariba, y para ello deben someterse previamente a ciertas medidas de seguridad que en ocasiones pueden alargarse un tiempo considerable; se puede salir por cualquiera de las puertas. La entrada a la explanada es gratuita, pero para visitar la Cúpula de la Roca, la mezquita al-Aqsa y el Museo Islámico es necesario adquirir una entrada en el quiosco situado delante del Museo Islámico; esta entrada solo es válida para el mismo día en el que se adquiere y el pago debe hacerse en moneda local. Está permitido hacer fotos en la explanada, pero está prohibido en el interior del Museo Islámico, de la mezquita al-Aqsa y de la Cúpula de la Roca, salvo que se solicite previamente un permiso en el Ministerio de los Waqfs y Asuntos Religiosos. Antes de entrar en el interior de la mezquita al-Aqsa y la Cúpula de la Roca, hay que descalzarse y dejar las bolsas y las cámaras de fotos en la entrada; los encargados de los monumentos no se hacen responsables de estos objetos.

De planta rectangular, al-Haram al-Charif dispone de diez puertas para su acceso. Situadas en las murallas oeste y norte, se suceden en el orden siguiente: Bab al-Magariba (puerta de los Magrebíes), Bab al-Silsila (puerta de la Cadena), Bab al-Mathara (puerta de la Ablución), Bab Suq al-Qattanin (puerta de los Algodoneros), Bab al-Hadid (puerta del Hierro), Bab al-Nadir (puerta del Inspector) y Bab al-Gawanima (puerta de la familia al-Gawanima), en la esquina noroeste de al-Haram, y en el lado norte: Bab al-'Atm (puerta de las Tinieblas), Bab al-Hitta (puerta del Perdón) y Bab al-Asbat (puerta de los Leones). Todas las puertas de los muros este y oeste están condenadas o en desuso. La mayoría datan de la época mameluca y fueron construidas sobre los cimientos de antiguas puertas omeyas y romanas. Al-Haram al-Charif es uno de los recintos más importantes para los musulmanes. Aparece citado en el Corán como el lugar desde donde el profeta Muhammad emprendió su ascensión nocturna al cielo. Primera *qibla* del Islam, es también el lugar donde se producirá la Resurrección. Finalmente, pero no menor por su prestigio, se sitúa en pleno corazón de la ciudad que el Profeta Muhammad equiparó con La Meca y Medina. Además es la parte más importante de la ciudad antigua y la joya arquitectónica y artística de Jerusalén, a la que debe su prestigio y santidad. La evolución histórica de la ciudad está estrechamente unida a al-Haram al-Charif, cuya estructura y monumentos actuales, así como su carácter sacro, son el fruto de una larga evolución arquitectónica e histórica que se produjo bajo las distintas dinastías.

Después de la destrucción de Jerusalén en el año 70 y de la segunda revuelta judía (132-135), los romanos la reconstruyeron como una ciudad pagana —que denominaron Colonia Aelia Capitolina— y levantaron en ella un templo dedicado a Júpiter Capitolinus. En la época islámica, el califa 'Umar Ibn al-Jattab y, posteriormente, el califa 'Abd al-Malik Ibn Marwan reconstruyeron la ciudad y al-Haram al-Charif. El entusiasmo constructivo se mantuvo a lo largo de las distintas etapas islámicas, y especialmente durante la época de los ayyubíes (583/1187-648/1250), cuando se emprendió una rehabilitación total de la ciudad, después de nueve decenios de hegemonía cruzada. El Islam fue

RECORRIDO I *Jerusalén y al-Haram al-Charif: la qibla de Palestina*

al-Haram al-Charif

Al-Rub'a al-Magribiyya, doble frontispicio, Museo Islámico, al-Haram al-Charif, Jerusalén.

reintroducido, se amplió al-Haram al-Charif y se restauraron la Cúpula de la Roca y la mezquita al-Aqsa. Los mamelucos (648/1250-922/1517) contribuyeron al desarrollo de las zonas adyacentes a los límites norte y oeste de al-Haram, donde construyeron *madrasas* y *zawiyas*, y garantizaron el suministro de agua a través de cisternas y fuentes. Los otomanos (922/1517-1336/1917) también ampliaron al-Haram, especialmente la zona que rodea la Cúpula de la Roca.

En el recinto de al-Haram al-Charif se encuentran monumentos arquitectónicos representativos de todas las dinastías islámicas y visitarlos todos llevaría un tiempo considerable. Entre ellos se han seleccionado los más notorios y representativos de las distintas dinastías musulmanas, así como de los estilos arquitectónicos propios de cada una de ellas.

Y.N.

I.1.a Museo Islámico

En la esquina suroeste de la explanada.
Horario: de 8 a 11 y de 13 a 14, excepto viernes y festivos. Durante el mes de Ramadán, solo puede visitarse por la mañana. La explanada está cerrada a las horas de oración, que varían según la estación del año, generalmente de 11 a 12:30 y de 14 a 15.

El Museo Islámico fue fundado en 1341/1923, y es uno de los primeros museos de Jerusalén. Cuenta con una colección de obras de arte procedentes de legados o que fueron trasladadas al museo desde el recinto de al-Haram al-Charif después de su restauración, con la intención de exponerlas al mayor número posible de visitantes. La mayoría de las obras del museo están directamente relacionadas con el legado del recinto de al-Haram, Jerusalén y Palestina en general.

El museo consta de dos salas principales: la primera, que fue en origen una mezquita

Al-Rub'a al-Magribiyya, inicio de cada azora del Corán.

RECORRIDO I *Jerusalén y al-Haram al-Charif: la qibla de Palestina*
al-Haram al-Charif

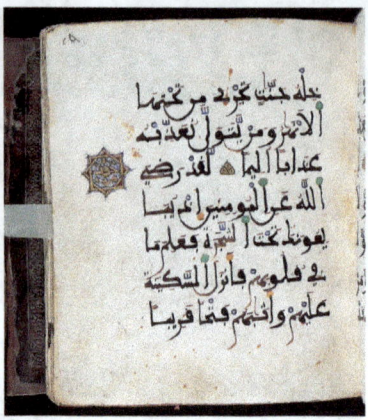

Al-Rub'a al-Magribiyya, folio con el uso de los diferentes colores para las vocales y la puntuación, Museo Islámico, al-Haram al-Charif, Jerusalén.

El Corán marroquí

En el Museo Islámico se conserva una colección de ejemplares del Corán de gran valor, de los cuales el más importante es el ejemplar caligrafiado llamado el Corán marroquí. Es un ejemplar que consta de treinta volúmenes, escritos en caligrafía de estilo magrebí, un estilo cercano al *cúfico*, aunque se diferencian por presentar el primero unos ángulos más suaves.

Según aparece documentado en las dos últimas páginas de cada volumen, fue transcrito en la ciudad de Fez en 745/1345 por 'Abd Allah 'Ali Ibn 'Abd al-Haqq, rey de Marruecos, quien lo donó como *waqf* a la mezquita al-Aqsa. Este se considera el más destacado ejemplar del Corán llegado a al-Aqsa durante el siglo VIII/XIV. Todos sus volúmenes están escritos en pergamino de gacela y encuadernados también con piel de gacela.

Las dos caras de cada volumen presentan una decoración con motivos geométricos y caligráficos. Ambas caras están encuadradas por una cenefa realizada con hilos de oro y plata —que se entrecruzan con otro doble hilo de plata— en cuyo interior aparece escrito el nombre del copista. En el centro hay dos círculos concéntricos de plata. En una de las caras de la cubierta, en un medallón, aparece la siguiente cita coránica: "Esto es un mensaje y una advertencia de Dios, Él es Dios único; sepan los espíritus dejarse guiar hacia Él". El medallón de la contraportada encierra esta cita: "Quien sea que sustituya la palabra de Dios por otras palabras habrá pecado. Dios sabe y oye todo."

El doble frontispicio de cada volumen está decorado de lacerías geométricas realzadas de motivos florales en

ayyubí, es una sala alargada, orientada de norte a sur. La segunda es de la época de los cruzados y tiene una orientación de oeste a este. El museo posee una singular colección de piezas de madera de la época omeya, los restos del *mimbar* de Nur al-Din (el *mimbar* de la mezquita al-Aqsa) que fue dañado por un incendio en 1969, una colección de piezas de metal, mármol y azulejos, así como Coranes y manuscritos mamelucos de un valor inestimable. Nos detendremos en un ejemplar excepcional: el Corán "marroquí" o al-Rub'a al-Magribiyya.

Y.N.

Al-Rub'a al-Magribiyya, doble frontispicio, Museo Islámico, al-Haram al-Charif, Jerusalén.

RECORRIDO I   *Jerusalén y al-Haram al-Charif: la qibla de Palestina*
al-Haram al-Charif

tonos dorados, rojo oscuro, blanco y negro, enmarcados en un cuadrado. Los dos ángulos exteriores de cada recuadro están adornados por motivos vegetales. La página siguiente presenta un rectángulo decorativo en cuyo interior, sobre fondo blanco, aparecen escritos con caligrafía *cúfica* dorada con signos de puntuación en rojo oscuro, el nombre de la azora y el número de aleyas que contiene.

El texto de la obra es de color marrón oscuro y los signos de puntuación se distinguen por colores diferentes. El verde indica *hamzat al-wasl*, el naranja *hamzat al-qat'*; la *chadda* y el *sukun* aparecen en azul mientras el rojo ha sido asignado a las vocales. El punto diacrítico de la letra *fa'* aparece debajo de esta y es de color marrón, mientras que la letra *qaf* se distingue por tener un solo punto diacrítico situado encima, también de color marrón. Los signos de pausa están indicados por una pequeña piña dorada, divida en tres partes realzadas de puntos rojos. El nombre de la azora y el número de sus aleyas están escritos en estilo *cúfico* dorado y rematados por una decoración vegetal similar a la antes descrita. Al final de las aleyas de cada volumen hay un rectángulo dorado, cuyo interior también está escrito en *cúfico* dorado sobre fondo blanco y adornado con distintos motivos decorativos.

Las dos últimas páginas de cada volumen contienen dos cuadrados dorados en cuyo interior aparece un texto escrito en caligrafía de estilo magrebí de color dorado, que indica el final del volumen y donde aparece el nombre del rey que lo transcribió y lo donó, además de la fecha en que se terminó de copiar.

M.H.

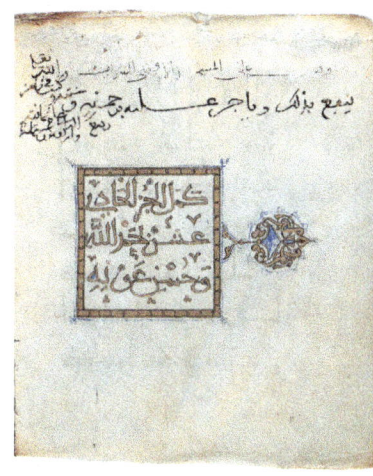

Al-Rub'a al-Magribiyya, última página del volumen 11, Museo Islámico, al-Haram al-Charif, Jerusalén.

Al-Rub'a al-Magribiyya, doble frontispicio, Museo Islámico, al-Haram al-Charif, Jerusalén.

Al-Rub'a al-Magribiyya, folio con el uso de los diferentes colores para las vocales y la puntuación, Museo Islámico, al-Haram al-Charif, Jerusalén.

73

RECORRIDO I   *Jerusalén y al-Haram al-Charif: la qibla de Palestina*

al-Haram al-Charif

Mezquita al-Aqsa, mihrab, al-Haram al-Charif, Jerusalén.

I.1.b **Mezquita al-Aqsa**

La mezquita al-Aqsa se encuentra en el centro de la parte sur de la explanada.
Horario: véase Museo Islámico (I.1.a).

Contrariamente a una opinión muy difundida, la mezquita al-Aqsa no ocupa todo el recinto de al-Haram al-Charif. En realidad, es el edificio paralelo al muro sur de al-Haram al-Charif. El edificio actual es el resultado de una larga evolución arquitectónica, que comenzó cuando el califa 'Umar Ibn al-Jattab fundó una modesta mezquita en ese lugar, después de la conquista de la ciudad de Jerusalén en 15/638 y su visita al recinto en compañía del patriarca Sefronio.

A la construcción del santuario original, del que no quedan restos, le siguieron los esfuerzos realizados por los omeyas (65/685-96/715) para levantar la segunda mezquita al-Aqsa. Sin embargo, los estudiosos no se ponen de acuerdo en si esta edificación se debe al califa 'Abd al-Malik Ibn Marwan (65/685-86/705), constructor de la Cúpula de la Roca, Qubbat al-Silsila, una serie de puertas en el recinto de al-Haram y sus murallas, o a su hijo al-Walid (86/705-96/715), constructor de los palacios omeyas recientemente descubiertos al sur de la mezquita al-Aqsa. Otro grupo de expertos sostiene que la construcción comenzó en la época de 'Abd al-Malik pero se completó durante el gobierno de al-Walid.

De esta época omeya no subsiste más que el muro sur. En este lugar, la topografía presenta una fuerte inclinación hacia el sur, que fue nivelada mediante pilares y arcos, creando así una plataforma. Actualmente, estas estructuras subterráneas se llaman "la antigua al-Aqsa" y "el oratorio *marwani*". Debido al gran número de terremotos que afectaron a Palestina y Jerusalén después de la época omeya, la mezquita fue reconstruida en más de una ocasión. El edificio actual es la síntesis de múltiples restauraciones y reconstrucciones realizadas durante las épocas abbasí y fatimí. La segunda gran intervención en el edificio de este *masyid* se hizo en la época de los cruzados, que transformaron una parte de al-Aqsa en iglesia, para lo que fue necesaria la incorporación de un gran ábside en la última nave este que todavía hoy se puede apreciar, mientras que el ala oeste del edificio se transformó en lugar de residencia para sus caballeros.

Consecuentemente, sobre los ayyubíes y los mamelucos recayó la responsabilidad de devolver a la mezquita su carácter islámico. Salah al-Din ordenó la restauración del *mihrab* y la adjunción de un *mimbar* en 583/1187, y al-Nasir Muhammad Ibn Qalawun hizo restaurar la cúpula (727/1327-1328), como indica la inscripción conmemorativa que allí se encuentra. Pero los cruzados no fueron los únicos que atentaron contra el carácter islámico de la mezquita. El 21 de agosto de 1969, un turista australiano fanático la incendió y produjo daños considerables en la parte sur del santuario. Aunque el acto podría considerarse una expresión de intolerancia religiosa y nacionalista, la justicia israelí rechazó la inculpación de incendio voluntario y declaró que el acto emanaba de un psicópata. Todas estas modificaciones han alterado considerablemente la

Mezquita al-Aqsa, nave, vista hacia el norte, al-Haram al-Charif, Jerusalén.

estructura inicial, cuya superficie alcanzaba el doble de la actual.

Se accede a al-Aqsa a través de la puerta central, una de las siete puertas con las que cuenta la mezquita; cada una de ellas, coronada por un arco de medio punto —de los cuales el mayor es el central—, da acceso a las siete naves que la componen. El edificio es de planta rectangular (80 × 55 m), y consta de siete naves orientadas de norte a sur, de las cuales la central es más ancha. Ante el *mihrab* se eleva una cúpula, sostenida por cuatro

Mezquita al-Aqsa, cúpula, al-Haram al-Charif, Jerusalén.

RECORRIDO I   *Jerusalén y al-Haram al-Charif:* la qibla *de Palestina*
al-Haram al-Charif

Cúpula de la Roca, vista general, al-Haram al-Charif, Jerusalén.

grandes arcos apuntados. En los ángulos de estos arcos se abren cuatro nichos de medio punto que marcan la transición de la planta cuadrada a la octogonal y luego a la planta circular de la cúpula. La cúpula está decorada con ornamentación de motivos vegetales, geométricos y caligráficos.
Y.N.

I.1.c **Cúpula de la Roca**

La Cúpula de la Roca, la joya de Jerusalén y de Palestina, está situada en el centro de al-Haram al-Charif.
Horario: véase Museo Islámico (I.1.a).

La Cúpula de la Roca se considera un edificio único en su género y es uno de los monumentos islámicos más antiguos. Por su simetría y originalidad, la elegancia de su arquitectura y decoración constituye en sí misma una auténtica escuela artística que ha suscitado el interés de los investigadores y estudiosos de todos los tiempos. Muchos soberanos musulmanes de las distintas épocas islámicas mostraron gran interés por este edificio, como lo demuestran las muchas restauraciones y reformas realizadas en él; sin embargo, estas reformas no han alterado su planta general ni su estilo decorativo original.

La Cúpula fue construida por el califa omeya 'Abd al-Malik Ibn Marwan en 72/691-692, sobre la roca desde la cual el profeta Muhammad emprendió su Viaje nocturno al paraíso. Desde la conquista de Jerusalén, el lugar ha sido visitado y vene-

RECORRIDO I   *Jerusalén y al-Haram al-Charif: la* qibla *de Palestina*
al-Haram al-Charif

Cúpula de la Roca, vista general del interior, al-Haram al-Charif, Jerusalén.

rado por los musulmanes. Este hecho despertó el interés de 'Abd al-Malik Ibn Marwan, quien hizo levantar allí el monumento que actualmente podemos contemplar. La Cúpula de la Roca es una construcción de planta octogonal coronada por una cúpula que se apoya sobre un tambor cilíndrico. En sus muros se abren cuatro puertas, cada una de ellas orientada a uno de los puntos cardinales. La parte inferior de los muros exteriores está revestida de mármol, y la parte superior, por azulejos, que se remontan a la época del sultán Solimán el Magnífico, quien ordenó la sustitución de la deteriorada decoración en mosaico entre 952/1545 y 959/1552. El tambor también está chapado de azulejos, mientras que el exterior de la cúpula, que hasta 1965 era de madera,

Cúpula de la Roca, decoración interior de la cúpula, al-Haram al-Charif, Jerusalén.

es ahora de cemento recubierto de láminas de cobre bañadas en oro. También la zona comprendida entre la cúpula y los octógonos —uno exterior y el otro central— se ha cubierto con un techo de

RECORRIDO I   *Jerusalén y al-Haram al-Charif: la qibla de Palestina*

al-Haram al-Charif

Cúpula de la Roca, detalle de los arcos que sostienen la cúpula, al-Haram al-Charif, Jerusalén.

La Puerta Dorada al amanecer, al-Haram al-Charif, Jerusalén (© Sonia Halliday Photographs).

madera, revestido con láminas de plomo en el exterior y decorado con maderas de distintos colores en el interior.

El interior de la planta de la Cúpula de la Roca está formado por dos octógonos, uno interior y otro exterior, que rodean la roca sobre la que se eleva la cúpula. El octógono exterior se levanta sobre ocho pilares y dieciséis columnas, mientras que el interior se apoya en cuatro pilares y doce columnas. Los arcos de medio punto que los unen están decorados con mosaicos e inscripciones caligráficas de brillante ejecución. La cúpula interior de madera, con un diámetro de 20,44 m, se considera la estructura de madera más antigua de cuantas hayan sobrevivido hasta el momento y está compuesta de paneles de madera decorada, montados sobre yeso. Una distancia de casi 1,5 m separa las dos cúpulas, para proteger la interior de los agentes atmosféricos. Dieciséis ventanas se abren en el tambor cilíndrico de la Cúpula, decorado por una suntuosa variedad de *arabescos* de mosaico y aleyas coránicas.

La Roca sagrada se encuentra debajo de la cúpula. Se trata de una forma natural irregular (18 × 13 × 1,5 m) bajo la cual hay una cueva cuadrada (4,5 × 4,5 m) dotada de dos *mihrab*s, uno de ellos cóncavo y el otro llano. Muchos musulmanes rezan en el interior de esta cueva con la esperanza de ver cumplidos sus votos.

Y.N.

I.1.d Puerta Dorada (Bab al-Rahma y Bab al-Tawba)

En el centro del muro este de la explanada. Horario: véase Museo Islámico (I.1.a).

RECORRIDO I   *Jerusalén y al-Haram al-Charif: la* qibla *de Palestina*
al-Haram al-Charif

Puerta Dorada, vista del oeste con la columna central, al-Haram al-Charif, Jerusalén.

Para visitar el interior, hay que solicitar un permiso en el Ministerio de los Waqfs y Asuntos Religiosos, tel.: 02 628 1222.

Aunque la puerta no está fechada, tanto su estructura arquitectónica como sus elementos decorativos la sitúan en la época del califa omeya 'Abd al-Malik Ibn Marwan, quien elaboró un vasto proyecto para la ampliación del recinto de al-Haram. Entre sus proyectos figuraban la Cúpula de la Roca, Qubbat al-Silsila (la Cúpula de la Cadena) y algunas puertas y murallas de al-Haram.

Sobre la puerta Dorada, una doble puerta formada por Bab al-Rahma (puerta de la Misericordia) y Bab al-Tawba (puerta del Arrepentimiento) se han ido tejiendo numerosas leyendas. Se cuenta que en 631, cuando el emperador Heraclio llegó a la puerta, las piedras del edificio cayeron a sus pies y le impidieron entrar. Solo cuando adoptó una actitud más humilde, la puerta se abrió de nuevo. Aunque esta leyenda surgió en 215/830, tuvo una gran difusión en la Edad Media. Los cruzados tenían la costumbre de abrir la puerta dos veces al año —para el Domingo de Ramos y el Domingo de Pascua—, aunque se supone que el Domingo de Ramos Cristo entró en la ciudad por la puerta de Benjamín (en la actualidad conocida como Bab al-Asbat). Se admite también que el emperador Heraclio penetró en la ciudad por una puerta situada bajo el actual monumento, según atestiguan los vestigios hallados recientemente. En Occidente, la puerta se conoce como "puerta Dorada", nombre derivado de las palabras griega *horaia* (bello) y latina *aurea* (dorado).

Las fuentes literarias árabes la mencionan como Bab al-Rahma (puerta de la Miseri-

RECORRIDO I *Jerusalén y al-Haram al-Charif: la qibla de Palestina*
al-Haram al-Charif

Puerta Dorada, vista del oeste con la columna central, al-Haram al-Charif, Jerusalén.

cordia) y Bab al-Tawba (puerta del Arrepentimiento), en referencia a una interpretación del versículo 13 de la azora al-Hadid del Corán, que alude a una puerta que conduce a la Misericordia (en otros términos, la mezquita al-Aqsa), mientras la Agonía (el valle de la Gehena) se encuentra en el exterior, al este. Por este motivo, la puerta ha despertado el interés de los musulmanes y se ha convertido en uno de los lugares religiosos y arqueológicos más importantes del recinto de al-Haram. Toda la zona oriental que es adyacente al recinto está ocupada por el cementerio musulmán más antiguo y famoso de Jerusalén, que ha conservado su nombre: cementerio de Bab al-Rahma. Allí están enterrados varios compañeros del Profeta, y sigue siendo el lugar donde muchos musulmanes desearían tener su última morada.

Durante los períodos fatimí, ayyubí y mameluco el edificio sirvió de mezquita, mientras que en la época otomana se utilizó como residencia para adeptos del sufismo, en particular los mawlawis. Antes de la llegada de los cruzados, sobre esta puerta se construyó la *madrasa* al-Nasiriyya, una de las primeras y más famosas escuelas de Jerusalén, que se atribuye al *chayj* Nasir al-Maqdisi. Es en esta *madrasa* donde el filósofo sufí al-Ghazali elaboró su doctrina, aquí vivió su etapa de duda y luego concibió sus certezas; aquí escribió su famoso libro *Revivificación de las ciencias de la Religión*.

El edificio de dos plantas tiene cuatro hermosas fachadas, perfectamente complementarias la una de la otra, revestidas de bajorrelieves con motivos florales y geométricos. La fachada oriental pertenece a la vez a la muralla de Jerusalén y a la de al-Haram. Desde al-Haram, a través de una escalera monumental, se llega al interior del edificio, que consta de dos pórticos orientados de este a oeste. Cada pórtico está cubierto por cúpulas rebajadas, que reposan en dos hileras de grandes columnas.

Y.N.

I.1.e Jalwa noroeste de Ahmad Pacha

Se encuentra en el muro noroeste de la explanada de la Cúpula de la Roca, contigua al extremo oeste de la columnata norte.
Horario: véase Museo Islámico (I.1.a).

Con la palabra *jalwa* (celda) se denomina habitualmente a una pequeña estancia retirada en una *zawiya*, donde el sufí

al-Haram al-Charif

Jalwa noroeste de Ahmad Pacha, vista general, al-Haram al-Charif, Jerusalén.

encuentra la atmósfera ideal para la meditación, la concentración y la devoción. Pero en el caso de al-Haram se trata de un edificio independiente, con dos niveles en los que hay más de una unidad. En la época otomana se construyeron muchos edificios de este tipo y cerca de veinte celdas han llegado hasta nosotros, de las cuales la más hermosa es la de Ahmad Pacha. Está *jalwa* es conocida con el nombre de "*jalwa* mameluca", pues en ella se encuentran numerosas características de la arquitectura de aquella época; actualmente sirve de despacho para el director de la mezquita al-Aqsa.

El establecimiento fundado por Ahmad Pacha en 1009/1600-1601 estaba destinado a los sufíes y al estudio de la jurisdicción

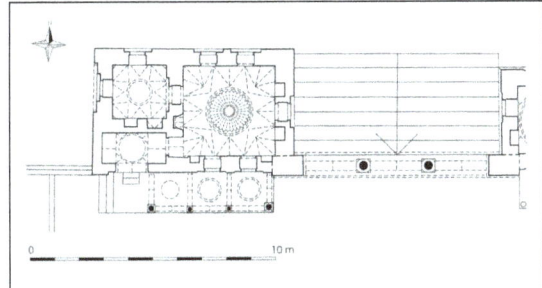

Jalwa noroeste de Ahmad Pacha, planta baja, al-Haram al-Charif, Jerusalén.

islámica. Ahmad Pacha nombró al frente de la *jalwa* a uno de los *ulemas* más eminentes de Jerusalén, el *chayj* al-Gazi Abu al-Su'ud, y le asignó un salario anual de 600 dirhams de plata deducidos de los beneficios del *waqf* del edificio. También estableció con detalle las modalidades de

RECORRIDO I   *Jerusalén y al-Haram al-Charif: la qibla de Palestina*

al-Haram al-Charif

Jalwa noroeste de Ahmad Pacha, pórtico, al-Haram al-Charif, Jerusalén.

Jalwa noroeste de Ahmad Pacha, capitel, al-Haram al-Charif, Jerusalén.

su administración, para asegurar su funcionamiento, el mantenimiento regular y la misión pedagógica y religiosa de la *jalwa*. Ahmad Pacha, gobernador de Gaza, era descendiente de una familia de notables, cuyos miembros ocuparon cargos prestigiosos bajo el Imperio otomano en Jerusalén en particular. Su abuelo, Mustafa Pacha, ostentó durante mucho tiempo un puesto de mando en el Yemen, en tiempos del sultán Solimán el Magnífico. Su padre era Radwan Pacha, de la familia Radwan que gobernó Gaza durante los siglos X/XVI y XI/XVII. La edad de oro de esta familia corresponde a la época de Ahmad Pacha, considerado uno de los más famosos mecenas de la arquitectura en Jerusalén a finales del siglo X/XVI, ciudad que tenía un sitio preferente en su corazón. La visitó en reiteradas ocasiones y contó con el famoso arquitecto 'Abd al-Muhsen Ibn Namr para muchos de sus proyectos.

El edificio está construido en dos niveles. La planta baja está formada por una estancia oeste cuadrada y dos habitaciones, donde se encuentran actualmente los generadores eléctricos para los casos de emergencia que puedan producirse en al-Haram. La planta superior está formada por una gran habitación central y otras dos, más pequeñas; el muro sur de una de ellas está dotado de un *mihrab*. La construcción se distingue por su riqueza arquitectónica y decorativa: sus cuatro fachadas, orientadas a los cuatro puntos cardinales, atestiguan un refinamiento plasmado por el arquitecto en la simetría de sus componentes que fue concebida como una quintaesencia de la arquitectura de Jerusalén: sigue siendo un ejemplo único hasta hoy en día. Es en los dinteles de las puertas y ventanas y en las decoraciones donde esta singularidad resulta más resplandeciente.

Y.N.

I.1.f Mihrab de la Mastaba de 'Ali Pacha

Situado al oeste de la explanada, al este de Bab al-Qattanin.
Horario: véase Museo Islámico (I.1.a).

La fecha de construcción del *mihrab* se determinó gracias a una inscripción grabada en una placa rectangular de mármol colocada encima de la semicúpula que lo corona; dos versos en *nasji* otomano precisan que 'Ali Pacha era el gobernador otomano de Jerusalén en 1047/1637-1638. La intención de 'Ali Pacha no era solamente construir una obra para perpetuar su memoria, sino también proporcionar a los visitantes de al-Haram espacios abiertos para orar. Se supone que los estudiantes se reunían alrededor de su *mastaba* para escuchar al aire libre la lección magistral de su *chayj*. El *mihrab* se alza en el centro del muro sur de la *mastaba* y se presenta como un nicho rematado por un arco apuntado de estilo *ablaq*. Aunque de manera general el *mihrab* es un elemento arquitectónico de las mezquitas, sean independientes o integradas en un complejo arquitectónico, en este caso constituye un elemento arquitectónico por sí mismo. En el recinto de al-Haram, era común encontrarse con una *mastaba* acondicionada con un *mihrab*, aunque ello no significa que cada *mastaba* disponga de uno. Las *mastaba*s de al-Haram han sido pavimentadas con hileras de piedras blancas, que con el paso del tiempo se han vuelto grises. Cerca de cada *mastaba* se había plantado un árbol destinado a proporcionar sombra y suavizar un poco el calor del verano. Para facilitar el acceso a las *mastaba*s, uno o dos escalones se situaban a los lados.

Y.N.

Mihrab de la Mastaba de 'Ali Pacha, al-Haram al-Charif, Jerusalén.

Mihrab de la Mastaba de 'Ali Pacha, inscripción fundacional, al-Haram al-Charif, Jerusalén.

RECORRIDO I   *Jerusalén y al-Haram al-Charif: la qibla de Palestina*

al-Haram al-Charif

Sabil Qaytbay, cúpula esculpida, al-Haram al-Charif, Jerusalén (© Sonia Halliday Photographs, foto J. Taylor).

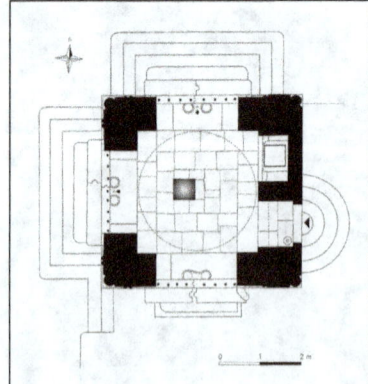

Sabil Qaytbay, plano, al-Haram al-Charif, Jerusalén.

I.1.g **Sabil Qaytbay**

Se encuentra en el recinto de al-Haram, entre las escaleras situadas al oeste, que conducen a la Cúpula de la Roca y Bab al-Qattanin. Horario: véase Museo Islámico (I.1.a).

El *sabil* Qaytbay es una de las fuentes más bellas de Jerusalén y, sin duda, uno de los más elegantes edificios con cúpula del recinto de al-Haram al-Charif. Levantada sobre una *mastaba* y coronada por una cúpula de piedra magníficamente decorada, esta construcción se considera un ejemplo representativo de la arquitectura mameluca tardía, como la que se encuentra en El Cairo. Se accede por una escalera situada frente a la puerta occidental de la Cúpula de la Roca. De la fuente primitiva, construcción ordenada por el sultán Sayf al-Din Inal (865/1465) y posteriormente reformada por el sultán Qaytbay (887/1482), como anexo de la *madrasa* al-Achrafiyya contigua, solo se ha conservado el pozo sobre el que fue construida. Restaurada por el sultán otomano 'Abd al-Hamid II en 1300/1882-1883, como indica una inscripción, el Comité de Restauración de la mezquita al-Aqsa ha llevado a cabo recientemente su restauración y renovación.

El *sabil* se alza sobre la parte norte de una *mastaba* que dispone de un *mihrab* en el lado sur. Con una altura de unos 13 m, está formado por tres elementos. El primero es una base cuadrada o sala dotada de tres altas ventanas protegidas por rejas decorativas, que se remontan a la época otomana. Los antepechos de las ventanas están sostenidos por modillones de piedra labrada y los dinteles están formados por dovelas encajadas. La puerta del *sabil* está

RECORRIDO I *Jerusalén y al-Haram al-Charif:* la qibla *de Palestina*
al-Haram al-Charif

situada en el lado oriental y se accede a ella por una escalera circular que arranca desde la *mastaba*. En los lados norte y oeste, una escalera de cuatro peldaños conduce a la fuente. En cada esquina del edificio se alza una columna cuyo capitel está adornado con *muqarnas*. Las paredes del edificio están construidas según el estilo *ablaq*, que se caracteriza por la alternancia de piedras rojas y amarillas. En la parte superior del edificio, una inscripción conmemorativa caligrafiada en estilo mameluco *nasji* cita aleyas del Corán y aporta datos relativos al fundador.

El elemento situado en la parte media del edificio está formado por el tambor de la

cúpula, que sirve de transición entre la base y la forma circular de la cúpula. En el centro de cuatro de sus lados hay una pequeña ventana para la ventilación, y los ángulos del tambor están marcados con pequeños pilares de forma piramidal, que transforman el cuadrilátero en un octógono y luego en dodecágono.

La parte superior es una elegante cúpula de piedra de gran altura, decorada con espléndidos *arabescos*. Se trata de la única cúpula de estilo mameluco egipcio que se pueda encontrar fuera de El Cairo. De hecho, no tiene equivalente ni siquiera en El Cairo, ya que este tipo de cúpulas esculpidas coronan generalmente los mausoleos. En Egipto, las fuentes se construían en el interior de un complejo arquitectónico y no tenían cúpula. Los elementos arquitectónicos y decorativos están inspirados principalmente en la arquitectura egipcia, lo que no es extraño

Sabil Qaytbay, cúpula esculpida, al-Haram al-Charif, Jerusalén.

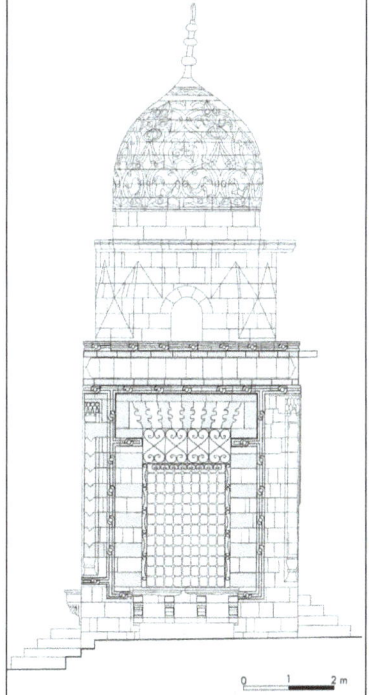

Sabil Qaytbay, fachada sur, al-Haram al-Charif, Jerusalén.

85

RECORRIDO I   *Jerusalén y al-Haram al-Charif: la qibla de Palestina*

al-Haram al-Charif

Sabil Qaytbay, vista interior de la cúpula, al-Haram al-Charif, Jerusalén (© A. Walls).

Qubba al-Nahawiyya, entrada, al-Haram al-Charif, Jerusalén.

porque los constructores y artesanos eran egipcios y trajeron las técnicas constructivas de las cúpulas en piedra esculpida que adornan los monumentos funerarios de El Cairo. Es probable que los constructores de esta fuente fuesen los mismos que construyeron más tarde la *madrasa* al-Achrafiyya.

M.H.

I.1.h **Qubba al-Nahawiyya**

En el sector suroeste de la explanada de la Cúpula de la Roca, en la parte superior de la escalera que conduce a la explanada desde Bab al-Silsila.
Horario: véase Museo Islámico (I.1.a).

La *qubba* fue construida por el *emir* Husam al-Din Abu Sa'd Qaymaz al-Mu'addami, *wali* de Jerusalén, por orden de al-Mu'addam 'Isa, gobernador del sur de Siria y de Palestina durante la época ayyubí. Estos datos aparecen en la inscripción grabada en el muro norte de la estancia occidental del edificio, y en los textos de dos famosos historiadores de Jerusalén, Fadl Allah al-'Umari (746/1345) y Muyir al-Din al-Hanbali (901/1496). La *qubba* se construyó para que fuese una escuela de gramática árabe, pues 'Isa era conocido por su afición a ella y es autor de algunos libros sobre el tema. En su descripción de la *qubba*, al-'Umari menciona que al-Mu'addam nombró a un *imam* para que dirigiese el rezo de las cinco oraciones preceptivas, y contrató a un *chayj* de su *madrasa* al-Mu'addamiyya para que enseñase gramática a veinticinco estudiantes de la escuela *hanafi*. Los ingresos del pueblo de Bayt Laqya fueron instaurados en *habiz* para sufragar los gastos de la escuela.

RECORRIDO I   *Jerusalén y al-Haram al-Charif: la* qibla *de Palestina*
al-Haram al-Charif

El edificio, levantado en dos niveles independientes, solución dada por la topografía del lugar, es una obra maestra de la arquitectura. La planta baja, construida al mismo nivel que la explanada de al-Haram, está formada por numerosas habitaciones techadas con bóvedas por arista, a las que se accede por una pequeña entrada situada en el lado oeste, donde se almacenaba el aceite de las lámparas de la mezquita al-Aqsa y de la Cúpula de la Roca. En la actualidad, está ocupada por los despachos del Tribunal Islámico de Jerusalén.

El piso superior, que se encuentra en el mismo nivel que la Cúpula de la Roca, consta de dos habitaciones coronadas por sendas cúpulas de piedra y unidas por un espacio intermedio. La cúpula oeste se distingue por su elegancia y altura, y su origen se remonta al período ayyubí, época de la construcción del edificio original. La cúpula que cubre la habitación situada al este, mucho menos elevada, es de estilo otomano, lo que sugiere que fue añadida probablemente en una época posterior, tras la destrucción de la cúpula original, idéntica a la primera.

La fachada está formada por diferentes elementos arquitectónicos, como los arcos y las columnas de mármol, añadidos al edificio en distintas épocas. La puerta principal, que probablemente se construyó en la segunda mitad del siglo XIV/XX, presenta una rica decoración en la que se distinguen las columnas de mármol coronadas por capiteles tallados en la época de los cruzados. En el lado oeste de la fachada, una inscripción en caligrafía *nasji* otomana indica que había una fuente construida en 1137/1724-1725 por un benefactor llamado Hassan al-Husayni. La

Qubba al-Nahawiyya, vista general, al-Haram al-Charif, Jerusalén.

Qubba al-Nahawiyya, capiteles de la entrada, al-Haram al-Charif, Jerusalén.

87

al-Haram al-Charif

Madrasa al-Achrafiyya, planta baja, al-Haram al-Charif, Jerusalén.

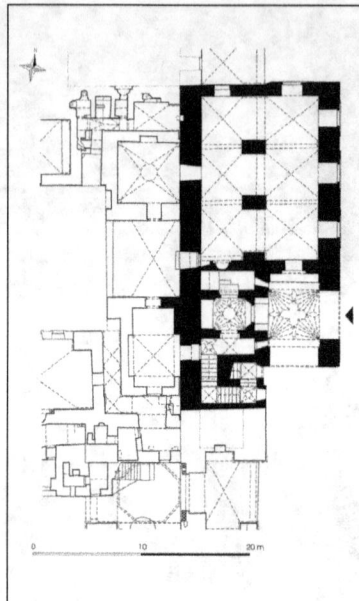

Madrasa al-Achrafiyya, fachada principal (este), al-Haram al-Charif, Jerusalén.

inscripción se ha conservado, pero la fuente ha desaparecido.

La cúpula oeste ha conservado en su interior su aspecto original. La zona de transición entre la planta cuadrada de la habitación a la circular de la cúpula está ricamente decorada con elementos en forma de madreperla y de *arabesco*s. También adorna uno de los muros interiores una inscripción en *nasji* ayyubí. En la actualidad, las habitaciones del piso superior de la Qubba al-Nahawiyya están ocupadas por las oficinas del *muftí* de Jerusalén.

M.H.

I.1.i Madrasa al-Achrafiyya

Se encuentra en el extremo oeste de la explanada, entre Bab al-Silsila y Bab al-Mathara, frente a Sabil Qaytbay.
Horario: véase Museo Islámico (I.1.a).

Al-Achrafiyya es una de las más suntuosas *madrasa*s de Jerusalén, tanto en el aspecto arquitectónico como en el artístico, y la más importante en el aspecto educativo. El historiador Muyir al-Din al-Hanbali (901/1496) la describió como la tercera joya de la corona de Jerusalén, después de la mezquita al-Aqsa y la Cúpula de la Roca. Se atribuye al sultán al-Achraf Qaytbay, que ordenó su reconstrucción en 885/1480-887/1482, por lo que también se la conoce como *madrasa* al-Sultaniyya. La primera construcción se realizó durante la época del sultán al-Dahir Juchqadam y la llevó a cabo el *emir* Hassan al-Dahiri, custodio de los dos *haram*s entre 869/1464 y 872/1467. Sin embargo, el sultán Juchqadam murió antes de que acabase su cons-

RECORRIDO I   *Jerusalén y al-Haram al-Charif:* la qibla *de Palestina*
al-Haram al-Charif

Madrasa al-Achrafiyya, entrada, al-Haram al-Charif, Jerusalén.

Madrasa al-Achrafiyya, detalle de la entrada, al-Haram al-Charif, Jerusalén.

trucción, y el *emir* Hassan al-Dahiri se la ofreció al sultán Qaytbay, que confió al *emir* Bardabak al-Tayi, nuevo custodio de los santuarios, la finalización de las obras. La construcción se terminó en 875/1470, como indica la placa de inscripciones que todavía hoy se conserva en el muro de la antigua *madrasa*, cerca de Bab al-Silsila. Pero la inauguración oficial de la *madrasa* tuvo lugar en 877/1472, cuando el sultán Chihab al-Din al-'Umari nombró para su dirección a un *chayj*, secundado por un grupo de profesores sufíes, y puso a su disposición uno de los *waqf*s más generosos. Muyir al-Din menciona que los fondos destinados a la *madrasa* podían cubrir los salarios de 60 sufíes (con una asignación mensual de 45 dirhams cada uno), un *chayj* (500 dirhams) y muchos otros empleados, sin contar los gastos de mantenimiento de la institución. En el *waqf* estaban incluidos 28 pueblos esparcidos por distintas regiones de Gaza, Ramla, Jerusalén y Hebrón, así como un *jan*, un *hammam*, dos almazaras, una tahona, un horno de pan, un establo, tiendas y casas en Gaza.

Cuando el sultán Qaytbay vio la *madrasa* por primera vez no le gustó, quizá porque su arquitectura era similar a la de otros monumentos de al-Haram, y mandó derribarla. Luego reclutó en El Cairo constructores y artesanos egipcios, encabezados por un arquitecto copto, para proceder a la reconstrucción. Cuando finalizaron el trabajo en 887/1482 era una obra maestra de la arquitectura mameluca, que superaba a todas las *madrasa*s construidas de Jerusalén. El famoso monje dominico Félix Fabre, que visitó la *madrasa* en 888/1484, lo confirma en su descripción de la misma. A pesar de su destrucción parcial a consecuencia de un terremoto ocurrido en la ciudad en 903/1497-

RECORRIDO I *Jerusalén y al-Haram al-Charif: la qibla de Palestina*

al-Haram al-Charif

Madrasa al-Achrafiyya, entrada, detalle de la bóveda, al-Haram al-Charif, Jerusalén.

1498, fue reconstruida según el modelo original. La actividad docente en la *madrasa* continuó durante tres siglos. Los viajeros e historiadores que la visitaron en los siglos X/XVI y XI/XVII expresaron su profunda admiración. En 1080/1669-1670, el visitante turco Evlia Çelebi la describió con estas palabras: "La *madrasa* al-Sultaniyya es la mejor *madrasa* de Jerusalén". El sabio sufí 'Abd al-Gani al-Nabulsi visitó Jerusalén en 1102/1690-1691 y se refirió a ella en términos sumamente elogiosos.

La *madrasa* al-Achrafiyya consta de dos plantas. La entrada principal, a la que se accede desde la explanada de al-Haram, es realmente magnífica. La riqueza de sus elementos arquitectónicos y decorativos la sitúa en la cumbre del arte y la arquitectura mamelucas. La entrada es un porche cubierto, abierto al oeste y al sur; sostenido por dos arcos apuntados, está cubierto por una bóveda en forma de abanico. La puerta de acceso se abre en el fondo de un profundo nicho, coronado por una semicúpula esculpida y suntuosamente revestida de azulejos esmaltados. Abre sobre una *derka* o "vestíbulo" que conduce a una gran

sala al norte. En el muro este de la sala hay una puerta y dos ventanas que dan al patio de al-Haram; en el muro norte hay una puerta y una ventana, y en el muro sur aparecen otra ventana y un *mihrab* decorado con mármoles de colores.

En la actualidad, esta sala está ocupada por un taller de restauración de los manuscritos y documentos de al-Haram. Al sur de la *derka* hay una escalera de piedra, por la que se accede a la planta superior y al alminar que domina Bab al-Silsila. La parte sur del piso superior está en ruinas, aunque las características de su planta son fácilmente observables y se corresponden con las del estilo mameluco: una planta en forma de cruz con cuatro *iwans*. En el centro se encuentra un patio con dos grandes *iwans* norte y sur, y dos *iwans* menores este y oeste. De estos cuatro *iwans* solo se ha conservado la estructura meridional, con su *mihrab*. En la zona suroeste de esta planta hay una serie de habitaciones que hoy en día ocupa una escuela islámica femenina.

M.H.

I.1.j **Ciudadela** (opción)

En el oeste de la ciudad, frente a la muralla y al sur de Bab al-Jalil.
Horario: de 8 a 17. Acceso con entrada.

La *qal'a* o Ciudadela es uno de los vestigios más importantes de Jerusalén y se considera una muestra ejemplar de la arquitectura militar islámica. Fue construida en un emplazamiento estratégico para defender la entrada oeste de la ciudad, y la elección del lugar fue determinada por la presencia de antiguas fortificaciones. La Ciudadela que podemos ver actualmente se remonta a la época del sultán mameluco al-Nasir Muhammad Ibn Qalawun, que ordenó su reconstrucción en 710/1310-1311. Esta fecha estaba grabada en una placa (hoy desaparecida) situada sobre la entrada principal, en el lado este, que documentó el investigador suizo Max van Berchem en 1894. El célebre historiador egipcio Ahmad al-Qalqachandi (756/1355-821/1418) menciona que el sultán al-Nasir Muhammad Ibn Qalawun ordenó la reconstrucción de la Ciudadela en 716/1316-1317. Era una fortaleza militar, donde se concentraban las fuerzas encargadas de la defensa de la ciudad y la sede de la administración mameluca en Jerusalén. El arqueólogo británico C. N. Johns, que realizó excavaciones arqueológicas en ese lugar durante los años 1930 y 1940, dedujo que la muralla exterior de la Ciudadela y las torres se remontan a la época mameluca temprana. Este estilo se puede observar en los castillos de Kerak y de Chawbak, en Jordania. Sin embargo, en esta construcción hay partes más antiguas que corresponden a las épocas helenística, romana e islámica temprana, y otras partes más recientes que se remontan a la época otomana.

La planta de la Ciudadela es un rectángulo irregular, formado por enormes murallas y cinco torres de gran altura, rodeado por fortificaciones exteriores y un foso. Se accede por la puerta exterior situada al este, añadida por el sultán otomano Solimán el Magnífico en 939/1532-1533, y que conduce a la puerta interior principal a través de dos puentes. El primer puente levadizo es de madera, está situado sobre el foso exterior y conduce a la barbacana y, a continuación, un segundo puente de piedra franquea el foso interior. Encima de la entrada de esta puerta, un marco de piedra parece indicar el lugar de una inscripción fundacional hoy desaparecida. Al torcer a la derecha y luego a la izquierda, se llega a una estancia de planta hexagonal rematada por una cúpula con huecos de ventilación. Desde esta estancia se sube por una escalera de piedra a la torre noreste, llamada torre de David, que se supone construida en la época de Herodes Antipas (4 a.C.–39). Desde lo alto de la torre hay una hermosa vista de la ciudad y, en particular, del recinto de al-Haram al-Charif. Las excavaciones arqueológicas que se han realizado en el patio de la Ciudadela han puesto al descubierto un lienzo de muralla con dos torres cuadradas que se remontan a los siglos II y I a. C., así como una torre circular y un lienzo de muralla que datan de la época omeya (41/661-132/750). La sala de la planta superior de la torre suroeste fue transformada en mezquita en la época del sultán al-Nasir Muhammad Ibn Qalawun, según indica una inscripción hallada en el muro este de la mezquita. En el mismo muro, otra inscripción alude a la construcción de una torre en el interior de la Ciudadela, en la época ayyubí, por el *emir* al-Mu'addam 'Isa, en 610/1213-1214. Ninguna de estas inscripciones se encuentra en su lugar original. La mezquita fue restaurada por el sultán Solimán el Magnífico en 938/1531-1532, época en la que se incorporaron un *mihrab* y un *mimbar* de gran belleza, y un alminar. Este último, actualmente de forma cilíndrica, fue restaurado en 1065/1655 bajo Muhammad Pacha, gobernador otomano de Jerusalén en la época.

M.H.

RECORRIDO II *Las instituciones sufíes en Jerusalén*

Jerusalén

"Nuestro Protector y Consolador" es una invocación y un ruego que dirigen a Dios sus fieles servidores, para que los proteja de las desgracias y cure sus enfermedades. Aunque esta expresión sea común a todos los creyentes está, después de la adoración de Dios, en el corazón de la filosofía sufí: la vía hacia la última ventura. Como lo sugiere el título de este recorrido, en él se pretende dar a conocer los distintos tipos de instituciones sufíes establecidas en Jerusalén.

El sufismo en el Islam ha pasado por distintas etapas. Al principio, los adeptos se reunían en las mezquitas o en las casas particulares. Más tarde, cuando el movimiento se hizo menos confidencial y más abierto, la creación de instituciones comunitarias resultó necesaria. En Jerusalén, esta fase empezó en la época ayyubí, antes de amplificarse y diversificarse bajo los mamelucos y durante la época otomana. Los establecimientos sufíes recibieron distintos nombres: el más famoso fue el de *zawiya*, de origen árabe, aunque *janqa*, de origen persa, y *ribat* también han sido muy usados. En todo caso, la arquitectura de estos edificios y sus sistemas administrativo y financiero eran prácticamente idénticos.

Este recorrido incluye ocho monumentos representativos de las diversas cofradías sufíes. Aunque algunos corresponden a la época mameluca, la mayoría son de la época otomana, cuando vivieron un momento de gran expansión, mientras la mayoría de los establecimientos mamelucos había decaído, debido a que sus *waqfs* se encontraban obsoletos y a la escasez de los recursos. Aunque los libros de historia mencionan la existencia de cofradías sufíes antes de la ocupación de los cruzados, las construcciones más antiguas que se han conservado hasta nuestros días se remontan a la época ayyubí.

En términos generales, los detalles arquitectónicos y decorativos de un edificio reflejan el nivel de vida y la ideología de la época en la que fue construido. Así, todos los establecimientos sufíes respondían aproximadamente a la misma configuración: una serie de pequeñas habitaciones en las que el sufí pudiera aislarse; una gran sala donde se congregaban los adeptos para practicar los rituales sufíes; a veces, una pequeña mezquita donde tenían lugar los rezos, las sesiones de estudio y los sermones; una cocina modesta; zonas de servicio; un alminar para la transmisión de la actividad de la *zawiya* al vecindario (un instrumento de difusión del pensamiento sufí, en cierto modo); un patio en el que podía haber un pequeño jardín sembrado de árboles y flores, y por último, una cisterna para recoger el agua de lluvia.

Estas instituciones estaban subvencionadas por el sistema islámico del waqf, y las relaciones que debían mantener con el poder y la jurisdicción estaban claramente consignadas en cartas o documentos que contenían una serie de cláusulas y términos relativos a los ingresos, los gastos, los salarios, los deberes y las responsabilidades de sus miembros.

II.I JERUSALÉN

II.1.a Janqa al-Duwadariyya

Al sur de la madrasa *al-Salamiyya, sobre Tariq Bab al-'Atm, en el cruce con Tariq*

duce mediante una escalera a un patio de forma irregular, alrededor del cual se distribuyen las numerosas dependencias de la *janqa*. La mezquita de la *janqa* se encuentra al norte del patio, tiene una planta rectangular y está compuesta por tres naves cubiertas por bóvedas por arista apoyadas en dos hileras de grandes pilares. Cuando la sala fue transformada en mezquita, se le añadió un *mihrab* en el centro del muro sur. El alminar se eleva en el ángulo sureste de la mezquita, sobre una gran base. Como en los alminares otomanos, su fuste es cilíndrico, en forma de lápiz afilado, aunque menos elegante, y en él predomina la impronta arquitectónica local. En el patio está la tumba del *chayj* 'Ali, que pertenecía a la cofradía al-Mawlawiyya. Al sur, una habitación, cuyo suelo está a un nivel más bajo que el del patio, alberga las tumbas de tres maestros de la cofradía. A la sala de audiencia, que da a la ciudad antigua de Jerusalén, y a la entrada del alminar se accede mediante una escalera. Sobre el dintel de la entrada hay una inscripción que indica la fecha de su construcción y el nombre del fundador. El viajero sufí 'Abd al-Gani al-Nabulsi visitó la *janqa* y nos dejó una viva descripción de los rituales religiosos y de la música que los mawlawiyya ejecutaron en su presencia.

II.1.d Zawiya al-Qadiriyya (al-Afganiyya)

Se encuentra en Tariq Barquq, al nivel de Bab al-Gawanima, una de las puertas de la explanada. Para visitarla se debe concertar previamente una cita con el chayj *de la* zawiya.

Zawiya al-Qadiriyya, fachada principal, Jerusalén.

La *zawiya* al-Qadiriyya es muy fácil de localizar, pues es el único edificio público, en el lado norte de Tariq Barquq, cuya entrada es digna de mención. Debe su nombre al *chayj* 'Abd al-Qadir al-Yilani, fundador y precursor de la cofradía sufí al-Qadiriyya. Hoy en día esta *zawiya* se conoce con el nombre de *zawiya* al-Afganiyya (*zawiya* afgana), debido a que en las últimas décadas alberga un grupo de afganos establecidos en Jerusalén y a quienes se ha confiado su administración.

La *zawiya* al-Qadiriyya se caracteriza por haber conservado su estilo arquitectónico original y porque sigue funcionando

Jerusalén

Ribat Bayram Yawich, primera planta, Jerusalén.

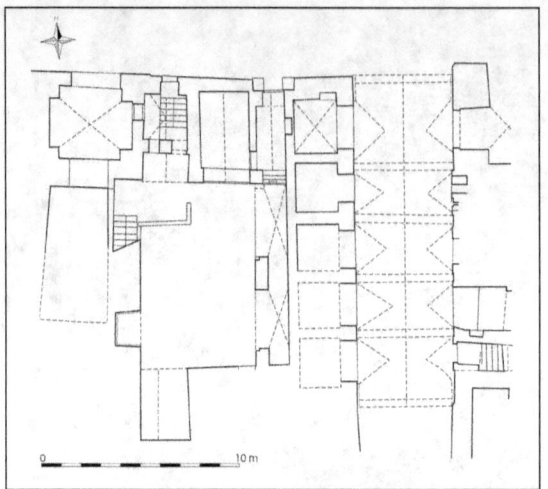

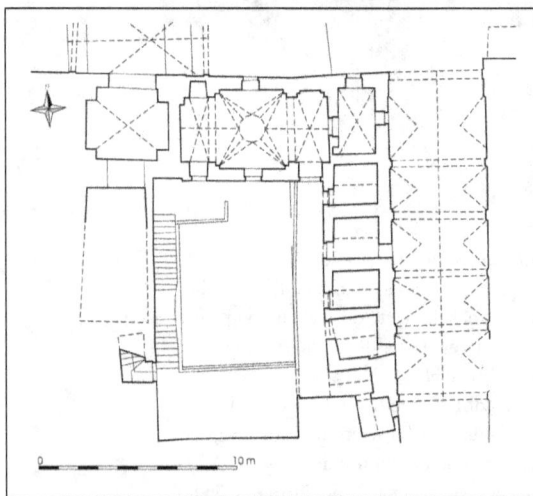

Ribat Bayram Yawich, planta baja, Jerusalén.

1632-1633, quien se hizo famoso por patrocinar las instituciones sufíes de la ciudad y por su interés en su arquitectura y desarrollo urbanístico. Allí se estableció tras su jubilación y destinó a su *zawiya* una gran cantidad de dinero para sufragar sus gastos corrientes y para asegurar la continuidad de sus ingresos; puso como condición que esa suma se invirtiese en actividades comerciales, de manera que los beneficios anuales garantizasen el funcionamiento de la *zawiya*.

La *zawiya* al-Qadariyya tiene dos fachadas exteriores. En la fachada oeste hay unas ventanas pequeñas, mediante las cuales las celdas de la *zawiya* reciben luz natural; la fachada sur es la principal y en ella está la única entrada al edificio. Destaca la extrema sencillez de esta entrada, con su arco apuntado, sobre todo si se compara con la entrada de al-Duwadariyya. Se eleva sobre el nivel de la calle mediante tres peldaños, y a ambos lados tiene una *mastaba* de piedra. Sobre ella aparece una inscripción con el nombre de la *zawiya*, la cofradía sufí de su fundador y la fecha de construcción.

A través de un pasillo corto se accede a un patio rectangular, aunque irregular, en gran parte sembrado de árboles y plantas, de manera que su aspecto se corresponde con la descripción que de ella se hace en la carta del *waqf* de hace cuatro siglos. El patio, en sus lados sur y oeste, está rodeado por once celdas pequeñas para los sufíes. El lado norte alberga, en dos plantas, las dependencias de servicio y la sala de reuniones. La planta baja es la original, y la superior, añadida posteriormente, se utilizaba como vivienda del *chayj* de la *zawiya*. Al este de la entrada hay una mezquita, a la que se accede por varios escalones.

como tal. Los fieles se reúnen con su *chayj* dos veces por semana como mínimo, además del viernes.

La *zawiya* fue construida por Muhammad Pacha, gobernador de Jerusalén, en 1043/

RECORRIDO II *Las instituciones sufíes en Jerusalén*
Jerusalén

II.1.e **Ribat Bayram Yawich**

Situado en el ángulo suroeste del cruce en el que confluyen Aqabat al-Takiyya, Tariq Bab al-Nadir y Tariq al-Wad. El interior, ocupado por viviendas y una escuela, no se puede visitar.

La inscripción fundacional que aparece sobre la entrada del edificio indica que el día 20 del mes de *rabi'a al-awwal* del 947/25 de julio de 1540 acabó la construcción del *ribat*, edificado por el *emir* Bayram Yawich Ibn Mustafa para alojar en él a los pobres.

Aunque las fuentes históricas más conocidas no incluyen la biografía de Bayram Yawich, los registros del Tribunal Religioso de Jerusalén proporcionan información suficiente sobre esta gran figura otomana del siglo X/XVI. Bayram desempeñó distintos cargos importantes en Jerusalén, tanto militares como civiles. Su actividad en Jerusalén se desarrolló en los ámbitos social, económico, arquitectónico y administrativo; por ejemplo, fue administrador del complejo arquitectónico Sultan Jasaki, que rigió con maestría y honestidad incuestionables. Bayram supervisó la construcción de al-Mawardiyya y la última fase de los dos *hammams* que integraban el *waqf* del complejo arquitectónico Sultan Jasaki, y contrató arquitectos para que restaurasen un canal. Fue un gran comerciante de jabón, azúcar, grasa, bienes raíces y tierras en toda Palestina y Siria, y viajó a Egipto para traer arquitectos que trabajasen en la muralla de Jerusalén, por encargo de Muhammad al-Naqqach, supervisor del proyecto. Además, construyó su propia casa, un orfelinato y el *ribat* mencionado. El *ribat* Bayram Yawich tiene dos fachadas; en la principal, situada al norte, está la entrada, que da a Aqabat al-Takiyya, y la segunda, situada al este, da a Tariq al-Wad. El edificio del *ribat* actualmente consta de tres niveles; los dos primeros son los originales y fueron construidos en la época de Bayram, mientras que el tercero fue añadido en una etapa posterior que no está datada. En el primer nivel, después de la entrada hay un pequeño pasillo que conduce a un patio, rodeado por el norte, el este y el sur por pequeñas habitaciones en las que vivían los pobres y los sufíes. El segundo nivel está formado por un pequeño patio, al que se accede a través de una escalera desde el patio de la primera planta. Atravesando un pasillo, se llega primero a seis habitaciones y luego a una sala tripartita.

Ribat Bayram Yawich, entrada, Jerusalén (© Sonia Halliday Photographs, foto D. Silverman).

Jerusalén

Ribat Bayram Yawich, fachada interior, Jerusalén (© M. Hamilton Burgoyne).

II.1.f Ribat al-Mansuri

Al sur de Bab al-Nadir, cerca de la entrada de la explanada.
Horario: durante el día.

Ribat al-Mansuri, vista de la entrada desde el exterior, Jerusalén (© Sonia Halliday Photographs, foto D. Silverman).

El *ribat* data de la época mameluca, como lo confirma una inscripción fundacional en la parte superior del muro sur de la entrada. Indica que fue el sultán al-Mansur Qalawun quien ordenó construir este monumento en 681/1282-1283, para dar hospitalidad a los peregrinos y pobres. Qalawun fue uno de los famosos sultanes mamelucos que establecieron la mayoría de las fundaciones de esta dinastía en Egipto y Siria. Ostentó el poder desde 678/1279 hasta 689/1290 y sucedió al sultán Baybars. Qalawun desarrolló una gran actividad constructora fundamentalmente en El Cairo, aunque las ciudades santas de Jerusalén y Hebrón también fueron objeto de su atención. Así, en Hebrón construyó un *ribat* y un hospital, aunque la mayoría de estos edificios no han resistido el paso del tiempo.

Aunque no disponemos de información detallada sobre las actividades administrativas, financieras o sociales de esta institución pública, ciertos documentos indican que a este *ribat*, construido por el jefe del Estado mameluco en persona, se le concedió el usufructo de una larga serie de bienes raíces situados en distintas partes de Palestina, que le permitieron continuar con su actividad durante toda la época mameluca y hasta prácticamente el final del Imperio otomano. A finales de esta última época, en el *ribat* se estableció un grupo de musulmanes sudaneses, que llegaron a Jerusalén para establecer allí su residencia. Sus descendientes continúan residiendo en este *ribat*, por lo que seguramente el visitante se encontrará a algunos de ellos sentados delante de la puerta. Generalmente tienen muy buena disposición, y saludarles es una buena manera de presentarse antes de solicitar el permiso necesario para visitar algunas de las dependencias del *ribat*. El edificio fue empleado también como cárcel.

Jerusalén

Ribat al-Mansuri, interior, Jerusalén (© Sonia Halliday Photographs, foto D. Silverman).

La fachada del *ribat* hace frente a Tariq Bab al-Nadir y presenta dos niveles: el primero data de la época mameluca y el segundo se remonta a la época otomana. Todavía es posible contemplar algunos de los elementos más hermosos de esta fachada, como la simetría de las ventanas y el color de la piedra, el arco apuntado que preside el portal de la entrada, el marco decorativo que separa las dos partes y el arco superior decorado con una cenefa acanalada.

La planta del interior del *ribat* refleja su función original y está compuesta por tres elementos arquitectónicos. El primero es una entrada rectangular. El suelo pavimentado está un poco rebajado en relación con el nivel de la calle; a ambos lados hay una gran *mastaba* de piedra, cubierta por una bóveda por arista. En el muro sur se encuentra la inscripción fundacional antes mencionada. La segunda unidad arquitectónica es una gran sala rectangular situada al este de la entrada y a la que se accede a través de un pasillo. Esta sala principal está dividida en dos partes mediante una hilera de cuatro columnas que sostienen arcos apuntados. La sala albergaba a muchos peregrinos que desde distintos rincones del mundo islámico se dirigían a Jerusalén. Recientemente se ha vuelto a reformar y se ha construido una sala de usos múltiples, en la que se realizan actividades culturales. La tercera unidad arquitectónica es un gran patio situado al oeste de la entrada del *ribat*, rodeado por una serie de habitaciones de distinto tamaño, en una de las cuales hay una tumba. En estas habitaciones se hospedaba un gran número de estudiantes e indigentes de la ciudad o procedentes de distintos rincones del mundo islámico. Actualmente, son utilizadas como viviendas por muchos descendientes de diferentes sectas que han elegido la Ciudad Santa como lugar de residencia. Debido a las difíciles condiciones sociales y económicas por las que atraviesan los habitantes de la ciudad, el patio ha sido invadido por construcciones recientes, que alteran su belleza.

Ribat al-Mansuri, fachada interior, Jerusalén (© The Creswell Archive, Departamento de Arte Oriental, Museo Ashmole, Oxford).

RECORRIDO II *Las instituciones sufíes en Jerusalén*
Jerusalén

Complejo Sultan Jasaki, tumba y palacio en primer plano, Cúpula de la Roca con el monte de los Olivos detrás, Jerusalén (© Sonia Halliday Photographs, foto D. Silverman).

Complejo Sultan Jasaki, entrada norte, Jerusalén (© Sonia Halliday Photographs, foto D. Silverman).

II.1.g Complejo Sultan Jasaki

Situado en el corazón de la ciudad antigua de Jerusalén, en el centro de la zona sur de Aqabat al-Takiyya, que comunica Tariq Jan al-Zayt por el oeste y Bab al-Nadir por el este. Horario: puede visitarse el exterior a cualquier hora del día, pero para acceder al interior hay que concertar una cita con los responsables del lugar, que se encuentran en la entrada sur.

La construcción del edificio, la mayor institución benéfica de toda la ciudad, duró cuatro años (959/1552-963/1556).

El complejo es muy grande y tiene dos entradas: la norte, desde Aqabat al-Takiyya, y la sur, en Aqabat al-Saraya. En el habla local, "*al-takiyya*" significa "lugar donde la comida se sirve gratuitamente", y "*al-saraya*" significa "sede del gobernador o *wali*", en referencia a la sede que ocupaba el gobernador otomano antes del mandato británico sobre Palestina.

Este complejo se atribuye a Roxelane, esposa del sultán otomano Solimán el Magnífico (926/1520-974/1566), conocida por el nombre de Haseki Hürrem (la bien dispuesta, la jovial) Sultan. Sin embargo, en las fuentes históricas otomanas se la conoce por el nombre de Sultan Jasaki, la favorita, la bien amada del sultán.

Sultan Jasaki instituyó generosos *waqf*s a favor de su proyecto benéfico para garantizar la perduración de sus actividades. Le asignó los ingresos obtenidos de unos treinta pueblos y aldeas palestinas o de otras regiones. A estos pueblos se añadieron cuatro aldeas más, donadas por el sultán para consolidar el *waqf* después de la muerte de Sultan Jasaki. Estos pueblos se encontraban en las diferentes regiones de Gaza, Nablus y Jerusalén, Sidón y Trípoli.

El complejo estaba formado por cuatro partes diferentes; entre las cuales algunas todavía se conservan.

1. Un gran *caravansaray*, en el que se hospedaban los viajeros y comerciantes. Una gran entrada conduce a un pasillo flanqueado con habitaciones a ambos lados, para desembocar en un patio rodeado de crujías por sus lados oeste y este. Aunque algunas de sus funciones han cambiado, esas dependencias pueden verse desde la entrada sur.

2. Una mezquita ricamente edificada con cúpulas y arcos. Está dedicada a la ora-

ción, la recitación del Corán y la expresión de alabanzas al benefactor. Actualmente no se sabe con precisión dónde se encontraba la mezquita, aunque es probable que parte de ella fuese destruida y que el actual comedor de los estudiantes esté construido sobre ella.

3. Un *ribat* compuesto por 55 habitaciones en las que residían los sufíes, los pobres y los visitantes. Se desconoce dónde estaba situado, ya que la mayoría de las habitaciones fueron destruidas o destinadas a otras funciones, pero es muy probable que estuviese en el lugar que ahora ocupa la imprenta, al este de la entrada sur.

4. Una gran cocina, un horno, una tahona, varios almacenes y un *sabil* que suministraba agua. Todas estas dependencias se han conservado, y se pueden contemplar si se entra por la puerta norte y luego se va al este a través de una escalera. La cocina sigue ofreciendo diariamente una exquisita sopa por la mañana, arroz y carne durante el mes de Ramadán y todos los martes, aunque el *waqf* de la institución se ha extinguido.

La administración de esta institución, una de las más activas, estaba supervisada por un grupo de funcionarios otomanos de alto rango. El administrador del *waqf* era enviado directamente de Estambul y contaba con un equipo de unos cincuenta funcionarios, cada uno de los cuales tenía asignada una tarea determinada, ya establecida en el acta del *waqf*; por ejemplo, un empleado tenía a su cargo el lavado de los vasos y otro la selección del arroz.

También había dos cocineros que tenían tres ayudantes, además de un encargado del mantenimiento y un responsable de la conservación y restauración del edificio. Los salarios anuales de estos funcionarios sumaban aproximadamente 79.505 dirhams de plata, sin contar los gastos corrientes.

Complejo Sultan Jasaki, portal de la entrada norte, Jerusalén (© M. Hamilton Burgoyne).

LOS ZOCOS

Yusuf Natsheh

En la Edad Media, las ciudades islámicas eran famosas proporcionalmente a la importancia de sus mercados, como los zocos Jan al-Jalili en El Cairo, al-Hamidiyya en Bagdad, al-Safafir (de los Caldereros) en Damasco o el zoco egipcio en Estambul. Los numerosos zocos de Jerusalén figuran en los diarios de los viajeros y en las obras de los historiadores, entre los cuales el más famoso era el zoco al-Qattanin (mercado de los Comerciantes de Algodón). También deben recordarse los zocos Jan al-Zayt (mercado del Aceite), al-'Attarin (mercado del Perfume), al-Lahhamin (mercado de los Carniceros), al-Jawayat (mercado del Tejido).

El zoco al-'Attarin, prolongación de Jan al-Zayt hacia el sur, es uno de los tres zocos contiguos que se remontan a las épocas mameluca y otomana, aunque algunos de sus cimientos pueden datar del período de los cruzados, pues los hallazgos arqueológicos hechos en el lugar demuestran que se levantaron sobre las ruinas de un mercado preexistente de la época romano-bizantina. El zoco está cubierto por bóvedas por arista abiertas en el centro. Cuando los rayos del sol se reflejan en las mercancías llenas de colorido, el lugar adquiere una atmósfera viva y llena de encanto, que convierte el paseo en una experiencia mágica. Hasta hace relativamente poco tiempo, este zoco estaba especializado en perfumes árabes y orientales, aunque el desarrollo y la modernización de la ciudad han reducido considerablemente el número de estas tiendas; ya solo quedan tres.

Paralelos al zoco al-'Attarin se encuentran otros dos mercados que tienen el mismo trazado y la misma trama arquitectónica. Al oeste, el zoco al-Lahhamin debe su nombre a la cantidad de tiendas especializadas en la venta de todo tipo de carnes. Hace medio siglo, muchas de estas tiendas eran herrerías que utilizaban las técnicas tradicionales árabes, donde los herreros trabajaban el cobre y otros metales con martillo y fuelle. Este tipo de trabajos hicieron famosa a la comunidad armenia residente en Jerusalén. El zoco situado al este se conoce con el nombre de zoco al-Jawayat, en referencia a los vendedores de telas y tejidos. Actualmente, solo puede verse la parte meridional, pues la zona norte todavía tiene que ser descubierta y restaurada.

Desde los tejados de estos tres zocos, el visitante puede deleitarse con la vista de la ciudad antigua de Jerusalén, con sus mezquitas, sus iglesias y sus diversos monumentos. Se puede acceder a ellos a través de unas escaleras situadas al final del zoco al-'Attarin. Torcer enseguida a la izquierda para atravesar el zoco al-Lahhamin y dirigirse después hacia el sur en el zoco al-Husur (mercado de las Esteras).

FORTIFICACIONES Y PUERTAS DE LA CIUDAD ANTIGUA

Mahmoud Hawari

Bab al-Magariba (puerta de los Magrebíes), muralla occidental, Jerusalén (© Sonia Halliday Photographs).

Las murallas de Jerusalén son uno de sus rasgos más característicos y han conservado su impronta original a lo largo de los siglos. Las fortificaciones de la ciudad han sido destruidas parcialmente, reconstruidas y restauradas en numerosas ocasiones a lo largo de su historia. La última vez que sufrieron graves daños fue durante las guerras que enfrentaron a los ayyubíes con los cruzados, a principios del siglo VII/XIII. Cuando los mamelucos accedieron al poder (mucho tiempo después de la derrota de los cruzados) no se ocuparon de fortificar las murallas de la ciudad sino que prefirieron reconstruir y fortificar la Ciudadela, para instalar en ella una base militar y un centro administrativo. Las puertas de la ciudad no sufrieron modificaciones, y siguieron siendo utilizadas como puntos de entrada y salida durante la época mameluca. El célebre historiador de Jerusalén Muyir al-Din al-Hanbali citaba en 901/1496 los nombres de nueve puertas que se usaban en su tiempo: Bab al-Magariba (puerta de los Magrebíes), Bab Sahyun (puerta de Sión) —también llamada Bab al-Nabi Dawud (puerta de David)—, Bab al-Sir, Bab al-Mihrab, Bab al-Rahba, Bab Deir al-Sarb, Bab al-'Amud ("puerta de la Columna", puerta de Damasco), Bab al-Da'iya y Bab al-Asbat.

Entre 944/1537 y 947/1541, el sultán otomano Solimán el Magnífico restauró la mayoría de las puertas y murallas actuales. El recinto sigue aproximadamente el

FORTIFICACIONES Y PUERTAS DE LA CIUDAD ANTIGUA

Bab al-'Amud, "puerta de la Columna" (puerta de Damasco), muralla norte, Jerusalén (© Sonia Halliday Photographs).

Torre al-Qalaq, vista general, Jerusalén.

trazado de la muralla que rodeaba la ciudad en la época ayyubí (siglo VII/XIII). La longitud de las murallas es de unos 4.018 m y la altura varía entre 11,60 m y 12,20 m. La fortificación incluye 35 torres, 17 matacanes, 344 troneras, 16 inscripciones y un gran número de medallones decorativos.

En la actualidad solo se utilizan siete de las puertas de la ciudad: Bab al-Jalil (puerta de Jaffa) en el lienzo oeste; Bab al-Yadid (puerta Nueva), Bab al-ʿAmud (puerta de Damasco) y Bab al-Sahira (puerta de Herodes) en el lienzo norte; Bab al-Asbat (puerta de los Leones) en el lienzo este, y Bab al-Magariba (puerta de los Magrebíes) y Bab al-Nabi Dawud (puerta de Sión), en el lienzo sur.

El visitante puede pasearse sin dificultad por las murallas, salvo por la parte comprendida entre Bab al-Asbat y el cementerio de Bab al-Rahma (puerta Dorada), para donde necesita un permiso del Ministerio de los Waqfs y Asuntos Religiosos o del vigilante del cementerio. Se puede subir a las murallas, tras la adquisición de una entrada en Bab al-Jalil o Bab al-ʿAmud, y disfrutar de una amplia vista de la ciudad antigua. Para subir a las murallas se recomienda llevar un calzado adecuado, para no resbalar. En verano, conviene llevar una botella de agua potable y un gorro para protegerse de los rayos del sol.

Ciudadela, vista general del interior, Jerusalén.

Bab al-Jalil, detalle, Jerusalén.

RECORRIDO III

Jerusalén: el centro del saber y de las ciencias religiosas

Yusuf Natsheh

III.1 JERUSALÉN

- III.1.a Maktab y Maqam Bayram Yawich
- III.1.b Madrasa al-Mawardiyya (al-Rassasiyya)
- III.1.c Madrasa y Janqa al-Yawhariyya
- III.1.d Madrasa al-Arguniyya
- III.1.e Zoco al-Qattanin
- III.1.f Madrasa al-Tankiziyya
- III.1.g Madrasa al-Taziyya
- III.1.h Madrasa al-Tachtamuriyya

El sistema del waqf
La jornada de un estudiante en una madrasa

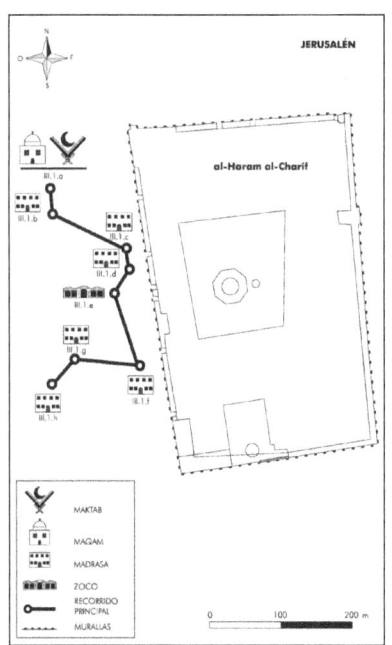

Madrasa al-Mawardiyya, entrada, detalle, Jerusalén.

Jerusalén

Palestina y Jerusalén se han distinguido por la peregrinación, el sufismo y la erudición. Tras el recorrido II, que ha explorado el sufismo en Jerusalén, en este se verán las instituciones educativas que se han desarrollado cerca del recinto de al-Haram al-Charif.

El hecho de abordar las instituciones científicas en un recorrido independiente responde simplemente a una cuestión metodológica. Entre los distintos temas de estos recorridos hay un cierto solapamiento, especialmente cuando se trata de los centros de ciencia y las *zawiya*s sufíes, pues el prestigio religioso de Jerusalén para el credo islámico ha favorecido la existencia de ambos tipos de instituciones. Los *waqf*s de los que dependían estaban regidos por las mismas modalidades y reglamentos, y sus actividades culturales eran bastante similares, en especial aquellas relacionadas con el Corán y los *hadiz*.

Como las *madrasa*s y las *zawiya*s se encuentran próximas entre sí, no se podrá evitar el regreso a ciertos lugares para visitar diferentes monumentos; es el caso de los edificios situados en el cruce de Tariq al-Wad, Tariq Bab al-Nadir y Aqabat al-Takiyya, que figuran en los recorridos II y III.

Este recorrido incluye ocho monumentos y dos "ventanas": la primera trata del sistema de los *waqf*s en el Islam y en Palestina; la segunda describe la vida cotidiana de un estudiante en una *madrasa*. Se ha tenido en consideración la unidad temática del recorrido. Sin embargo, el zoco al-Qattanin es el único lugar que puede parecer alejado del título, aunque se relaciona con los demás edificios visitados por la fecha de construcción y ciertas características arquitectónicas. Este zoco representa el vínculo de unión entre Tariq Bab al-Hadid y Tariq Bab al-Silsila, los dos centros de este recorrido, y no se debe olvidar que una gran parte de sus ingresos estaba destinada a la financiación de la *madrasa* al-Tankiziyya.

Este recorrido comienza en el mismo punto en que termina el recorrido II. Aunque es preferible que el visitante inicie la visita de los monumentos desde Bab al-'Amud, debe saber que puede empezar por el final del recorrido (al-Tankiziyya) y hacerlo en sentido inverso. Se aconseja realizar estas visitas entre la primera hora de la mañana y el mediodía, pues algunos monumentos son lugares de culto y están cerrados por la tarde.

Este recorrido, centrado en las zonas adyacentes al recinto de al-Haram —sobre Tariq Bab al-Hadid y Tariq Bab al-Silsila—, abarca un gran sector de la Jerusalén mameluca. El visitante podrá apreciar la topografía de la ciudad y la gran diversidad de sus calles principales y secundarias, y también advertir los graves problemas que afectan a la ciudad antigua.

III.1 JERUSALÉN

III.1.a Maktab y Maqam Bayram Yawich

En el ángulo noroeste del cruce formado por Tariq Bab al-Nadir y Aqabat al-Takiyya, por un lado, y Tariq al-Wad, por el otro.
Horario: La visita del lugar puede realizarse en las horas de apertura de la biblioteca al-Sadaqat.

RECORRIDO III   *Jerusalén: el centro del saber y de las ciencias religiosas*

Jerusalén

Maktab y Maqam Bayram Yawich, entrada. Jerusalén.

Maktab y Maqam Bayram Yawich, interior, zona oriental con la tumba de Bayram Yawich, Jerusalén.

La fecha de restauración del *maktab* Bayram Yawich (947/1541) aparece grabada en la inscripción que se encuentra sobre su entrada. Esto permite suponer que el edificio tenía otra función y que Bayram lo restauró para convertirlo en tumba para él y su familia, y en *maktab* para la educación de los niños (véase II.1.e Ribat Bayram Yawich). La planta que se conserva de la parte original del *maktab* refleja esta doble función, pero actualmente las actividades pedagógicas han cesado y el *maktab* es conocido como sepulcro de Bayram. La tumba está cubierta por una tela; actualmente, el comité Sadaqat expone allí sus libros y publicaciones religiosas, y los beneficios de la venta se invierten en obras benéficas. En 948/1543, Bayram Yawich instituyó un *waqf* a favor del *maktab* con los beneficios de las plantaciones de uvas e higueras situadas en el pueblo de Bayt Sahur. Posteriormente, incrementó este *waqf* con el de su *ribat*, de manera que se transformó en el segundo *waqf* más importante de Jerusalén en la época otomana, después del de Sultan Jasaki, pues su valor llegó a ser de 150.000 dirhams de plata, que Bayram destinó a la adquisición de tierras y bienes raíces en distintas partes de Palestina. Estipuló que los beneficios debían emplearse para sufragar los gastos del *maktab* y del *ribat*. Fijó en tres dirhams de plata la asignación diaria para el alfaquí de los niños, con todos los gastos cubiertos. Asimismo, estableció que los huérfanos debían aprender el Corán, los *hadiz* y los rudimentos de la lectura.

El *maktab* de Bayram tiene dos fachadas que dan a la calle. La principal está situada al este, en Tariq al-Wad, y en ella se encuentra la única entrada del *maktab*, don-

de una placa metálica rinde homenaje al fundador e indica la fecha de construcción. La entrada está realzada por piedras

Jerusalén

Madrasa al-Mawardiyya, entrada, parte superior, Jerusalén (© Sonia Halliday Photographs, foto D. Silverman).

III.1.b Madrasa al-Mawardiyya (al-Rassasiyya)

Al sur de Aqabat al-Takiyya, entre el ribat Bayram Yawich, al este, y un edificio cuyo mecenas se desconoce, al oeste. Actualmente, el acceso al interior del edificio no está autorizado.

La fecha de construcción del edificio no aparece en ninguna inscripción fundacional ni documento *waqf*; de ahí que muchos estudiosos crean probable que se remonte a la época otomana, pues opinan que habría formado parte del *ribat* de Bayram. Sin embargo, la edificación presenta elementos mamelucos y otomanos, por lo que podría situarse entre finales del siglo IX/XV y principios del siglo X/XVI. Tampoco hay datos sobre el patrocinador del edificio y la naturaleza de sus *waqf*s. Aunque el nombre de la *madrasa* hace referencia a uno de sus famosos *chayj*s, hasta hace poco tiempo era conocida erróneamente como *madrasa* al-Rassasiyya ("plomo", en árabe), por el empleo de este material para unir las hileras de piedra de la parte inferior.

Los documentos del Tribunal Religioso de Jerusalén indican que los *waqf*s de la *madrasa* eran numerosos, pero insuficientes para sufragar sus gastos. Para restaurar los anexos de la *madrasa* se contrajo un crédito, con la esperanza de saldar la deuda con los futuros ingresos. El plan fracasó y la *madrasa* al-Mawardiyya fue transformada en residencia privada. A cambio de poder habitar allí por un tiempo limitado a algunos años, el inquilino debía encargarse de las renovaciones, pero el acuerdo debía ser aprobado por el *qadi*. El resultado fue que en la primera mitad del

de colores. La parte superior de esta fachada está tapada por una arcada que se construyó en una época posterior. La segunda fachada está orientada al sur y da a Aqabat al-Takiyya. El edificio tiene dos niveles. La planta baja es el nivel original que restauró Bayram; está formada por una gran sala en forma de "T", dividida en dos partes mediante un gran arco. En la planta baja, la zona este alberga la tumba de Bayram Yawich. La planta superior, añadida posteriormente, está formada por un patio relativamente pequeño, flanqueado por una serie de habitaciones al este y al oeste.

siglo X/XVI, Bayram Yawich asignó para la restauración de al-Mawardiyya 3.600 monedas de plata otomanas, que le daban derecho a residir en ella durante la construcción de su propia casa, al este de su *ribat*. Un tal al-Hash Sinan al-Suganyi también vivió cierto tiempo allí y restauró algunas partes del edificio. En la actualidad, la mayor parte de la *madrasa*, excepto la mezquita, alberga un orfelinato islámico donde se imparten las clases de los ciclos de primaria y secundaria.

Gracias a otro documento, se han podido identificar las diferentes dependencias de la *madrasa* al-Mawardiyya y los límites entre el complejo Sultan Jasaki y el *ribat* Bayram Yawich. Al-Mawardiyya contaba con tres habitaciones: un gran *iwan* situado frente a una amplia sala, una mezquita y dos patios. Es en una de estas estancias que, a principios del siglo pasado, el famoso historiador de Jerusalén 'Arif al-'Arif, autor de una obra sobre la historia de la ciudad, cursó sus estudios primarios y secundarios. La *madrasa* cuenta con una hermosa fachada, situada en el lado norte, construida con la técnica *ablaq*, con alternancia de piedras de color negro, rojo y blanco. En el centro se encuentra el pórtico de entrada, ligeramente retranqueado, flanqueado por dos pequeñas *mastaba*s y coronado por un dintel de piedra roja, sobre el cual aparece una hilera de piedras negras y blancas, también de estilo *ablaq*. El pórtico de entrada está rematado por una concha festoneada y coronada por un arco de medio punto decorado con molduras. Al oeste, una escalera conduce a la mezquita de la *madrasa* y a las dependencias antes mencionadas, que se encuentran en un nivel ligeramente superior al de la planta baja.

III.1.c Madrasa y Janqa al-Yawhariyya

Al norte de Tariq Bab al-Hadid, contigua a ribat al-Kurd, que se encuentra cerca del muro oeste de la explanada.
Se pueden visitar algunas dependencias interiores si se solicita permiso a la oficina del establecimiento, en particular las que albergan el Departamento de Arqueología Islámica.
Horario: desde primeras horas de la mañana hasta poco después del mediodía.

La construcción de la *madrasa* se remonta al año 844/1440, según la inscripción situada encima de la entrada. El edificio fue destinado inicialmente al alojamiento de los sufíes y a la lectura del Corán. En la actualidad, una parte del edificio está ocupada por el Departamento de Arqueología Islámica y el resto de las dependencias ha sido transformado en viviendas.

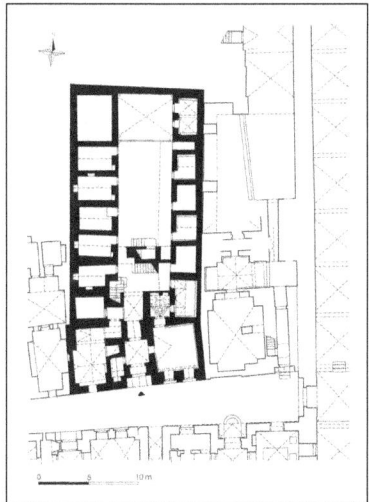

Madrasa y Janqa al-Yawhariyya, planta baja, Jerusalén.

Jerusalén

Madrasa y Janqa al-Yawhariyya, fachada sur, vista general, Jerusalén.

Madrasa y Janqa al-Yawhariyya, ventana, detalle decorativo, Jerusalén.

El fundador del monumento fue Yawhar al-Qunquba'i, un eunuco abisinio que fue regalado al sultán mameluco Barquq (784/1382-801/1399). Posteriormente manumitido, ocupó varios cargos importantes al servicio de numerosos *emires*, hasta que asumió el de tesorero del sultán al-Achraf Barsbay (825/1422-842/1438), lo que le proporcionó una notable influencia en la política financiera de la dinastía mameluca. En 842/1439, Yawhar se hizo cargo del harén en el palacio del sultán Yaqmaq, quien le concedió el título de "*chayj* de los *chayjs*" y el de custodio del Harem al-Nabawi en Medina. Yawhar falleció en 844/1440, a la edad de setenta años, apenas un mes tras la finalización de las obras de su *madrasa* en Jerusalén. Pero fue enterrado en la *madrasa* que había hecho construir en El Cairo, cerca de la mezquita al-Azhar.

Yawhar destinó abundantes *waqf*s al mantenimiento de su *madrasa* y su numeroso personal, tantos como le permitía su gran fortuna. La dotación incluía un conjunto de tierras en los pueblos de Taqwa, Tulkarem, Bayt al-Zaytun y Kufiya. La *madrasa* estaba dirigida por un rector y el personal incluía un *chayj* sufí, 25 sufíes, un director de oraciones, un repetidor de recitación coránica, 10 huérfanos, un preceptor, un conserje, un secretario y una persona encargada de la limpieza. Yawhar estipuló que se concediera a las viudas una ración de pan diaria y destinó un presupuesto específico para la compra de aceite para el alumbrado. Los gastos anuales ascendían a cerca de 9.600 monedas de plata y a 11.376 libras de pan. En las épocas mameluca y otomana al-Yawhariyya fue una importante institución, impulsora de la vida cultural y social. Los más eminentes eruditos eran los responsables de la enseñanza en esta *madrasa*; entre ellos podemos mencionar al *chayj* Kamal al-Din Ibn Abi Charif al-Qudsi, uno de los *chayjs* más famosos de la *madrasa* al-Salahiyya. La institución fue también lugar de residencia de prestigiosos visitantes, como el *qadi* Charaf al-Din Musa al-Ansari, representante del sultán, en 845/1471, y el *qadi* Chihab al-Din Ibn Yubaylat, que fue enviado a Jerusalén para investigar un incidente ocurrido cuando los judíos de la ciudad reconstruían una sinagoga. Fue en la *madrasa* que oyó su testimonio.

Al-Yawhariyya tuvo que hacer frente a los mismos problemas que las demás instituciones benéficas, cesó su actividad y, a finales del siglo XIII/XIX, el edificio fue transformado en viviendas. Además, los israelíes emprendieron recientemente la excavación de un túnel a lo largo del muro oeste de al-Haram, lo que ha dañado gravemente al edificio y obliga a nuevos trabajos de restauración.

Al-Yawhariyya tiene una única fachada, orientada al sur, en la que se encuentra el pórtico de entrada, rematado por un arco apuntado. A través de un pasillo flanqueado por habitaciones y salas al este y al oeste, se llega a un patio, mientras que el lado norte lo ocupa un *iwan*. A la primera planta se accede mediante una escalera situada en el ángulo suroeste; entre las numerosas estancias, se encuentra la sede del Departamento de Arqueología Islámica. Otra escalera, al este del pasillo que sigue a la entrada, conduce a la otra parte del primer piso, formada por una serie de habitaciones que se superponen exactamente a las de la planta baja. La familia al-Jatib reside en las demás grandes estancias. El segundo piso es de la época otomana.

Madrasa y Janqa al-Yawhariyya, ventana, detalle decorativo y muqarnas, Jerusalén.

III.1.d Madrasa al-Arguniyya

Contigua al muro oeste de la explanada, al final de Tariq Bab al-Hadid, que une Tariq al-Wad con el santuario.
No se puede visitar el interior del monumento, pero puede contemplarse la belleza de su fachada norte a cualquier hora del día.

Según la inscripción fundacional, este edificio fue construido como *madrasa* y *turbe* (mausoleo), y se concluyó en 759/1358, por orden de Rukn al-Din Baybars al-Sayfi, algunos meses después de la muerte del *emir* Argun, fundador del edificio, acaecida en 758/1357. Argun, uno de los *emires* mamelucos más brillantes y envidiados, fue conocido como Argun al-Sagir (el joven Argun) porque cuando apenas tenía 17 años fue ascendido al rango de *emir arba'in* (comandante de una tropa de cuarenta soldados). En el ejército

RECORRIDO III   *Jerusalén: el centro del saber y de las ciencias religiosas*

Jerusalén

Madrasa al-Arguniyya, entrada, Jerusalén (© Sonia Halliday Photographs, foto D. Silverman).

Madrasa al-Arguniyya, planta baja, Jerusalén.

se amenazaba a quien siguiese utilizando su antiguo título con los más terribles castigos. Argun asumió el gobierno de las provincias de Alepo y de Damasco, y dirigió una expedición al sultanato de Zulgadar. Posteriormente, en 755/1355, fue llamado a El Cairo, sede del gobierno mameluco, donde fue capturado y encarcelado en Alejandría en extrañas circunstancias, y luego exiliado a la ciudad de Jerusalén, donde se estableció y fundó la *madrasa* que lleva su nombre.

Al-Arguniyya atrajo a personalidades de primer rango que residieron en ella, como el *qadi* Sa'd al-Din Sa'd al-Dayri (m. 867/1462-1463), que dio clases de derecho islámico. En 879/1474, vivió en ella el *qadi* Gars al-Din Jalil al-Kinani, hasta entonces profesor de la *madrasa* al-Salahiyya. Posteriormente, antes del 897/1492, al-Arguniyya se convirtió en residencia de Jadr Bek, gobernador de Jerusalén. Numerosos documentos de la época otomana revelan los nombres de eminentes

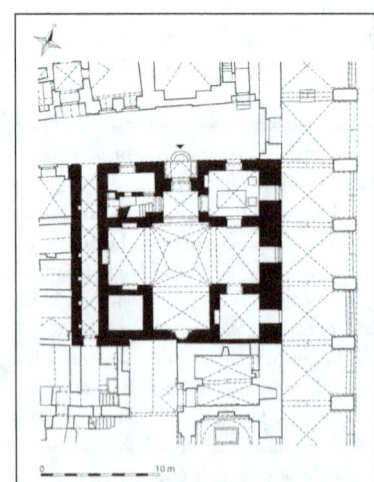

mameluco había que llegar a un grado avanzado antes de ascender a *emir al-mi'a* (comandante de una tropa de cien soldados) y luego *muqaddam 'arif*, y tener las puertas abiertas a los puestos más importantes. Argun alcanzó dicho rango en tiempos del sultán Cha'ban. Con este motivo se promulgó un decreto que sustituía el título de al-Sagir por el de al-Kamili, en alusión a al-Kamil Cha'ban, en virtud del cual

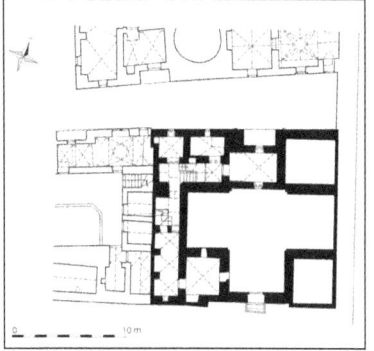

obra, rematada por el exquisito dintel de piedra situado sobre el reborde de la ventana. El edificio, de planta bien equilibrada, consta de un patio central cuadrado, cubierto por bóvedas por arista y rodeado por cuatro *iwans*, de los cuales el más grande es el situado en el lado sur.

Madrasa al-Arguniyya, planta superior, Jerusalén.

III.1.e Zoco al-Qattanin

En el centro del extremo oeste de al-Haram. Horario: todo el día.

ulemas y eruditos contratados, que contribuyeron al auge de la *madrasa*. Varios miembros de la familia al-'Afifi desempeñaron las funciones de *chayj* de la *madrasa*, lo que explica que más tarde fuera conocida como *madrasa* al-'Afifi. En 1931, fue sepultado en el *iwan* este de la *madrasa* el rey hachemí Husayn I, dirigente de la revolución árabe contra los turcos acaecida durante la Primera Guerra Mundial. En la actualidad, la mayoría de las dependencias del edificio se han transformado en viviendas.

Al-Arguniyya tiene una hermosa fachada norte, cuyas piedras encastradas de distintos colores están dispuestas según la técnica *ablaq*, y su entrada conmemorativa, ligeramente retranqueada, alberga el pórtico rectangular, flanqueado por dos *mastabas*, que conduce al interior. La inscripción fundacional que se encuentra sobre el pórtico está en el escudo de armas de *al-yumdari*, el responsable de los vestidos del sultán, uno de los cargos que ocupó Argun. Al este de la entrada, una ventana rectangular con hermosas rejas de la época mameluca realza la belleza de la

Este complejo se conoce hoy en día con el nombre de zoco al-Qattanin (mercado de los Algodoneros), denominación que se remonta al siglo X/XVI, aunque no es su nombre original. En ocasiones la gente lo llama zoco al-'Atm (el mercado Oscuro), por su penumbra en comparación con las zonas descubiertas de al-Haram.

Este zoco se considera uno de los más hermosos y mejor conservados de Palestina. Para Creswell, destacado especialista en arquitectura islámica, es uno de los más espléndidos de Oriente Medio. A principios del siglo X/XVI, Muyir al-Din,

Zoco al-Qattanin, planta baja, Jerusalén.

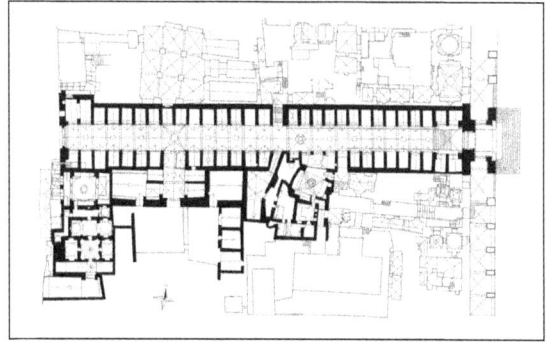

RECORRIDO III   *Jerusalén: el centro del saber y de las ciencias religiosas*

Jerusalén

Zoco al-Qattanin, entrada este, Jerusalén.

Zoco al-Qattanin, entrada oeste, Jerusalén.

historiador de Jerusalén y Hebrón, lo alabó diciendo: "En Jerusalén hay edificios muy bien construidos, entre ellos el zoco al-Qattanin, que se encuentra junto a la mezquita [al-Aqsa] por el oeste. Se trata de uno de los más perfectos y no tiene igual en ningún país".

Este zoco, que hacía las veces de centro comercial, fue construido por el sultán al-Malik al-Nasir Muhammad Ibn Qalawun, que gobernó entre finales del siglo VII/XIII y principios del siglo VIII/XIV, y cuya participación en el fomento de la arquitectura en Jerusalén superó la de cualquier otro sultán mameluco, incluso la del *emir* Tankiz al-Nasiri, vice-sultán de Siria entre 712/1312 y 740/1340.

Los beneficios de las tiendas del zoco al-Qattanin fueron repartidos a partes iguales entre el *waqf* de al-Haram y la *madrasa* al-Tankiziyya, pero ahora que las actividades de la *madrasa* se han interrumpido, el Ministerio de los Waqfs y Asuntos Religiosos recauda todos los ingresos. El zoco fue restaurado por primera vez en 1974, y en la actualidad otros proyectos para restaurarlo y lograr que recobre su dinamismo económico y cultural están en elaboración.

Este complejo comercial cuenta con un *caravansaray*, dos *hammams* y un extenso zoco, que de este a oeste ocupa cerca de 95 m, flanqueado en sus lados norte y sur por dos hileras de treinta tiendas cada una. La techumbre del zoco presenta bóvedas de cañón apoyadas en una sucesión de arcos que la dividen en treinta secciones, cada una de las cuales tiene un tragaluz que permite la ventilación y la iluminación. Este zoco tiene dos entradas, una al este y la otra al oeste. La primera, que es también una de las puertas importantes de al-Haram, es una joya arquitectónica cuyos detalles son de una minuciosidad extrema. Consta de un gran vano formado por un arco trilobulado, rodeado por otro arco de medio punto retranqueado, apoyado en cinco filas de *muqarnas* de piedra. Las piedras de esta entrada están dispuestas según la técnica *ablaq* y son de color negro, rojo y gris, una disposición común en la arquitectura de Jerusalén, especialmente en los edificios que se remontan a la época mameluca. La entrada occidental es mucho más sencilla que la anterior, pues consta de un vano rectangular rematado por un arco escarzano compuesto de siete dovelas, a su vez coronado por otro arco de descarga con una ventana circular en su centro. El conjunto se inscribe en un arco apuntado.

III.1.f **Madrasa al-Tankiziyya**

En el lado este de Tariq Bab al-Silsila, cerca de al-Haram. Lamentablemente no se puede visitar el interior de este hermoso edificio debido a su ocupación por el ejército israelí, Sin embargo, el visitante podrá observar atentamente su fachada.

Unos metros antes de llegar a al-Haram hay un pequeño patio, en cuyo lado norte se encuentra el *ribat* Tankiz, reservado a las mujeres. Al noroeste puede contemplarse el *sabil* del sultán Sulayman al-Qanuni (Solimán el Magnífico, 943/1536), y detrás el *turbe* al-Sa'diyya (711/1311). Finalmente, en el lado sur de esta plaza se encuentra la fachada de la *madrasa* al-Tankiziyya.

Zoco al-Qattanin, vista general, Jerusalén.

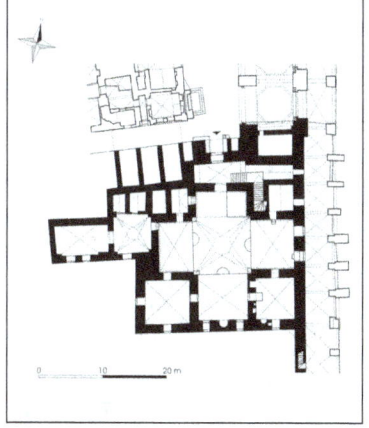

Madrasa al-Tankiziyya, planta baja, Jerusalén.

Jerusalén

Madrasa al-Tankiziyya, sección, Jerusalén.

Madrasa al-Tankiziyya, entrada, Jerusalén.

La *madrasa* al-Tankiziyya ha recibido diversas denominaciones a lo largo de su historia. En el documento *waqf* se alude a ella como *janqa*, otros documentos la mencionan como *madrasa*, mientras en la inscripción fundacional situada sobre la entrada se la denomina simplemente "lugar", lo que indica que se trataba de un gran complejo que tenía distintos usos.

Según el texto fundacional del edificio, fue erigido por el *emir* Sayf al-Din Tankiz al-Nasiri (728-729/1329), llevado por su deseo de "recibir el reconocimiento divino". Al igual que otros *emires* mamelucos, Tankiz comenzó su vida como esclavo, antes de subir rápidamente los escalones de la jerarquía mameluca y convertirse en la más eminente figura de la administración y el ejército en Siria, en la época del sultán al-Nasir Muhammad Ibn Qalawun. Casó a sus hijos con las hijas del sultán y durante un tiempo siguió siendo una de las personalidades más importantes del Estado, hasta que perdió el favor del sultán en 740/1340.

Tankiz fue famoso por el patrocinio de muchos proyectos arquitectónicos en Damasco, Jerusalén, Palestina y otros lugares. Sus proyectos se concentraron en la fundación de instituciones religiosas, en la construcción de *caravansarays*, *hammams* y la ejecución de proyectos hidráulicos. Su inmensa fortuna le permitió la realización de estas obras que todavía hoy se conservan, especialmente en Jerusalén. Además de este complejo arquitectónico, Tankiz construyó en Jerusalén el zoco al-Qattanin, que incluye dos *hammams*, un *jan* y un *ribat* para mujeres, y en su tiempo se realizaron numerosas restauraciones en el Noble Santuario. El *waqf* de la *madrasa* al-Tankiziyya incluía el pueblo de 'Ayn Qinya, (al oeste de Ramallah) con todas sus tierras, además de los beneficios de los dos *hammams*. El número de empleados mencionados en la lista del *waqf* evidencia la prodigalidad de la que gozaba esta institución pública, y la importancia de su función en los ámbitos cultural y educativo.

Las retribuciones del personal administrativo y docente se distribuían de la siguiente manera: un maestro percibía mensualmente 60 dirhams, un asistente 30 dirhams; los estudiantes estaban divididos en tres niveles que en total sumaban 15 alumnos: nivel superior 20 dirhams, nivel intermedio 15 dirhams y principiantes 10 dirhams. El *chayj* encargado de la enseñanza de los *hadiz* cobraba 40 dirhams, el lector de *hadiz* 20 dirhams, cada uno de los estudiantes de su clase recibía 7,5 dirhams. El recitador del Corán era retribuido con 15 dirhams, dos administradores del *waqf* 20 dirhams cada uno, el portero 20 dirhams, el responsable de la pila de abluciones 10 dirhams, el *chayj* de los sufíes 60 dirhams y 10 a cada uno de los 15 sufíes. El salario del cocinero 5 dirhams y el criado 3 dirhams, además de una ración de pan y aceite de oliva para cada uno. Cada sufí que realizaba una visita a al-Tankiziyya se alojaba allí durante diez días y diariamente se le ofrecía un dirham y medio, y también una libra y media de pan.

Al-Tankiziyya encierra admirables detalles arquitectónicos. El majestuoso pórtico conmemorativo, situado en la fachada norte, está compuesto por un gran nicho coronado por una cúpula, sostenida por tres hileras de *muqarnas*. Las incisiones talladas en la cúpula forman una cenefa acanalada e irradian la luz en todas las direcciones. Sobre el vano de la entrada hay un enorme dintel coronado por una fila de dovelas ensambladas según la técnica *ablaq*. Domina el conjunto una inscripción fundacional en la que aparece el escudo de armas de Tankiz, formado por un gran cáliz en el interior de una circunferencia, emblema que alude al cargo de *saqi* (copero), uno de los puestos importantes que ocupó Tankiz durante su brillante carrera. La entrada del edificio se parece a la de una mezquita que construyó Tankiz en Damasco, lo que muestra las influencias de diferentes escuelas artísticas y arquitectónicas sobre la arquitectura de Jerusalén. Desde la entrada se accede a un vestíbulo donde una puerta en el lado sur conduce al interior de la *madrasa*: un patio cubierto rodeado por cuatro *iwans*. La construcción consta de múltiples habitaciones y celdas.

Madrasa al-Tankiziyya, entrada, detalle, Jerusalén.

III.1.g **Madrasa al-Taziyya**

Al norte de Tariq Bab al-Silsila, cerca de Aqabat Abu Madyan (zawiya al-Magariba) que conduce al muro occidental.

RECORRIDO III *Jerusalén: el centro del saber y de las ciencias religiosas*

Jerusalén

Madrasa al-Taziyya, fachada oeste, machrabiyya, Jerusalén.

No puede visitarse el interior pues el edificio está ocupado por viviendas.

Aunque existe una inscripción en la fachada sur, sobre la ventana principal, que hace referencia a la muerte del *emir* Taz en 763/1362, no aparece ninguna fecha concreta en relación con el momento de creación del *waqf* o la construcción del edificio. Sin embargo, las características arquitectónicas del mausoleo, que fue utilizado como *madrasa*, permiten situar su edificación alrededor de 762/1361.

El fundador de este monumento fue el *emir* Taz, un esclavo mameluco del sultán al-Nasir Muhammad Ibn Qalawun. Taz ocupó diversos cargos importantes en el Estado mameluco; el primero fue el de copero (*saqi*), un cargo delicado en la época, lo que explica la presencia de un cáliz en su escudo de armas, como se vio anteriormente.

Madrasa al-Taziyya, planta baja, Jerusalén.

Tras ser ascendido al cargo de gobernador de Alepo, su estrella comenzó a declinar, fue detenido y posteriormente exiliado a Jerusalén, donde vivió y fundó la *madrasa* al-Taziyya. En las fuentes históricas hay alusiones al *emir* Taz, sus familiares y algunos de sus libertos que vivieron en Jerusalén.

Aunque la inscripción fundacional identifica el edificio como mausoleo, la realidad y los documentos confirman que el edificio tenía diversos usos. En él desempeñaban sus ocupaciones alfaquíes, recitadores, maestros y otras personas que recibían sus salarios del *waqf* del edificio que incluía el pueblo de al-Minya, al noroeste del lago Tiberíades. Al-Taziyya tiene una única fachada, al oeste, dividida horizontalmente en dos partes. En la parte inferior, una puerta sencilla conduce al interior; al oeste de la entrada hay una ventana rectangular, protegida por rejas de estilo mameluco. Sobre la ventana aparece un primer dintel, en el que se ha tallado la inscripción funda-

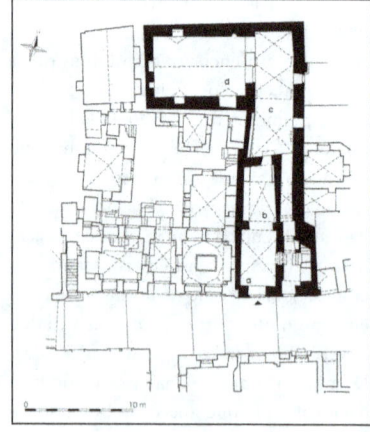

cional, y luego un segundo dintel delicadamente aparejado. Las piedras con las que está construida esta parte están dispuestas según la técnica *ablaq*. La parte superior de la fachada se distingue por la disposición simétrica de las hileras de piedra; las tres ventanas en saledizo están realizadas con *machrabiyya*s que se remontan al siglo XIII/XIX.

La *madrasa* dispone de dos niveles. La planta baja tiene dos partes; la sección sur consta de una entrada, una escalera y dos grandes salas, cubiertas por sendas bóvedas por arista. La parte norte también consta de dos grandes salas, a las que se accede a través de un pasillo que se encuentra al este de la parte sur, y de un *iwan* que conduce a una gran bóveda por arista que da a la calle principal, al sur. En el flanco norte, distintas estancias, la mayoría reconstruidas en la época otomana, se utilizan como viviendas. Algunas fueron cubiertas por una pequeña bóveda rebajada.

III.1.h Madrasa al-Tachtamuriyya

Madrasa al-Tachtamuriyya, entrada, Jerusalén.

Al sur de Tariq Bab al-Silsila, entre Aqabat Abu Madyan y Tariq Harat al-Charaf.
Horario: por las mañanas. Se puede acceder al interior con autorización de la dirección.

La distancia que separa a al-Tachtamuriyya de al-Haram se vio compensada por el magnífico emplazamiento en el que se construyó, en un cruce de caminos, y por la libertad de movimiento de que dispusieron los arquitectos que diseñaron los planos, pues no estaban sometidos a los esquemas arquitectónicos más rígidos de otros edificios.

Según el texto que aparece en la inscripción de la fachada norte, fue el *emir* Tachtamur al-'Ala'i quien ordenó construir la *madrasa* en 782/1380-1381. Tachtamur se distinguió porque solía participar en reuniones con los *ulemas* y trataba diversos asuntos con los alfaquíes, tenía inclinación por el estudio de la poesía y le gustaba escuchar música. A lo largo de su carrera administrativa y militar en la época mameluca, Tachtamur desempeñó diversos cargos importantes, entre ellos el de *dawadar kabir* del sultán al-Achraf Cha'ban, el de gobernador de la provin-

Jerusalén

Madrasa al-Tachtamuriyya, tumba de Tachtamur al-'Ala'i, Jerusalén.

Madrasa al-Tachtamuriyya, planta baja, Jerusalén.

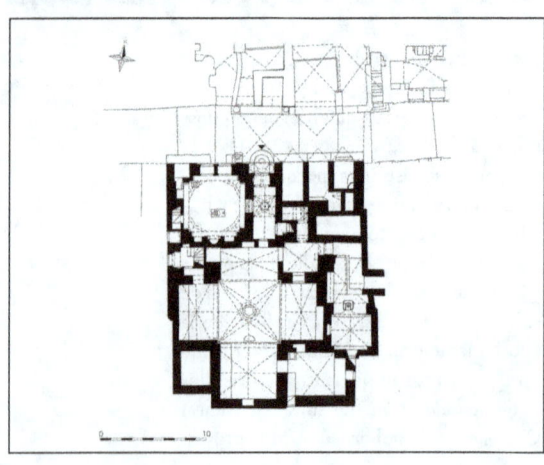

cia de Safad y el de jefe de los ejércitos de Egipto. Debido a sus diferencias con otros *emires*, eligió retirarse a Jerusalén, donde vivió hasta su muerte en 786/1384. Fue enterrado en su *turbe* o mausoleo, situado en el interior del complejo que es objeto de nuestra visita.

Muyir al-Din, el famoso historiador de Jerusalén, designó el edificio como tumba, mientras que en los documentos del Tribunal Religioso de Jerusalén lo llaman *madrasa*. Por otra parte, la inscripción situada en la fachada norte lo califica simplemente como "lugar". Y esta denominación parece la más adecuada, aunque las dependencias que forman esta construcción justifican su condición de complejo de usos múltiples. El edificio presenta tres fachadas (la sur, la oeste y la norte), un pórtico conmemorativo, un vestíbulo, un mausoleo, una *madrasa* con cuatro *iwans*, una fuente, tiendas y distintas habitaciones, y salas.

Al interior se accede mediante unos peldaños circulares, construidos delante de la fachada norte, que consta de dos partes. En la parte oeste aparecen dos grandes ventanas protegidas por rejas metálicas. Sobre cada ventana hay un dintel sobre el que aparece una hilera de dovelas de diversos colores (rojo, negro y blanco); a continuación aparece la inscripción antes mencionada y, sobre ella, una réplica del primer friso *ablaq*. El conjunto está inscrito en una moldura ornamental cóncava. Las hileras de piedras se suceden sin interrupción, salvo en el lugar donde se encuentra la ventana que ilumina la sala funeraria, hasta la hilera de la cúpula que corona esta sala. Delante de cada una de las dos ventanas hay una pequeña fuente con una pila de piedra cóncava. Al oeste, la entrada a una pequeña tienda está rematada con un balcón de piedra que se apoya en cuatro consolas, restaurado recientemente. La parte este presenta un elegante pórtico realizado en piedras de distintos colores y adornado con *muqarnas*. La entrada está dotada de un resalto "tapizado" de *muqarnas* de madera y rematado por un tejadillo igualmente con *muqarnas*, y flanqueado a ambos lados por sendas *mastaba*s de piedra.

La entrada da a un vestíbulo rectangular, oscurecido por un techo de madera añadido. En cada uno de sus tres muros hay una puerta. La primera conduce a una sala funeraria, una estancia cuadrada cuyo suelo está revestido de mármol de colores. En el lado sur, dos cenotafios están coronados por una cúpula. La segunda puerta conduce a la *durqa'a* central, cubierta de una bóveda por arista y rodeada por cuatro *iwan*s, de los cuales el sur es el de mayores dimensiones y en él hay un *mihrab* ahuecado, en el centro del muro meridional. La tercera puerta, al este, abre sobre una escalera que permite acceder a la planta superior, donde se distribuyen distintas habitaciones que se utilizan como viviendas.

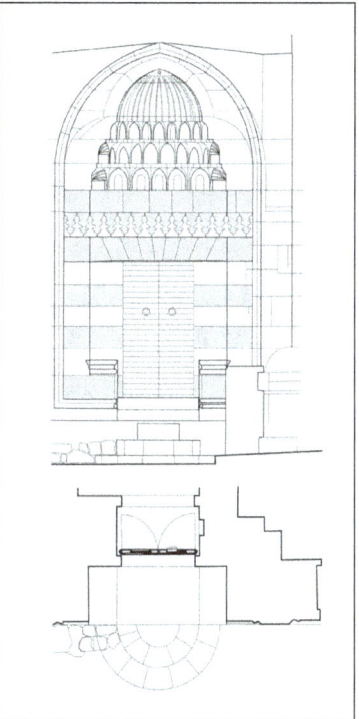

Madrasa al-Tachtamuriyya, entrada, Jerusalén.

Madrasa al-Tachtamuriyya, cúpula de la sala funeraria, Jerusalén.

EL SISTEMA DEL WAQF

Yusuf Natsheh

En la historia islámica de Jerusalén, el *waqf* consiste en donaciones pecuniarias o patrimoniales a favor de instituciones y, en algunas ocasiones, de individuos. Estas donaciones estaban destinadas a cubrir las necesidades espirituales y materiales de los musulmanes, a la construcción y el mantenimiento de edificios públicos como mezquitas, *madrasa*s y *sabil*s, y a ayudar en la financiación de los eruditos, los estudiantes o los necesitados. La propiedad consagrada al *waqf* podía encontrase dentro o fuera de Palestina.

Debido al gran prestigio religioso de Jerusalén en el Islam, el sistema del *waqf* islámico fue adoptado en una época muy temprana en la ciudad. El califa ortodoxo 'Uzman Ibn 'Affan (23/644-35/656) instituyó en *waqf* la fuente de Silwan, al sur de la ciudad antigua, a beneficio de los más desfavorecidos. En los períodos posteriores, el *waqf* sirvió para proteger los intereses de al-Haram al-Charif. Desde la reconquista de Jerusalén por Saladino, los *waqf*s aumentaron y se generalizaron. Como ejemplo se puede mencionar el *waqf* de la *madrasa* al-Salahiyya y del *maristan* al-Salahi durante la época ayyubí, los de al-Tankiziyya y al-Duwadariyya en la época mameluca, y el *waqf* de Sultan Jasaki en la época otomana. Incluso en nuestros días se siguen instituyendo *waqf*s en la sociedad palestina, aunque la mayoría van a favor de la descendencia.

Era costumbre legalizar los *waqf*s por medio de un documento, que podía ser un decreto, si era instituido por un sultán, mediante una referencia al mecenas en la inscripción fundacional que aparecía en el edificio, como puede observarse en la *janqa* al-Duwadariyya, o mediante un documento detallado que se registraba y legalizaba en el Tribunal Religioso, con la firma de un grupo de testigos. Este último método era el más frecuente, y fue el empleado para la mayoría de los *waqf*s mamelucos y otomanos. Para la validez del acto, era necesario demostrar que los bienes donados eran propiedad legal del donante. Una vez que el *waqf* era firmado, se convertía en documento legal y era, por tanto, irrevocable. No podía ser cedido ni anulado, ni podían producirse modificaciones en sus cláusulas. Normalmente el *waqf* no podía ser revisado, salvo en raras ocasiones en las que era imprescindible la conformidad del *qadi* y que los cambios a introducir sirvieran a los intereses del *waqf*. También era costumbre que en el documento de creación figurasen el fin para el cual se instituía, el número de empleados necesarios para su funcionamiento, sus salarios y sus cargos respectivos.

La cuantía de un *waqf* y de los rendimientos que produce dependen de distintos factores relacionados con el benefactor, el emplazamiento de la donación y el plazo de su validez. Podía suceder que un simple vaso fuera legado como *waqf*. Los de al-Haram al-Charif en Jerusalén, de la mezquita al-Ibrahimi en Hebrón y del mausoleo de Nabi Musa (el profeta Moisés) están considerados entre los más grandes y ricos de la época mameluca. A pesar de los muchos beneficios del sistema del *waqf*, no fue suficiente para absorber la inflación de la economía local. Los monopolios y las rentas a largo plazo contribuyeron a la degradación del sistema, que padeció decenios de monotonía y de rutina.

LA JORNADA DE UN ESTUDIANTE EN UNA *MADRASA*

Yusuf Natsheh

Aunque en las fuentes históricas e islámicas sobre la ciudad de Jerusalén aparecen solo algunos detalles de las actividades de los estudiantes en el interior de la *madrasa*, a través de fragmentos dispersos que se encuentran en diferentes documentos y contratos de *waqf* es posible hacerse una idea sobre la vida cotidiana en estas instituciones. Para ser aceptado en una *madrasa*, el estudiante debía demostrar unos conocimientos elementales adquiridos en la infancia y la adolescencia. Los más afortunados procedían de un medio cultivado, y habían contado con libros y formación en su medio; habían recibido su educación inicial de su padre o del entorno. Otros alumnos procedían de un sector social quizás menos cultivado, pero adinerado. En este caso, el padre disponía de medios para pagarles clases particulares con el *chayj* más considerado del momento. Finalmente, los alumnos más desfavorecidos, como los huérfanos, podían ser admitidos en una escuela financiada por algunos benefactores pudientes, para que no estuvieran privados de educación; allí se les proporcionaba gratuitamente papel y tinta, así como el pan y la ropa necesaria. En esta etapa, el estudiante aprendía los rudimentos de la lectura y la escritura, y se le iniciaba en la memorización de ciertas partes del Corán y de los *hadiz*. Los mejores estudiantes sabían de memoria todo el Corán, como Muyir al-Din al-Hanbali, el famoso historiador de Jerusalén en la época mameluca, que podía recitar el Libro santo entero antes de haber cumplido diez años. Tras su admisión en la *madrasa*, se les concedía una beca que procedía de los bienes del *waqf*, de acuerdo con las condiciones estipuladas por el donante, durante el tiempo que durasen sus estudios, a condición de que asistiesen a las clases, trabajasen bien y superasen los exámenes. Al alumno se le ofrecía alojamiento en una de las celdas de la *madrasa*, sobre todo si no era de Jerusalén o si era soltero. Según su nivel de conocimientos, los alumnos se distribuían en los siguientes grupos: avanzado, intermedio o principiante. Además de las siete lecturas del Corán y sus exégesis, el alumno podía elegir entre el estudio de derecho islámico según uno de los cuatro *madhhab*s *sunni*es (*hanafi*, *maliki*, *chafi'i* y *hanbali*), o la especialización en el campo de los *hadiz* y su exégesis. También podía seguir cursos de literatura y lengua árabes. Cualquiera que fuese la especialización a la que se incorporase, el alumno estaba obligado a esforzarse o podía verse obligado a ceder su plaza. La jornada se iniciaba al alba y concluía a la puesta del sol. Terminado el rezo del amanecer, que se realizaba de forma colectiva, se dedicaba a la lectura del Corán individualmente o con sus compañeros. Debía honrar al mecenas en sus oraciones, o rezaba por su alma si ya había muerto. A continuación, desayunaba y se dirigía a uno de los cuatro *iwans* de la *madrasa* para reunirse con sus compañeros, donde el *chayj* daba la conferencia correspondiente a su especialidad. Durante la clase podía hacer preguntas y participar en las discusiones. En caso de necesitar más explicaciones, podía repasar la lección con el asistente del *chayj*, después del rezo del mediodía y de la comida. Por la tarde iba a la mezquita al-Aqsa para escuchar el sermón y las *fatwa*s dirigidas al público. Tras la puesta del sol y los rezos de la noche, le quedaba tiempo para estudiar y repasar lo que había aprendido durante la jornada, antes de descansar.

RECORRIDO IV

Un viaje por el desierto

Yusuf Natsheh, Mahmoud Hawari

OPCIÓN PAISAJÍSTICA
   Vista panorámica de la ciudad antigua de Jerusalén

IV.1 EL MONTE DE LOS OLIVOS
   IV.1.a Zawiya al-As'adiyya
   IV.1.b Mezquita de Qubbat al-Su'ud (Cúpula de la Ascensión)
   IV.1.c Maqam Rabi'a al-'Adawiyya

IV.2 AL-'AYZARIYYA
   IV.2.a Mezquita al-'Uzayr

IV.3 MAQAM NABI MUSA

IV.4 JERICÓ
   IV.4.a Qasr Jirbat al-Mafyar (Palacio de Hicham) (opción)

   Mawsim *de Nabi Musa*
   La vida monástica en el desierto

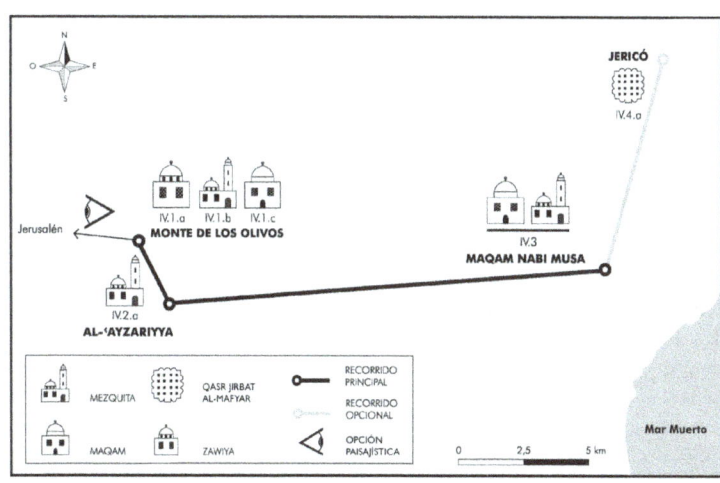

El mar Muerto desde las alturas de 'Ayn Gedi, cerca del monasterio de St. Saba, litografía, D. Roberts (© Museo Victoria y Albert, Londres).

RECORRIDO IV *Un viaje por el desierto*

El viaje de Jerusalén a Jericó se considera una experiencia excepcional, tanto en lo que se refiere al aspecto geográfico como al histórico, pues esta región casi desértica, salpicada de zonas montañosas y valles, es rica en yacimientos arqueológicos, santuarios islámicos y monasterios cristianos. La sinuosa carretera desciende desde los montes de Jerusalén (800 m de altitud) hacia el valle del Jordán y el mar Muerto (400 m bajo el nivel del mar, el punto más bajo del planeta), hasta llegar a Jericó (la ciudad más baja del mundo, a 250 m bajo el nivel del mar).

El visitante inicia su periplo en el mirador del monte de los Olivos en el pueblo de al-Tur, desde donde podrá contemplar en dirección oeste, norte y sur la ciudad antigua de Jerusalén, las colinas y los valles que la rodean, además de las pendientes situadas al oeste del monte de los Olivos, donde abundan los vestigios arqueológicos y los monumentos históricos. Al este se despliega el fascinante espectáculo del desierto de Jerusalén, del mar Muerto y del valle del Jordán; cuando el cielo está claro, se pueden ver incluso los montes de Jordania. Unos 500 m más lejos, en dirección norte, hay un cruce de caminos donde se pueden visitar los tres primeros monumentos del recorrido: la *zawiya* al-As'adiyya, la mezquita de la Cúpula de la Ascensión y el mausoleo de Rabi'a al-'Adawiyya.

A partir del cruce de caminos, el paseo continúa en dirección a la pendiente sureste del monte de los Olivos, hasta llegar al pueblo de al-'Ayzariyya para visitar la mezquita de al-'Uzayr, situada al este de la iglesia franciscana de San Lázaro (resucitado por el Mesías [Juan, 11]). El visitante se dirigirá luego al valle del Jordán, hacia el este, por la nueva carretera que sustituye a la antigua, estrecha y sinuosa, que comunicaba Jerusalén y Jericó. De repente el paisaje cambia notoriamente: los montes y valles, áridos y yermos en verano, aparecen revestidos de hierba y flores durante la primavera. Esta hermosa vista está salpicada por los campamentos beduinos. No es sorprendente que desde el inicio de la época bizantina (siglos V-VI) los primeros monjes cristianos se sintiesen atraídos por esta zona. Algunos de sus prioratos todavía se conservan, entre ellos el monasterio de San Jorge (Deir al-Qilt), situado en el *wadi* al-Qilt, al norte de la carretera Jerusalén-Jericó.

A 18 km de Jerusalén, se abandona la carretera principal para continuar en dirección al sur unos 500 m; allí aparece un enorme complejo arquitectónico cubierto por cúpulas blancas: es el Maqam Nabi Musa (el mausoleo del profeta Moisés), uno de los más importantes de la región de Jerusalén, que fue fundado en la época mameluca y ampliado en la época otomana.

Tras la visita del *maqam*, se retorna a la carretera Jerusalén-Jericó para continuar hacia el este, hasta llegar al valle del Jordán, considerado una parte de la falla siria africana que se extiende desde el norte de Siria hasta el este de África. Siempre en dirección este, la carretera continúa hasta el mar Muerto y la desembocadura del río Jordán. El mar Muerto es un fenómeno único en el mundo. Los romanos lo llamaban "mar del asfalto", pero los historiadores árabes se referían

RECORRIDO IV *Un viaje por el desierto*
Opción Paisajística

Jerusalén, vista panorámica desde el monte de los Olivos.

a él con el nombre de "mar de Lot" o "mar de Sodoma" (en referencia a ciertos episodios del Antiguo Testamento), o el de "lago fétido", en alusión a su fuerte olor a azufre. Fueron los cruzados quienes le dieron su actual nombre de "mar Muerto", en alusión a la evidente ausencia de vida en él.

Aquí hay otra carretera que se desvía hacia el norte en dirección a Jericó. La ciudad se encuentra en el corazón de un oasis rico en fuentes de agua fresca, palmeras y todo tipo de árboles frutales. En este oasis hay importantes vestigios arqueológicos e históricos de diversas épocas, en particular el castillo de Jirbat al-Mafyar (palacio de Hicham), que se remonta a la época omeya.

M.H.

OPCIÓN PAISAJÍSTICA

Vista panorámica de la ciudad antigua de Jerusalén

En el lado suroeste del monte de los Olivos, frente al hotel al-Aqwas al-Sab'a (de los Siete Arcos) se encuentra un mirador que ofrece una magnífica vista panorámica sobre la ciudad antigua de Jerusalén.

Este lugar elevado ofrece uno de los panoramas más sorprendentes de la ciudad antigua de Jerusalén. La ciudad aparece con toda la magnificencia de su plano general, la belleza de sus edificios y la invulnerabilidad de sus murallas. Se aprecian

RECORRIDO IV *Un viaje por el desierto*
El monte de los olivos

Cúpula de la Roca, vista panorámica desde el monte de los Olivos.

claramente los límites de al-Haram al-Charif, proyectado por el califa omeya 'Abd al-Malik Ibn Marwan a finales del siglo I/VII, con sus edificios, sus cúpulas y sus elegantes alminares. En el centro se encuentra la Cúpula de la Roca, con su cúpula dorada, y en el sur la mezquita al-Aqsa, con su cúpula gris plomizo. Los monumentos históricos se concentran en los límites norte y oeste de al-Haram. También sobresalen las dos murallas, este y sur, de la ciudad antigua de Jerusalén, y

sus puertas, especialmente la puerta Dorada (Bab al-Rahma y Bab al-Tawba) y Bab al-Asbat (puerta de los Leones). También puede contemplarse la Ciudadela con sus altas e inexpugnables torres, en el oeste de la ciudad antigua, al igual que los campanarios y las cúpulas de las iglesias que proporcionan a la ciudad un encanto inigualable.

No es sorprendente que esta vista deslumbrase al célebre historiador de la Jerusalén mameluca Muyir al-Din al-Hanbali (901/1496), que escribió: "Desde lejos, la vista de Jerusalén es una maravilla de luminosidad y de belleza, sobre todo cuando se observa del este, desde del monte de los Olivos, o desde la dirección de la *qibla*".

M.H.

IV.I EL MONTE DE LOS OLIVOS

IV.1.a Zawiya al-As'adiyya

Se encuentra en el lado este del monte de los Olivos, cerca de Qubbat al-Su'ud y de numerosas iglesias.
Horario: todo el día, excepto durante las horas de los rezos, tras solicitar permiso al director.

La *zawiya*, a veces llamada *janqa*, lleva el nombre de su fundador, Abu Sa'id As'ad Efendi, gran *muftí* de Constantinopla (Estambul) quien también le asignó un *waqf*. Algunas partes de la *zawiya*, y en concreto la mezquita, fueron construidas en 1023/1614-1615, según consta en la inscripción que se conserva sobre la puerta de entrada. En 1033/1623, As'ad

RECORRIDO IV *Un viaje por el desierto*
El monte de los olivos

Zawiya al-As'adiyya, vista general, monte de los Olivos, Jerusalén.

Efendi creó un generoso *waqf* a favor de la *zawiya*, a través de su representante legal, Muhammad Pacha, gobernador de Jerusalén en aquella época. Se estipulaba que los beneficios anuales del *waqf* —que comprendía numerosos edificios, tierras y un horno situados en el pueblo de al-Tur— estarían destinados a la conservación del edificio y pago de sus gastos corrientes, incluidos los destinados a la atención de los fieles, visitantes y trabajadores (gerente, *imam*, muecín, portero, criado y recaudador). La dirección del *waqf* fue confiada al *chayj* Chams al-Din Muhammad al-'Alami, uno de los más destacados sufíes de Jerusalén durante la primera mitad del siglo X/XVI, que también fue nombrado *chayj* de la *zawiya*.

Las inscripciones que se conservan en los muros del patio central y las características arquitectónicas del edificio indican que la *zawiya* fue construida en distintas etapas. Además de las inscripciones antes mencionadas, hay otras dos placas de inscripciones: la primera, fechada en 1143/1730-1731, menciona la cripta que conduce a la tumba del *chayj* al-'Alami; la segunda, fechada en 1323/1905-1906, precisa el año de construcción del vestíbulo de la mezquita.

El edificio consta de distintas dependencias a las que se accede tras subir una escalera que arranca desde la calle y desemboca en dos pórticos de acceso. El del este conduce a la mezquita de la Cúpula de la Ascensión, y el del sur lleva al patio de la *zawiya*. El patio es rectangular, con un suelo moderno pavimentado con losas de piedra. Al oeste de la entrada, se abre una puerta en el muro norte que, a través de unos peldaños, conduce a la cripta

donde está enterrado el *chayj* al-'Alami junto a algunos miembros de su familia. Frente a esta puerta hay otra, en el centro del muro sur del patio, por la que se accede al interior de la mezquita de la *zawiya*.

Zawiya al-As'adiyya, entrada, monte de los Olivos, Jerusalén.

RECORRIDO IV *Un viaje por el desierto*
El monte de los olivos

Zawiya al-As'adiyya, inscripción fundacional, monte de los Olivos, Jerusalén.

La mezquita tiene una planta rectangular (10 × 6,5 m). En el muro oeste se abren varias ventanas que le proporcionan una buena iluminación natural. En medio del muro sur hay un *mihrab*, mientras que la techumbre de la gran sala está dividida en dos secciones mediante un arco apuntado. La parte sur, cuadrada, está cubierta por una cúpula rebajada, mientras que la parte norte, rectangular, presenta una bóveda por arista.

Una tercera puerta situada en el muro oeste conduce a un patio descubierto de forma irregular, cuyo suelo está situado a un nivel inferior que el patio interior. En la parte norte del patio se han construido los aseos, mientras la parte sur alberga numerosas tumbas. En la zona este de la *zawiya* hay un conjunto de viviendas para los descendientes de al-'Alami. A estas viviendas se accede por una cuarta puerta que se abre en el ángulo sureste del patio.

Y.N.

IV.1.b Mezquita de Qubbat al-Su'ud (Cúpula de la Ascensión)

Hay que pagar una entrada simbólica.
Horario: de 8 a 16, todos los días.

Estamos aquí delante de uno de los lugares más destacados de Jerusalén. Según la tradición cristiana, conmemora la ascensión de Jesús a los cielos tras su resurrección. El evangelio de San Lucas menciona este suceso y, aunque no dice exactamente dónde sucedió, tradicionalmente se ha dado por supuesto que fue desde este sitio que se produjo la Ascensión de Cristo.

Antes de la difusión del cristianismo, los fieles celebraban la Ascensión en secreto, en el interior de una cueva en el monte de los Olivos. Durante la época bizantina, antes del año 392, se construyó la primera iglesia para conmemorar la Ascensión, pero no se ha conservado ningún resto de ella. Se han hecho numerosos intentos por reconstruirla a partir de las descripciones de viajeros bizantinos y de la investigación arqueológica. En la época de los cruzados, la planta circular primitiva fue sustituida por una estructura octogonal, y a su alrededor se construyó un monasterio fortificado. Fue en esta época que se estableció definitivamente la validez de la Ascensión. Tras la liberación de Jerusalén por Saladino, el edificio fue transformado en mezquita, constituida, desde entonces, en *waqf* islámico. El Ministerio de los Waqfs y Asuntos Religiosos la gestiona actualmente, con la misma consideración que los demás Santos Lugares, y pueden acceder a ella todas las comunidades. La mezquita y la explanada que la rodea han sido restauradas recientemente. Las distintas reformas

RECORRIDO IV *Un viaje por el desierto*
El monte de los olivos

Mezquita de Qubbat al-Su'ud, vista general, monte de los Olivos, Jerusalén.

Maqam Rabi'a al-'Adawiyya, escalera, monte de los Olivos, Jerusalén.

que se llevaron a cabo en la época de Salah al-Din y sus sucesores conservaron numerosos elementos arquitectónicos de la época de los cruzados, en particular las columnas de mármol y sus capiteles. Se añadió un *mihrab* en el lado sur del octógono, los espacios entre columnas se cerraron y el embaldosado del suelo fue restaurado. La planta del edificio de la mezquita actual es octogonal. En los ángulos del octógono se elevan columnas de mármol rematadas por capiteles adornados con motivos vegetales y animales.

El visitante puede acceder al interior del santuario por la puerta que se encuentra en el lado oeste. El suelo del interior está pavimentado con pequeñas baldosas de piedra, y la zona que se supone conserva las huellas de Jesús está delimitada por un pequeño reborde de piedras rectangulares. En el patio exterior circular hay una sucesión de altares, pertenecientes a diferentes órdenes. En los muros puede contemplarse un conjunto de argollas de hierro para atar las tiendas y los toldos durante las celebraciones anuales de la Ascensión.

Y.N.

IV.1.c Maqam Rabi'a al-'Adawiyya

El maqam *se encuentra en el monte de los Olivos, cerca de la* zawiya *al-As'adiyya.*
Para visitar el interior hay que concertar previamente una cita con el encargado del lugar.

Los estudios arquitectónicos y las excavaciones arqueológicas efectuadas en 1995 indican que se trata de un edificio de estilo compuesto, cuya construcción se realizó a lo largo de distintas épocas. Los hallazgos

RECORRIDO IV *Un viaje por el desierto*
El monte de los olivos

Maqam Rabi'a al-'Adawiyya, interior de la sala funeraria, monte de los Olivos, Jerusalén.

más antiguos se remontan a los bizantinos, como indican algunos fragmentos de cerámica. En el muro oeste hay una inscripción en griego que dice: "Ánimo Domitila, nadie es inmortal". Es probable que este lugar fuese empleado como tumba, aunque algunos autores piensan que fue dedicado a Santa Pelagia. En el edificio ha aparecido también una inscripción de estilo *cúfico* que podría corresponder a principios de la época islámica; aunque todavía no ha sido estudiada, podría tener un significado religioso, sobre todo porque nos han llegado muchos relatos desde el siglo VI/XII que indican la existencia de una tumba de Rabi'a al-'Adawiyya. Además, las vasijas descubiertas en el lugar se remontan tanto a la época ayyubí como a la mameluca, sin olvidar un muro fechado en los siglos VII/XIII-VIII/XIV, lo que indica que el lugar fue utilizado en sucesivas épocas.

El *maqam* se atribuye hoy en día a Rabi'a al-'Adawiyya, aunque lo cierto es que las fuentes históricas musulmanas mencionan a más de una persona con ese nombre. La más famosa fue Umm al-Jayr Rabi'a al-'Adawiyya al-Basriyya, una famosa sufí, que falleció en 185/801 en Basora, Iraq. La segunda sería la esposa de Ahmad Ibn Abu al-Hawari, que probablemente sea la persona enterrada en este *maqam*. 'Abd Allah al-Mujlis se refirió a este asunto en los años 1830: "Pudiera ser que la Rabi'a enterrada aquí en el monte de los Olivos, y debajo de la *zawiya* al-As'adiyya, no fuera ni la esposa de al-'Adawiyya ni la de Ahmad Ibn Abu al-Hawari. Probablemente sea otra persona del mismo nombre cuya historia ha sido borrada por el tiempo, aunque se conserve su nombre". El *maqam* tiene una sencilla entrada rectangular, coronada por un dintel de piedra sobre el que se superpone una ventana. Originariamente, esta entrada estaba formada por un arco que luego fue cegado. El interior tiene dos partes. La sala oeste, cuadrada, está cubierta por una bóveda de cañón. La presencia de un *mihrab* en el muro sur atestigua el uso del lugar para el rezo. Una escalera de unos 5 m de largo separa este espacio de la parte este, cuyo suelo está por debajo del nivel de la zona oeste, de época moderna, como su suelo de cemento indica. La estancia este rectangular (5,6 × 3,4 m) también está cubierta por una bóveda de cañón. En el centro de la habitación hay un cenotafio.

Y.N.

IV.2 AL-'AYZARIYYA

IV.2.a Mezquita al-'Uzayr

La mezquita se encuentra en el pueblo de al-'Ayzariyya, en la ladera este del monte de los Olivos, en la carretera Jerusalén-Jericó.
Se puede visitar el patio exterior, excepto en las horas de oración, previo permiso del imam.
A la mezquita se llega por la carretera principal Jerusalén-Jericó, tomando a la izquierda una carretera secundaria asfaltada que se encuentra a unos metros al noreste de la plaza de la iglesia San Lázaro.

En la época romana, en la Edad Media y hasta hace poco, al-'Ayzariyya era la última estación antes de entrar en Jerusalén por el este. Lo mismo ocurría cuando Jesús vino a la ciudad procedente de Galilea y fue acogido en la casa de María, Marta y su hermano Lázaro en al-'Ayzariyya, y donde según el Nuevo Testamento, realizó el milagro de la resurrección de Lázaro. Gracias a este acontecimiento y a la presencia de la tumba de Lázaro, el pueblo empezó a desarrollarse; en la época bizantina se extendió y siguió prosperando durante la Edad Media. El nombre árabe del pueblo deriva de la palabra griega *Lazarion*, que significa "lugar de Lázaro".
Los relatos históricos y los restos arqueológicos indican que en la época bizantina se levantaron dos iglesias y un monasterio en el lugar. Una de las iglesias fue destruida por un terremoto en 390 y la segunda fue construida en el siglo VI. Es muy probable que en tiempos de los cruzados estos edificios se volviesen a utilizar y se reconstruyesen algunas partes. Tras la expulsión de los cruzados por Saladino en 583/1187, los edificios se hallaban en estado ruinoso. Los musulmanes, que consideran a Jesús un mensajero de Dios y creen en el milagro de la resurrección de Lázaro, edificaron sobre los vestigios del sitio primitivo una mezquita a la cual dieron el nombre de al-'Uzayr.
No se sabe con precisión la fecha de construcción de la mezquita, pero sus diferentes estilos revelan que fue edificada en diferentes etapas, la última correspondiente a la época otomana. Según la documentación que se encuentra en el

Mezquita al-'Uzayr, entrada con inscripción conmemorativa, al-'Ayzariyya.

RECORRIDO IV *Un viaje por el desierto*
Maqam Nabi Musa

Tribunal Religioso de Jerusalén, la mezquita fue objeto de diversas restauraciones en el siglo X/XVI y luego en los siguientes. La última está documentada en una inscripción conmemorativa tallada sobre la entrada de la sala de oración. Esta inscripción, realizada en caligrafía de estilo otomano, consta de tres líneas y está rodeada por un friso ornamental. El texto menciona que la mezquita fue restaurada bajo el reinado del sultán 'Abd al-Hamid II (1293/1876-1327/1909).

La modesta puerta exterior de la mezquita conduce por una escalera a un patio, cuyo suelo está situado por debajo del nivel de la calle. Este patio rectangular está rodeado por muros de piedra que datan de distintas épocas, como puede apreciarse por las técnicas constructivas, las dimensiones y los estilos.

En el muro sur se ha construido un moderno *mihrab* de piedra, muy sencillo. A la sala de oración se accede a través de una puerta rectangular sobre la que aparece la mencionada inscripción otomana. La planta de la sala de oración es rectangular y su suelo está cubierto por alfombras. El techo es una bóveda de cañón apoyada en el enorme pilar de piedra que se levanta en la entrada. En el lado este hay una sepultura rectangular del mismo estilo que las tumbas otomanas, atribuida al profeta al-'Uzayr (Lázaro). En el muro sur hay un *mihrab* revestido con azulejos de estilo típicamente otomano. En el extremo oeste hay una abertura, actualmente cerrada, que anteriormente debía de conducir a la tumba de Lázaro, donde hoy se llega directamente por una entrada situada al oeste de la mezquita.

Y.N.

Mezquita al-'Uzayr, tumba del profeta al-'Uzayr, al-'Ayzariyya.

IV.3 **MAQAM NABI MUSA**

Situado 28 km al este de Jerusalén (cartel indicador en la carretera Jerusalén-Jericó).
Horario: todo el día, salvo su interior a las horas de oración.

El mausoleo de Nabi Musa se encuentra en una zona desértica, en medio de las dunas de arena desde las que se domina el mar Muerto. El ambiente estimula la contemplación y la meditación, pues allí reinan la tranquilidad y el silencio, y evoca otros lugares donde florecieron las tres religiones monoteístas: la judía, la cristiana y la islámica.

RECORRIDO IV · *Un viaje por el desierto*
Maqam Nabi Musa

Maqam Nabi Musa, vista general.

Muchos factores contribuyeron a la construcción del *maqam*. Probablemente el principal fuese que el Islam y el Corán reconocen a Moisés como uno de los profetas de Dios. Por otra parte, los musulmanes consideran su credo como la continuación de los monoteísmos precedentes (judaísmo y cristianismo) que perfecciona y concluye, según la aleya coránica: "El Enviado cree en cuanto le ha sido revelado por su Señor. Todos ellos creen en Dios, en Sus ángeles, en Sus *Escrituras* y en Sus enviados. No hacemos distinción entre ninguno de Sus enviados. Han dicho: 'Oímos y obedecemos'. [...]" (azora II, versículo 285, trad. de J. Cortés). Finalmente, es posible que se construyese un *maqam* de tales características en ese entorno

Maqam Nabi Musa, alminar de la mezquita.

RECORRIDO IV *Un viaje por el desierto*
Maqam Nabi Musa

Maqam Nabi Musa, vista interior con el alminar de la mezquita.

como respuesta al deseo de hallar un cierto equilibrio con otros monasterios edificados allí desde la época bizantina. En una fecha determinada, un gran número de personas se concentraba en el *maqam* con un programa de celebraciones, que sin duda servía para lograr dos objetivos: que el público se distrajera de las preocupaciones cotidianas en un lugar de relación social y de actividad económica; pero también era una manifestación de la solidaridad de la comunidad ante los enemigos. A pesar de que las fuentes históricas indican que el *mawsim* de Nabi Musa comenzó en el reinado ayyubí, no se conservan restos arquitectónicos de aquella época, pues los más antiguos datan de la época del sultán mameluco Baybars, que ordenó levantar el *maqam* en 668/1269-1270. Baybars, uno de los fundadores de la dinastía mameluca, fue un administrador riguroso y desplegó una gran actividad constructora en Jerusalén, Palestina y otros lugares del Estado mameluco, especialmente en El Cairo. Desde la época de Baybars y hasta el período del mandato británico (1917-1948), las reconstrucciones y ampliaciones, especialmente durante la época otomana, se han sucedido en el *maqam*. La mayoría de sus autores quedaron en el anonimato. Entre los que se ocuparon del *maqam* en la época otomana, se encuentran Efendi Husam al-Din (1013/1604-1605); el *chayj* Muhammad al-Jalili (1139/1726-1727) y el *muftí* de Jerusalén Muhammad Tahir al-Husayni (1303/1885-1886).

Con una superficie de 5.000 m², el *maqam* está considerado, del punto de vista arquitectónico, como el mayor complejo religioso de Palestina, después de al-Haram al-Charif. Protegido por una muralla, dispone de tres plantas. Al complejo se accede por un pórtico situado en la fachada oeste que conduce, a través de un pasillo, a un patio central donde se encuentran una mezquita de cinco naves, el *maqam* y pozos de agua. Este patio está rodeado por un conjunto de más de 100 habitaciones y salas de diferentes tamaños. En el subsuelo se encuentran los establos; en la planta baja, galerías, almacenes, dos hornos y dos cocinas. Del conjunto emerge un alminar de altura media. Desde el balcón del muecín se puede disfrutar de una

RECORRIDO IV *Un viaje por el desierto*
Jericó

panorámica sobre los montes del Jordán. Delante del complejo, por el lado oeste, hay una gran explanada en la que se celebran exposiciones y distintas actividades durante el *mawsim*, mientras que durante el resto del año se utiliza como aparcamiento de coches. Al este y al norte del complejo hay un gran cementerio que hoy en día se sigue utilizando para enterrar a quienes desean estar bajo la protección del *maqam*. En la época de las fiestas se produce una gran afluencia de personas, pero durante todo el año el complejo atrae a muchos visitantes locales y a grupos de musulmanes o no musulmanes de la India, del sureste asiático y de Europa.

Y.N.

IV.4 JERICÓ

IV.4.a Qasr Jirbat al-Mafyar (Palacio de Hicham) (opción)

A 2 km al norte de Jericó.
Acceso con entrada. Horario: de 8 a 17.

Las excavaciones arqueológicas dirigidas por Richard Hamilton y Dimitri Baramki en los años 1930 y 1940 descubrieron un gran palacio de la época omeya, atribuido por algunos especialistas al califa Hicham Ibn 'Abd al-Malik, aunque hoy en día parece más verosímil que su sucesor, al-Walid Ibn Yazid, fuera el instigador de esta obra, pues el esplendor y la decoración

Campamento cerca de Jericó, vista general, litografía, D. Roberts (© Museo Victoria y Albert, Londres).

LA VIDA MONÁSTICA EN EL DESIERTO

Yusuf Natsheh

En la época bizantina, en Palestina se difundió un fenómeno originario del Alto Egipto: la salida de las ciudades de algunos monjes para aislarse en el desierto de Jerusalén. Este fenómeno tuvo gran difusión en Palestina, como demuestran los restos arqueológicos encontrados que indican la presencia de más de 80 monasterios en el desierto de Jerusalén, una zona de 80 km de largo y 20 km de ancho. Entre los lugares vinculados a este tipo de ascetismo mencionamos, a modo de ejemplos, el monasterio de Mar Saba, cerca del pueblo al-'Ubaydiyya, en Belén; el monasterio de San Jorge de Koziba en Wadi al-Qilt situado en la carretera de Jerusalén a Jericó; el monasterio de Hayla, cerca del Jordán; finalmente, el monasterio de la Tentación (Qarantal) en Jericó.

En cuanto a las personas que estuvieron relacionadas con este fenómeno del monaquismo, hay tres de gran relevancia, cada una de las cuales influyó en su sucesor. El primero fue el monje Chariton, que fundó la primera comunidad monástica (*laura*) en 330; a continuación Eutimio (376-473), que atrajo a miles de adeptos, y finalmente Sabas (439-532), el mayor organizador de este movimiento.

La orden monacal tuvo dos escuelas: la primera era conocida como *cœnobium*; la segunda recibía el nombre de *laura*. Los monjes cenobitas vivían en comunidad en el recinto de un monasterio y se ayudaban mutuamente. Cada individuo realizaba una determinada tarea, además de la actividad principal, que consistía en adorar a Dios, servirlo, meditar, orar y leer. Diariamente, los monjes oraban colectiva e individualmente, pero la comida y las actividades sociales diarias eran compartidas. Este tipo de convivencia precisaba de un lugar amurallado que incluía distintas dependencias como la iglesia, la sala de reuniones, el comedor, un manantial de agua cercano, un huerto y celdas.

El segundo rito, conocido como *laura* consistía en la vida aislada de un grupo de monjes en un entorno distinto. Cada uno de ellos vivía en una cueva u otro lugar aislado, donde comía y se consagraba a la adoración de Dios durante cinco días a la semana, pero se reunía con sus compañeros los sábados y los domingos en el espacio reservado para la oración colectiva, luego tomaba algunas provisiones y volvía a la soledad de su retiro.

Tanto en la vida monacal del cenobio como en la del *laura* dominaban la extrema sencillez y el ascetismo. Los alimentos de estos monjes consistían en pan y en lo que la árida naturaleza circundante les podía proporcionar. A veces tenían que poner a secar frutos silvestres. En ocasiones realizaban algunas actividades sencillas, como cultivar la tierra, y el trenzado de cestas y cuerdas para cambiarlas por otros productos de los pueblos vecinos. Los grandes monasterios importaban el trigo de Jordania. Lo cierto es que el retiro, el aislamiento y el alejamiento del alboroto de la ciudad permitieron a algunos monjes refinar sus aptitudes poéticas, literarias y teológicas, lo que enriqueció considerablemente la dimensión cultural de la religión cristiana.

Entre los mejores ejemplos que podemos visitar para comprender este fenómeno está el monasterio de San Jorge de Koziba, en Wadi al-Qilt. Desde Jerusalén, se llega desviándose hacia el norte a la entrada del Observatorio de Jericó. Desde Jericó, hay que tomar el primer camino de la derecha al salir de la ciudad. Antes de llegar al monasterio, el visitante podrá disfrutar de un magnífico panorama sobre el desierto. La visita se realiza de 9 a 15 (con una interrupción de 12 a 13). Allí el visitante encontrará café y agua fresca, y será bienvenido para reponerse tras la fatiga que supone descender al valle y subir luego hasta el monasterio siguiendo el curso del acueducto romano, que ha sido restaurado varias veces.

RECORRIDO V *La ruta de los* jans *y del sufismo*

Palestina, situada geográficamente entre dos continentes, es un lugar de paso obligado que comunica Egipto con Siria, la Media Luna fértil y la Península Arábiga, y por ella pasaba la antigua ruta costera conocida en tiempos de los romanos como "Vía Maris", utilizada con fines comerciales, militares y de comunicación. Estos factores contribuyeron a la expansión de los *caravansarays*.

Algunas fuentes históricas atribuyen la construcción de los primeros *caravansarays* para los viajeros al califa 'Umar Ibn 'Abd al-'Aziz (99/717-101/720). Estos establecimientos estuvieron en auge hasta mediados del siglo XIII/XIX. A excepción del *jan* de Abu Ghosh —un pueblo al oeste de Jerusalén—, que probablemente se remonta a las épocas omeya y abbasí, y que siguió en uso en tiempos de los cruzados y de los mamelucos, no nos han llegado otros *jans* de aquellas épocas.

En Palestina, proliferaron los *caravansarays* como Jan Yalyuliya, Jan Yubb Yusuf, Jan al-Minya, Jan Yunis y Jan al-Tuyyar, junto a las principales vías de comunicación que unían las ciudades de Jerusalén, Gaza, Nablus y Ramla, o bien en el interior de las ciudades y los pueblos. La construcción de los *caravansarays* llegó a su apogeo en la época mameluca, considerada la edad de oro de la arquitectura islámica en Egipto y Siria, y continuó de manera progresiva hasta el comienzo de la época otomana.

El objetivo de estos establecimientos era proteger a los comerciantes y peregrinos frente a los saqueos y robos, y proporcionarles lugares para que pudiesen descansar de manera confortable. Los *jans* también servían como estaciones de posta, hasta que el sultán mameluco Baybars separó las rutas que seguía el correo de las de los *caravansarays*. Entonces se construyeron verdaderas postas, y el servicio de correo entre El Cairo y Damasco ganó en eficacia.

El *caravansaray* era un edificio rectangular o cuadrado de dos plantas, organizado en torno a un patio central. La planta baja incluía los establos para los dromedarios y los caballos, y los almacenes para las mercancías de los comerciantes; en la primera planta se encontraban las habitaciones para los huéspedes. En la época mameluca, principalmente, se añadieron mezquitas u oratorios, que disponían de una fuente para responder a las necesidades de los viajeros. Los *jans* ubicados fuera de las ciudades estaban fortificados, mientras que los situados en el interior de las ciudades recibían el nombre de *wikala*.

No es de extrañar que Palestina, por su especial carácter sacro para el Islam, haya atraído siempre a un gran número de viajeros, lo que explica la gran cantidad de *jans* construidos por todo el país. Estos establecimientos prestaban un servicio importante a los peregrinos, visitantes y sufíes que llegaban al lugar, especialmente en ocasión de las diversas celebraciones musulmanas. En los pueblos, las residencias de los sufíes adoptaron otra forma, pues estaban cerca de los *maqams* de sus venerados maestros. La mayoría de los pueblos tenían más de un *maqam*, donde sus habitantes iban a hacer ofrendas, encender velas y cumplir sus votos. Asimismo, algunos de estos *maqams* tenían sus propias ceremonias, durante las cuales

RECORRIDO V *La ruta de los* jans *y del sufismo*
Maqam Nabi Samuel

diversas manifestaciones populares, al ritmo de los tambores de sufíes y *derviches*, atraían a los devotos de los pueblos vecinos en busca del perdón y de un futuro mejor.

Este recorrido está dedicado a los *caravansarays* y los *maqams*, que jalonan la ruta de Jerusalén a Sebastia, desde Maqam Nabi Samuel (la tumba del profeta Samuel), al noroeste de la Ciudad Santa, hasta Maqam Nabi Yahya (la tumba de San Juan Bautista), en Sebastia. Ello nos permitirá también interesarnos por las rutas postales que enlazaban las dos capitales mamelucas, El Cairo y Damasco, a través de Palestina.

M.A.K.

V.1 MAQAM NABI SAMUEL
(Profeta Samuel)

Maqam Nabi Samuel, vista general.

Se llega en coche o autobús, tomando la carretera Jerusalén-Ramallah y desviándose a la izquierda en el pueblo de al-Ram. Pasar por Bir Nabala y Bir al-Yeib, y luego torcer a la izquierda, en dirección al sur; en la cima de la montaña se encuentra Maqam Nabi Samuel. El monumento, actualmente en manos de judíos ortodoxos, se puede visitar todo el día.

El mausoleo de Nabi Samuel se encuentra en la cima del monte del mismo nombre, a 6 km al noroeste de Jerusalén. Con una altura de 885 m sobre el nivel del mar, es el más alto de la región de Jerusalén; desde la cima, la mirada abarca la mayor parte de la Ciudad Santa. Este prestigioso monumento religioso data de la época bizantina, cuando el emperador Justiniano construyó una iglesia en el lugar donde se creía que se encontraban los restos mortales de Samuel.

Los cruzados reforzaron el carácter militar del sitio, además de su importancia religiosa, al construir una iglesia y un monasterio. Denominaron el lugar "el monte de la Alegría", debido a que fue desde su cima que percibieron Jerusalén por primera vez. El edificio fue restaurado en la época de Saladino, y desde entonces fue objeto de atención por parte de numerosos gobernantes musulmanes. Su visita siempre ha sido accesible a los judíos, que colocan sus velas junto a las de los fieles musulmanes.

El *maqam* construido por los cruzados fue transformado en mezquita y se le añadió un *mihrab*. También fue ampliado en distintas épocas y se le agregaron habitaciones, para poder albergar a los peregrinos

RECORRIDO V *La ruta de los* jans *y del sufismo*

Maqam Nabi Salih

Maqam Nabi Salih, vista general.

y visitantes, siempre en número creciente. Cada sufí que llegaba a Jerusalén no perdía la ocasión de pasar una noche en el *maqam* de Nabi Samuel, del que se hacía cargo la familia al-'Alami, originaria de Jerusalén.

En la actualidad, el sitio se ve desde todas las direcciones, desde varios kilómetros a la redonda. La arquitectura interior del edificio conserva el recuerdo de los cruzados, como los restos de consolas y los pilares góticos, además de los elementos añadidos en la época mameluca. El alminar de la mezquita, cilíndrico, data del siglo XII/XVIII y fue erigido por el *chayj* Muhammad al-Jalili. Desafortunadamente, el edificio fue gravemente dañado durante la Primera Guerra Mundial, pero el Consejo Islámico Supremo se ocupó de su restauración en los años 1920, como indica la inscripción que figura sobre la entrada.

El *maqam* recuerda a una ciudadela. Consta de una entrada con una gran puerta central que conduce a una sala muy amplia en cuyo centro hay un cenotafio, al igual que en otros mausoleos conmemorativos islámicos (como las tumbas de la mezquita al-Ibrahimi en Hebrón). En el centro del muro sur encontramos un *mihrab*. En el extremo del muro norte, una estrecha escalera conduce a una cripta, que se presenta como una cueva natural en la que se encuentra la tumba, donde se colocan los exvotos y las velas. Junto a la entrada principal, unos escalones altos conducen a la azotea y al alminar. Desde el ángulo sudeste, se puede contemplar una vista panorámica de Jerusalén.

Si el viajero aún dispone de tiempo, puede visitar los restos que las excavaciones arqueológicas han puesto al descubierto y que se remontan a las épocas romana, bizantina y cruzada, en particular los depósitos de agua y los establos excavados en la roca.

N.J.

V.2 MAQAM NABI SALIH

El pueblo de Nabi Salih se encuentra a unos 15 km al noroeste de Ramallah. Para llegar, seguir las laderas que descienden de Maqam Nabi Samuel en dirección a Bitunia, desde allí a la periferia de Ramallah y luego a Birzeit. Horario: a cualquier hora del día, salvo durante las horas de los rezos.

RECORRIDO V *La ruta de los* jans *y del sufismo*
Maqam al-Qatrawani

El Corán menciona nueve veces al profeta Salih, que fue el enviado de Dios para guiar a los habitantes de Tamud por la buena senda. En Palestina, para honrar a este profeta se construyeron nueve *maqams* que se encuentran dispersos por todo el país. El más grande y famoso es el de Ramallah. Situado en el extremo sureste del pueblo, está construido sobre los restos de una iglesia bizantina, cuyo ábside todavía puede contemplarse junto al muro oeste, lo que demuestra que ya desde aquella época el lugar era muy frecuentado. Aunque el edificio no está datado, es probable que se remonte a las épocas mameluca u otomana. En sus alrededores se encuentran dispersos los restos del pueblo antiguo y las habitaciones que ocupaban los *muyawirs* o visitantes.

Sin embargo, el *maqam* se ha conservado intacto. El edificio es rectangular y en el centro del muro sur hay un sencillo *mihrab*. Junto a la sala de oración se encuentra una estancia amplia, en la que residían el custodio del lugar y los visitantes. En el muro oeste hay una pequeña puerta que conduce al mausoleo, y en el lado oeste del edificio aparece un gran patio preparado para las fiestas populares anuales. Estas celebraciones religiosas y populares consisten en ofrendas en cumplimiento de promesas y la preparación de mesas con comida para los visitantes; también se encienden velas en el cenotafio y se rezan diversas oraciones.

Los visitantes son calurosamente recibidos por los habitantes del pueblo, que pertenecen todos a la familia Tamimi (originaria de Hebrón), descendientes de Tamim Ibn 'Aws al-Dari, famoso compañero del Profeta Muhammad, cuya descendencia se instaló también en Jerusalén, Nablus y en la región de Ramallah.

N.J.

V.3 MAQAM AL-QATRAWANI

Desde Nabi Salih, dirigirse al este, hacia la aldea de Birzeit y, desde el centro de esta, ir hacia el norte, en dirección de 'Atara. En la cima de una montaña, al sudoeste de esta localidad, donde se encuentra el monasterio de al-Iqbal, el visitante puede ver el majestuoso maqam *con sus dos cúpulas.*

En el centro de una vasta extensión, plantada de robles y algarrobos, se levanta un

Maqam al-Qatrawani, vista general.

155

RECORRIDO V *La ruta de los* jans *y del sufismo*

Jan Jifna

Jan Jifna, entrada.

edificio rectangular rematado por dos cúpulas. Los altos techos del *maqam* están sostenidos por bóvedas por arista de piedra blanca, donde aún pueden verse restos de velas y de combustión. El edificio es de estilo mameluco, aunque las investigaciones arqueológicas han descubierto la presencia de restos de una iglesia bizantina debajo del *maqam*. Algunos investigadores creen que se trata de la iglesia de Santa Catalina y que, con el paso del tiempo, su nombre derivó en al-Qatrawani.

En épocas de sequía, los campesinos procedentes de toda la región acuden al lugar, imploran a Dios que les envíe lluvia y presentan ofrendas al mausoleo al-Qatrawani. Frecuentemente, los musulmanes concluyen su visita rezando delante del *mihrab* del *maqam*.

Los habitantes de los pueblos cercanos han nombrado a un empleado que se ocupa del *maqam* y de sus visitantes, así como de los necesitados que solicitan ayuda; se ha construido una habitación para el empleado al oeste del edificio. En las proximidades del edificio se descubrieron algunas tumbas de quienes aspiraban a ser enterrados cerca del *maqam* al-Qatrawani, en la esperanza de ser bendecidos.

N.J.

V.4 JAN JIFNA

Para llegar al jan *saliendo de Maqam Nabi Salih, dirigirse al este en dirección de Birzeit. Continuar entre los olivares y los albaricoqueros hasta Jifna, que se encuentra a 2 km al este de Birzeit y a 23 km al norte de Jerusalén.*
El jan *se encuentra a 50 m de la glorieta central de la aldea, en el lado noroeste. Fue restaurado íntegramente en 1998-1999, y luego se ha incluido en el patrimonio público de Jifna. Una parte del edificio alberga las dependencias del Consejo Municipal, y la otra ha sido convertida en restaurante y en parque.*
Horario: Se puede visitar a cualquier hora.

Jifna se encuentra en la ladera de una colina fértil que domina un valle cubierto de almendros, albaricoqueros y olivos. En árabe (oral), *yifna* (del árabe literario *yifan*) significa "cepa", y

RECORRIDO V *La ruta de los* jans *y del sufismo*
Jan Jifna

Jan Jifna, patio interior con vista del acceso.

Jan Jifna, patio interior, vista general.

el pueblo se llama así porque en la época de los cruzados había en sus tierras gran cantidad de viñedos. Pero algunos autores relacionan el nombre con Yifna, el antepasado de los gassaníes, la tribu árabe que gobernó una gran parte de Siria bajo el control del emperador bizantino, y los restos arqueológicos hallados en el pueblo confirman esta hipótesis, al igual que la existencia de Deir Gassana al noroeste de Nabi Salih.

Son varios los factores que han contribuido a que Jifna sea un lugar importante. Según una tradición cristiana apócrifa, es el lugar donde la Sagrada Familia —Jesús y sus padres, María y José— se detuvo para descansar bajo una higuera. Por esta razón era una etapa en el itinerario de los peregrinos de Acre a Jerusalén, que pasaban por Nazaret, Sebastia, Nablus, y desde allí a Jerusalén y Belén. Debido a la fertilidad de sus tierras y la abundancia de agua, el pueblo despertó el interés de los cruzados. Sin embargo, los indicios arqueológicos e históricos indican que el primer asentamiento de Jifna se remonta a la época romana y que la ciudad estuvo habitada sin interrupción hasta finales del período otomano. La mayor parte de la ciudad antigua data de esta última época.

El *jan* de Jifna es el edificio más destacado de la ciudad. Debe a su solemne carácter militar el ser llamado *bursh* (torre). Es muy probable que la fecha de construcción del edificio se remonte a la época romana (63 a. C.-324) o a la bizantina (324-637). Los cruzados lo restauraron entre fines del siglo XI y la segunda mitad del XII; en las épocas

RECORRIDO V *La ruta de los jans y del sufismo*

Opción Paisajística

Llanura de al-Lubban, vista general.

mameluca y otomana fue objeto de varias reformas.

El edificio, de planta rectangular (el muro sur tiene una longitud de 40,60 m y el muro oeste de 50 m) consta de varias habitaciones y salas en las partes suroeste y norte. En el lado este, un corredor da al patio interior, donde se abren las puertas de las diferentes habitaciones. No hay vanos de ventanas que den al exterior por el lado oeste. El edificio dispone de una almazara en la que se prensaba el aceite, una estancia probablemente usada como prisión, pasillos que comunicaban algunas partes del *jan* entre sí y otras dependencias que todavía no han sido sacadas a la luz.

M.A.K.

OPCIÓN PAISAJÍSTICA

Llanura de al-Lubban

A 15 km al norte de la ciudad de al-Bireh, en la carretera principal que comunica Jerusalén con Nablus. Desde una alta cresta montañosa al sur del pueblo de al-Lubban, el visitante podrá disfrutar de una hermosa y cautivadora vista de la llanura homónima.

Se trata de una llanura fértil con suelos de aluvión y rodeada por laderas montañosas donde se cultivan legumbres y cereales. En el extremo sur se encuentran los vestigios de un *caravansaray* rodeado de

RECORRIDO V   *La ruta de los jans y del sufismo*
Jan al-Lubban

almendros, higueras, ciruelos y melocotoneros. Olivos, almendros y robles comparten las laderas de la montaña vecina.

M.A.K.

V.5 JAN AL-LUBBAN

A 41 km de Jerusalén. Tras finalizar la visita al jan de Jifna, volver a tomar la carretera de Nablus. Pasar el cruce del pueblo de Sinyil y, a 1 km, dejar la carretera principal por la izquierda. La carretera se vuelve sinuosa y comienza un pronunciado descenso hasta la llanura de al-Lubban. El visitante puede detenerse en cualquiera de las curvas para disfrutar del panorama de la llanura. Al final de las curvas se encuentra el jan, situado a la derecha de la carretera.
Horario: a cualquier hora del día.

La fecha de construcción del *jan* no se conoce con exactitud, aunque sus características arquitectónicas indican que el edificio se remonta a finales de la época mameluca o principios de la otomana. Las restauraciones y reconstrucciones realizadas durante esta última época en gran parte del edificio afectaron a la zona oeste y a una parte de la zona norte, como indican la disposición de las piedras y su tamaño. Debido a su posición estratégica, el *jan* fue utilizado durante el mandato británico y la administración jordana como puesto de policía. El edificio es de planta cuadrada, con 23 m de lado. Consta de una sola planta, a diferencia de otros *jans*, quizás por la corta distancia que lo separa de Nablus y de al-Bireh. Una parte del edificio se conserva en su aspecto original. Se accede por una entrada que conduce a un patio y una sala abovedada. Las estancias de los lados norte y

Jan al-Lubban, entrada, vista interior.   *Jan al-Lubban, sala principal.*

RECORRIDO V *La ruta de los* jans *y del sufismo*

Nablus

Tumba de José, Nablus.

El emplazamiento de la tumba de José suscita muchas controversias, pues se han identificado dos sitios posibles. El primero es la mezquita al-Ibrahimi en Hebrón (VIII.1.a) y el segundo es el edificio ante el cual nos encontramos. Según algunas fuentes históricas, José habría sido enterrado primero en Nablus y posteriormente sus restos mortales habrían sido trasladados a la mezquita al-Ibrahimi, donde se construyó una *qubba* encima de su tumba. Las tres religiones reveladas veneran este lugar, debido al estatuto particular de José para cada una de las tres.

El *maqam* se eleva sobre un antiguo pozo, y consta de una cámara funeraria cuadrada provista de un *mihrab* y cubierta con una cúpula. En el edificio no hay ninguna evidencia de que haya sido objeto de especial interés, debido quizás al mayor celo que los sultanes mostraron por la mezquita al-Ibrahimi. La sala está precedida de una antesala abierta a un patio y en el sur del patio servían, probablemente, de oficinas, mientras que las habitaciones situadas en el lado norte estaban destinadas a los huéspedes. Desgraciadamente no se ha conseguido localizar el emplazamiento de la mezquita. Recientemente se han emprendido nuevas restauraciones para hacer el edificio más accesible a los visitantes.

Aparte de su situación estratégica, la presencia de un pozo preexistente ha contribuido también a la elección del emplazamiento.

M.A.K.

V.6 **NABLUS**

V.6.a **Tumba de José**

Tumba de José, sala funeraria, Nablus.

En el centro del pueblo de Balata, que en la actualidad es un barrio del este de Nablus.

muro oeste se abre una pequeña habitación, reservada al custodio del *maqam*.
El edificio corresponde al estilo arquitectónico local que predominó en la época otomana. El Ministerio de los Waqfs y Asuntos Religiosos, propietario del monumento, ha confiado su mantenimiento a la familia del *chayj* Fayad 'Abd Allah, que posee un documento firmado por el sultán otomano 'Abd al-Hamid, donde les concede el honor de servir y custodiar la tumba de José.

N. J.

V.7 SEBASTIA

V.7.a Maqam Nabi Yahya (San Juan Bautista)

Para llegar a Sebastia, atravesar la ciudad de Nablus y luego torcer a la izquierda para llegar al cruce de las carreteras de Tulkarem y Yenin. Seguir hacia Yenin (dirección norte), hasta llegar a una vía lateral que lleva al pueblo de Sebastia, tras recorrer una distancia de 2,3 km. A la salida del pueblo, se puede tomar una carretera que pasa por la famosa calle de la Columnata romana, en medio de los vestigios de la ciudad antigua.

El mausoleo se encuentra en el patio de la mezquita situada en el centro del pueblo de Sebastia. Horario: todo el día.

El pueblo de Sebastia se encuentra a unos 15 km al noroeste de Nablus, sobre las laderas de las colinas de Samaria, a 463 m sobre el nivel del mar. La ciudad fue fundada por Herodes el Grande en 25 a. C., sobre los restos de la antigua ciudad de Samaria, capital del reino de Israel. En 1908, 1931 y 1935 se realizaron diversas excavaciones arqueológicas que permitieron identificar restos de diferentes épocas históricas; los más antiguos se remontan a la Edad de Piedra.

Cuando el cristianismo fue proclamado la religión oficial del Imperio romano, a principios del siglo IV, los habitantes de Sebastia estaban divididos en paganos y cristianos; en ese momento comenzó a difundirse la leyenda según la cual Juan el Bautista, que fue ejecutado por Herodes Antipas, habría sido enterrado en Sebastia, hasta convertirse en una creencia firmemente establecida.

Esta creencia fue reforzada por la existencia de tres estatuas en el interior del *maqam*. La primera representa a una bailarina que lleva una cabeza humana en una bandeja; la segunda, a Herodes con una mano bajo el mentón, en un gesto de

Maqam Nabi Yahya, fachada norte, vista desde el interior del patio, Sebastia.

Sebastia

arrepentimiento por haber asesinado a san Juan Bautista, y la tercera figura la cabeza cortada del Bautista. Lamentablemente, la Dirección de Monumentos Israelíes se llevó las estatuas del lugar en 1987 y actualmente se desconoce su paradero.

Es creencia popular arraigada que también los padres de san Juan, Zacarías y su esposa, están enterrados en el lugar, lo que afianza aún más la leyenda según la cual aquí habría sido encarcelado y enterrado san Juan. Pero otros relatos localizan la tumba del Bautista en Damasco, probablemente en el valle de la Bekaa, en el este del Líbano.

En el pueblo se construyeron dos iglesias bizantinas, y parece que la única mezquita se levantó cerca de los restos de una de ellas. La mezquita data de la época del califa 'Umar Ibn al-Jattab, y Sebastia fue una de las primeras ciudades donde se construyó una "mezquita de 'Umar". Desafortunadamente, fue destruida en el siglo VI/XII por un seísmo, y los cruzados construyeron una iglesia sobre sus cimientos.

Cuando en 583/1187 Saladino venció a los cruzados en la batalla de Hattin, mandó construir un santuario dedicado a san Juan Bautista. En 1310/1892-1893, el sultán otomano 'Abd al-Hamid anexó en la parte este de la mezquita dos habitaciones donde ahora se rezan las oraciones y mandó construir un alminar.

El lugar siempre atrajo a monjes, sufíes y visitantes. 'Abd al-Gani al-Nabulsi lo describió así: "Hemos llegado a este pueblo y hemos entrado en su mezquita, que había sido en origen un gran monasterio. Encontramos que estaba formada por maravillosos edificios, la mayor parte de los cuales se habían derrumbado. Descendimos a una cueva por una escalera. En su parte inferior había una pequeña ventana donde se dice que se encuentran Juan el Bautista y su padre".

El *maqam* consta de dos habitaciones. En la primera se encuentra la tumba y a ella se llega a través de un pasillo situado ante la fachada norte; es de planta cuadrada y cubierta por una cúpula. La segunda habitación es contigua a la primera, tiene un *mihrab* y se llega a ella a través de una puerta que se abre en la primera estancia.

M.A.K.

EL SERVICIO DE CORREO ENTRE EL CAIRO Y DAMASCO

Marwan Abu Khalaf

La ruta del correo entre El Cairo y Damasco era una de las más importantes de cuantas atravesaban Palestina, entre ellas la famosa ruta de la costa conocida como "Vía Maris". Los datos proporcionados por las fuentes históricas nos indican que los *jans* hacían las veces de estaciones de posta en la mayoría de las rutas comerciales del mundo islámico. Sin embargo, en la época mameluca y especialmente en tiempos de al-Dahir Baybars (658/1260-676/1277), los caminos que seguía el correo y los itinerarios de los *jans* fueron separados, e hicieron su aparición numerosos edificios nuevos para las postas a lo largo de las rutas que unían El Cairo con Damasco.

El servicio de postas tuvo una gran importancia en el Imperio islámico, pues garantizaba la rápida comunicación entre sus distintas provincias y el envío de noticias y órdenes, por lo que siempre despertó el interés de sultanes, especialmente en la primera época, cuando el país todavía estaba expuesto a los reiterados ataques de los cruzados.

La mayor parte de las estaciones de posta eran construcciones de planta rectangular y contenían distintas dependencias para albergar a un pequeño número de viajeros con sus monturas. Cada estación incluía pequeñas habitaciones, una sencilla mezquita, un pozo de agua o una cisterna, y un establo, como se puede constatar en Yibna, Qaqun, al-Layun y Yisr Banat Ya'qub.

Una de las rutas postales que unían El Cairo y Damasco ha sido descrita por Ibn Fadl Allah al-'Umari en su célebre obra *al-Ta'rif bi-l-mustalah al-charif*, una introducción a la terminología sagrada. El camino de la posta en Palestina partía de Gaza y seguía dos direcciones: la primera hacia al-Karak, en Jordania, y la segunda hacia Damasco, pasando por Bayt Daris, Yasur, Lidda, al-'Awya, al-Tira, Qaqun, al-Fandaqumiyya, Yenin, Zar'in, Bisan, al-Mayami', al-Zahra' e Irbed.

En el siglo X/XVI, la ruta postal partía de al-'Arich y continuaba su trazado por Jan Yunis, Gaza, al-Maydal, Yibna, Ramla, Ra's al-'Ayn, Qaqun, al-Layun, 'Uyun al-Tuyyar, al-Minya, Yisr Banat Ya'qub, al-Qunaytra y desde allí hasta Damasco.

RECORRIDO VI

Nablus: la ciudad de los *hammams* y del jabón

Marwan Abu Khalaf, Naseer R. Arafat, Nazmi al-Ju'beh

VI.1 NABLUS
    VI.1.a Maqam Ganim

OPCIÓN PAISAJÍSTICA
    El monte Garizim (monte de los Samaritanos)

    VI.1.b Mezquita al-Jadra' (Maqam Sittna al-Jadra')
    VI.1.c Factoría de jabón de la familia Tuqan
    VI.1.d Hammam al-Yadida (al-Chifa')
    VI.1.e Jan al-Wikala al-Garbiyya
    VI.1.f Zoco de Jan al-Tuyyar y Wikala al-Farrujiyya
    VI.1.g Mezquita Mayor
    VI.1.h Maqam Riyal al-'Amud

La fabricación del jabón
Los palacios de Nablus

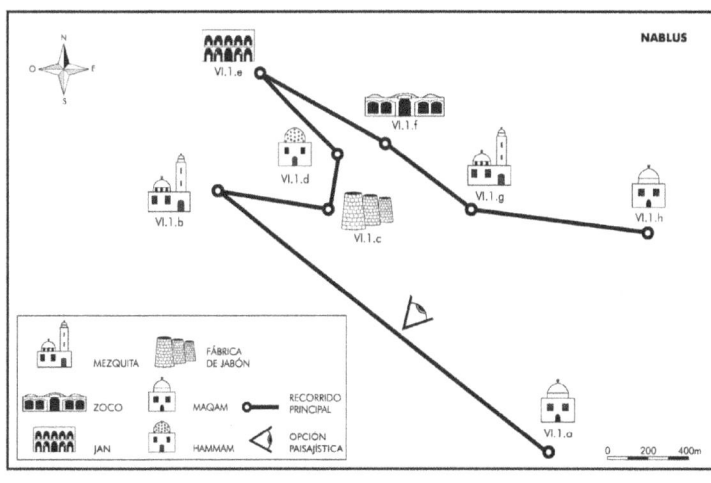

Factoría de jabón de la familia Tuqan, pastillas de jabón en proceso de secado.

RECORRIDO VI *Nablus: la ciudad de los hammams y del jabón*

Nablus

En este recorrido se visita la ciudad de Nablus, la mayor de las ciudades de Cisjordania. Está magníficamente emplazada entre los grandiosos montes Ebal y Garizim, a 67 km al norte de Jerusalén y a una altura de casi 570 m sobre el nivel del mar. La ciudad debía su reputación a sus diversos *hammam*s y a una floreciente industria del jabón. Algunas fuentes históricas mencionan que a finales del siglo XIII/XIX todavía funcionaban más de treinta fábricas de jabón, que justifican plenamente la elección de este recorrido. Aunque la presencia humana en Nablus se remonta al milenio II a. C., los vestigios históricos y arqueológicos visibles en la ciudad van de la época romana (63 a. C.-324) a finales de la época otomana (1336/1917).

Alrededor de 15/636-637, Nablus se convirtió en una ciudad islámica y aparece mencionada en numerosas fuentes históricas de la era islámica temprana. La mención más importante se debe a al-Muqaddasi, que en el siglo IV/X la llamó "la pequeña Damasco", debido a la similitud entre ambas ciudades por la densidad de los olivares que las rodeaban, sus casas construidas en piedra y el agua que brotaba por todas partes.

Nablus cayó en manos de los cruzados en 492/1099, cuando el príncipe Tancredo se apropió de ella y la anexó a su territorio, el principado de Galilea. En tiempos de Balduino I, formaba parte del reino latino de Jerusalén y se construyeron en ella numerosas iglesias y otros edificios religiosos.

Tras la batalla de 'Ayn Yalut (658/1260), Nablus se sometió al sultán mameluco Baybars. Las fuentes históricas mamelucas aluden a Nablus como una ciudad rica en agua y rodeada por tierras fértiles. A lo largo de distintas épocas, Nablus también se distinguió por la actividad científica e intelectual,

y muchos de sus eruditos influyeron en el clima espiritual del mundo islámico. En cuanto a la actividad constructora, la ciudad fue testigo de un florecimiento notable, pues se levantaron muchos edificios que reflejan tanto los caracteres generales de la arquitectura islámica como sus particularidades locales. Algunos de estos edificios —mezquitas, *zawiya*s, *sabil*s, tahonas, *caravansaray*s y zocos— aparecen mencionados en las fuentes históricas.

Este recorrido de un día se centra en la ciudad antigua e incluye importantes lugares históricos y arqueológicos de fácil acceso. Se han elegido monumentos representativos de los distintos tipos de construcciones, como la Mezquita Mayor, la factoría de jabón de la familia Tuqan, el zoco de Jan al-Tuyyar, la mezquita al-Jadra', el *jan* al-Wikala al-Garbiyya y el *hammam* al-Yadida, así como dos *maqam*s. Dos "ventanas" nos permiten también conocer los palacios y la fabricación del jabón. Finalmente, se propone una excursión al monte Garizim (Yabal al-Samara, el monte de los Samaritanos).

Recordemos asimismo que la ciudad es famosa por sus dulces orientales, que merece la pena probar, particularmente la *kunafa*. No se debe olvidar tampoco la compra de algunas pastillas del famoso jabón de Nablus, que es único.

M.A.K.

VI.1 NABLUS

VI.1.a Maqam Ganim

Se llega al mausoleo por la carretera que, al sur de la ciudad de Nablus, sube por la ladera suroeste del monte Garizim; el edificio se levanta

Maqam Ganim, Nablus. *Maqam Ganim, vista general, Nablus.*

en la cima del monte, desde donde se puede contemplar la ciudad.
Horario: a cualquier hora.

El *maqam* se encuentra al noreste de las ruinas de la ciudadela que construyó el emperador bizantino Justiniano, luego reconstruida por los cruzados, donde también se encuentran los restos de una iglesia de planta octogonal. El *maqam* fue levantado en honor del *chayj* Ganim al-Burini (nacido en 563/1167), a quien Saladino encomendó el control. (El barrio y la puerta al-Gawanima de Jerusalén se relacionan con esta familia). Se cree que el edificio era el lugar de retiro del *chayj* y sus hijos, aunque también es muy probable que fuese un puesto de vigilancia, por su posición estratégica; su estructura de dos niveles recuerda las torres de observación que encontramos en el sur de Palestina.

El edificio consta de dos habitaciones contiguas, una de las cuales alberga una modesta tumba. Desde la parte superior del edificio se ve la ciudad de Nablus con todo detalle y sus habitantes cuentan que, en tiempos de las invasiones cruzadas, el *maqam* era el elemento central del dispositivo de vigilancia; cuando la comarca se veía amenazada por algún peligro, desde él se enviaban señales de alarma mediante el empleo del fuego, si era de noche, o de humo, si era de día.

N.J.

OPCIÓN PAISAJÍSTICA

El monte Garizim (monte de los Samaritanos)

El monte Garizim, conocido localmente como al-Tur, tiene una altura de 881 m

RECORRIDO VI *Nablus: la ciudad de los hammams y del jabón*

Opción Paisajística

sobre el nivel del mar. Este es el monte que los samaritanos llaman Moriah, el lugar del sacrificio de Isaac por Abraham; a él se dirigen en peregrinación y allí realizan sus sacrificios con ocasión de la fiesta de la Pascua. Los samaritanos actuales se presentan como descendientes de los israelitas que no emigraron de Palestina a Babilonia, y constituyen una secta disidente del judaísmo. Se consideran descendientes de Aarón y solo aceptan el mensaje profético de Moisés. Conservan sus tradiciones en el seno de una sociedad cerrada, que solo obedece a los Cinco Libros de Moisés del Antiguo Testamento (el Pentateuco): Génesis, Éxodo, Levítico, Números y Deuteronomio. Los samaritanos realizan las abluciones rituales que preceden a la oración y las mujeres se lavan de las impurezas de la menstruación y el puerperio. En las oraciones de la mañana, se arrodillan y se prosternan en dirección al monte Garizim, su *qibla* en cierto sentido. Asimismo, consideran prohibido el trabajo los días de sabbat y pasan la noche del viernes rezando y glorificando a Dios. Festejan la Pascua, Pentecostés y la fiesta de los Tabernáculos. El momento más importante de la Pascua es el sacrificio sangriento del cordero, que se lleva a cabo en un campo rodeado por un cercado en cuyo centro hay un pozo profundo sobre el cual se realiza el sacrificio. Otros dos pozos se emplean como hornos. Cerca del lugar está la sinagoga de los samaritanos, en el centro de un nuevo barrio

Monte Garizim, vista panorámica.

residencial. Creen que el Mesías descenderá sobre el monte Garizim. Emplean el calendario lunar, pero tienen dos tipos de datación: el primero comienza con la Creación y el segundo con el Éxodo.

Los samaritanos, cuyo número no supera las 450 personas, son una de las sectas más minoritarias del mundo, viven totalmente aislados y solo se casan con miembros de la comunidad. La mayoría viven en el monte Garizim y algunos en Hulun, cerca de Tel Aviv. Emplean el hebreo para sus rezos y el árabe en la vida diaria. En la época de Alejandro el Magno, construyeron sobre el monte un templo que consideraban su centro religioso y espiritual, pero fue totalmente destruido por el rey asmoneo Juan Hircano en 125 a. C. Sus restos pueden aún verse en la ladera este de la montaña, donde hay una escalera que conduce hasta ellos. Los samaritanos participaron en numerosas revueltas contra los romanos, lo que ocasionó una drástica reducción de su número, así como un repliegue sobre sí mismos y un profundo aislamiento.

N.J.

VI.1.b Mezquita al-Jadra' (Maqam Sittna al-Jadra')

En la zona de Ra's al-'Ayn, al oeste de Nablus, cerca de 'Ayn al-'Asal.
Horario: durante el día, salvo a las horas de oración.

Según la tradición local de Nablus, al-Jadra' era una de las hijas de Jacob que rehusó casarse con un *chayj* de una tribu pagana y, mientras invocaba a su Señor para que la librase de este matrimonio, el pretendiente murió al instante. El *maqam* fue construido para inmortalizar el recuerdo de este suceso. También se dice que este es el lugar donde Jacob lloró la muerte de su hijo José, pues cerca de la puerta oeste del *maqam* hay una pequeña habitación oscura llamada el "Duelo de Jacob", y se cree que está construida sobre una cueva. Hay que señalar que todavía hay numerosos accesorios de *derviches* en las proximidades del *maqam*.

Mezquita al-Jadra', entrada, Nablus (© Sonia Halliday Photographs, foto D. Silverman).

RECORRIDO VI   *Nablus: la ciudad de los hammams y del jabón*

Nablus

Mezquita al-Jadra', alminar, detalle de la parte superior, Nablus (© Sonia Halliday Photographs, foto D. Silverman).

Mezquita al-Jadra', mihrab, detalle de la decoración, Nablus.

Sayf al-Din Qalawun (678/1279-689/1290), con el patrocinio de su hijo, al-Salih 'Ala' al-Din 'Ali Ibn Qalawun (679/1281-687/1288), y en el transcurso de la reconstrucción le fue anexado su actual alminar. Durante la época otomana se restauraron las zonas superiores del lado norte de la mezquita, así como la decoración del nicho del *mihrab*. Es muy probable que estas obras se realizasen a finales del siglo XI/XVII, pues el viajero turco Evlia Çelebi visitó el edificio en 1082/1671-1672 y no menciona ningún deterioro.

La mezquita consta de un patio al norte, una sala de oración y un alminar. El patio es rectangular y en su centro hay una alberca de mármol y una fuente. En el ángulo noroeste se alza el lugar reservado para las abluciones, mientras que en el ángulo sureste hay un conjunto de tumbas de época reciente.

La sala de oración es una construcción rectangular orientada de este a oeste,

Los detalles arquitectónicos de la mezquita revelan que fue en origen una iglesia cruzada, construida entre 492/1099 y 583/1187. Cuando los ayyubíes liberaron la ciudad en 583/1187, transformaron la iglesia en mezquita. Sin embargo, según la inscripción que aparece en una placa de mármol, encima de la entrada central del lado norte, la mezquita fue reconstruida en la época del sultán mameluco al-Mansur

Factoría de jabón de la familia Tuqan, planta superior, pasta de jabón extendida para el secado, vista general, Nablus.

situada al sur del patio norte, al que da una fachada en la que se abren tres entradas. Cada una está adornada con un recuadro de piedra en forma de arco apuntado, decorado a su vez con ornamentos vegetales insertados en círculos. Estos ornamentos forman rosetones que cubren la superficie de cada piedra. En el centro del muro sur de la sala, un imponente *mihrab* ocupa un nicho cuya bóveda está adornada por hojas, ramas de árboles y piñas; en la base presenta un friso epigráfico de estilo *nasji* con versos coránicos. Junto al *mihrab* se ubica un magnífico *mimbar* de madera, de construcción reciente.

El alminar, situado a unos pocos metros del exterior del muro norte del patio, está formado por una base cuadrada de piedra sobre la que se apoya un fuste rematado por un balcón; este descansa en consolas del mismo material.

M.A.K.

VI.1.c Factoría de jabón de la familia Tuqan

Al suroeste de la plaza al-Tuta, en el centro del barrio al-Qaryun en Nablus.
Horario: todos los días, salvo el viernes, previa cita con el propietario. Se puede aprovechar la ocasión para comprar jabón elaborado con aceite de oliva natural.

Esta jabonería, fundada por la familia Tuqan a finales del siglo XIII/XIX, es un gran edificio de piedra de planta rectangular

RECORRIDO VI *Nablus: la ciudad de los* hammams *y del jabón*

Nablus

Factoría de jabón de la familia Tuqan, sala de cocción del jabón, cuba, Nablus.

y dos niveles. Su fachada principal, escasamente decorada, da a la plaza al-Tuta y se distingue sobre todo por su gran entrada central, concebida para facilitar la descarga de aceite y la salida de las cajas de jabón. Sobre la puerta de madera aparece un arco apuntado, rodeado de pequeñas ventanas, generalmente cerradas desde el interior y rematadas, a su vez, por un arco apuntado. La parte superior de la fachada presenta, a diferencia de la parte inferior, ventanas de gran tamaño destinadas a facilitar la ventilación, que contribuye al secado del jabón.

La gran entrada conduce al interior de la planta baja, el centro de la actividad administrativa y productiva, con las oficinas de dirección y contabilidad. Esta planta consta de una larga sala con un techo alto, cubierta de bóvedas por arista apoyadas sobre pilares de piedra, donde se lleva a cabo la fabricación del jabón. En esta planta un espacio amplio, llamado *al-balat* (pavimento), alberga una gigantesca caldera para la cocción del jabón. Delante de esta caldera hay una pila semicircular que se llama *mibzal*; junto a esta, otras pilas cuadradas recogen el agua de fermentación y el agua limpia. Debajo de la caldera se sitúa una pequeña habitación en la que se encuentra el horno donde se realiza el proceso de combustión que permite la cocción del jabón, y a la cual se accede por una escalera situada frente al *mibzal*. En la parte superior del horno hay una gran chimenea cuyo conducto se eleva muy por encima de la factoría. En esta planta también hay un pozo donde se almacena el aceite.

RECORRIDO VI *Nablus: la ciudad de los* hammams *y del jabón*

Nablus

Hammam al-Yadida, sala de recepción con la fuente central, Nablus.

Hammam al-Yadida, escalera de acceso, Nablus.

En el lado sureste de la jabonería, una escalera conduce a la planta superior, una gran superficie plana llamada *mafrach,* donde se extiende el jabón líquido para que se seque. Luego se corta con unas herramientas metálicas extremadamente afiladas. Los trozos se colocan en forma de cilindro —como en forma de faros—, para permitir la circulación del aire hasta que los jabones se sequen totalmente y sean aptos utilizarse. La techumbre de esta planta está formada por una serie de cúpulas rebajadas que descansan sobre unos arcos sostenidos en pilares.

M.A.K.

VI.1.d **Hammam al-Yadida (al-Chifa')**

Tariq al-Nasir, frente a la mezquita al-Bek, en el centro de la ciudad antigua.
Horario: abierto todos los días de la semana para el baño o para la visita. El martes está reservado a las mujeres.

Para los habitantes de Nablus, la visita al *hammam* era una cuestión de higiene a la vez que motivo de diversión. Las mujeres solían llevar frutas, y allí bailaban y cantaban las canciones propias de cada acontecimiento social o celebración. Los *hammams* públicos estaban relacionados con la vida social de sus habitantes y eran el escenario de celebraciones como circuncisiones y bodas. Según la costumbre, la familia de la novia reservaba un *hammam* para su uso exclusivo y la del novio otro para ellos y sus amigos. Después de que todos se hubiesen bañado, se formaba el cortejo, encabezado por el novio, y se dirigía a la casa de la novia, cantando al

173

ritmo de panderetas. A lo largo del trayecto, los comerciantes rociaban al cortejo de arroz y perfume.

Este *hammam* es el más moderno de Nablus y por ello se le llamó "*hammam* al-Yadida" (el nuevo). Pero su nombre actual, al-Chifa' (la curación), procede de unos versos grabados sobre la entrada. Este *hammam* forma parte de un complejo perteneciente a la familia Tuqan y fue construido por Salih, Ahmad y Mustafa, hijos de Ibrahim Tuqan, en 1149/1736-1737, como indica la inscripción.

La planta del *hammam* es sencilla, aunque consta de varias partes. La primera, contigua a la entrada es una gran sala de recepción llamada "el vestuario de verano". En el centro se encuentra una fuente y en sus lados banquetas de piedra para descansar en ellas, bebiendo refrescos o fumando un narguile. Esta sala, cubierta por una bóveda calada, se distingue por sus bellas columnas de madera y por sus dos estrados, donde se coloca el material apropiado. A su lado la segunda sala, el "vestuario de invierno", cumple la misma función, pero durante la estación invernal. Por eso el techo es más bajo y no tiene aberturas; por otra parte, la fuente es más pequeña.

El baño se toma en una gran sala templada, rodeada de pequeñas habitaciones. Para conservar el calor, la estancia está techada por una bóveda de cañón, recubierta con azulejos, para garantizar la temperatura interior. Esta bóveda presentan tragaluces circulares cerrados con vidrio bellamente dispuestos. La característica más destacable de esta sala es el procedimiento empleado para calentar el agua y caldear el suelo, operación que se realiza haciendo circular el vapor que produce la combustión por debajo de las losas de piedra, a través de una red de tuberías, de manera que se caldeen tanto el suelo como el *hammam*. Echarse sobre el suelo equivale a tomar una sauna y se cree que esta práctica tiene grandes beneficios para la salud. Para mantener la temperatura del interior del *hammam*, se han construido pasillos estrechos y de poca altura entre las distintas estancias, con una puerta en cada extremo.

N.J.

VI.1.e Jan al-Wikala al-Garbiyya

En el extremo oeste de la ciudad antigua, junto a la entrada oeste del zoco al-Haddadin (mercado de los Herreros).
El Ayuntamiento ha adquirido el monumento recientemente para restaurarlo y acondicionarlo.
Horario: a cualquier hora del día.

El emplazamiento de este *jan* revela la previsión y el sentido práctico de sus arquitectos, pues separa la zona de los oficios industriales de las zonas residenciales. Además, es el primer lugar que se encontraban las caravanas al entrar a la ciudad. Tras adquirir las materias primas en el zoco, se transportaban directamente al centro artesanal —contiguo al *jan*—, especializado en trabajos de herrería y cobre. Una vez fabricados los productos, se ponían en venta en el mismo lugar, sin necesidad de trasladarlos a lomos de asno o de camello hasta los mercados.

El diseño del *jan* al-Wikala, hermoso y funcional, se caracteriza por su adecuación al uso para el que fue construido. La puerta

RECORRIDO VI *Nablus: la ciudad de los* hammams *y del jabón*
Nablus

de entrada es enorme y permite un fácil acceso a los dromedarios y asnos (el medio de transporte más corriente). El comerciante era recibido primero en un amplio patio, con una fuente en su centro. Disponía de un depósito para sus mercancías y de un establo para sus animales; su habitación se encontraba en la primera planta, a la que se accedía por la escalera.

El edificio tiene dos plantas de casi 1.000 m² cada una. La planta baja, con una entrada en el lado norte, se organiza alrededor de un patio rodeado de establos y tiendas donde se realizaban las transacciones comerciales. Alrededor del patio hay una galería de arcos de medio punto apoyados en columnas de piedra; una escalera conduce a la planta superior.

Las habitaciones de la primera planta son muy sencillas. En cada una hay una puerta, una ventana que da al patio interior y otra hacia el exterior. El ala oeste del edificio está en gran parte destruida, pero los restos revelan que tenía tres plantas. El edificio no está fechado, pero corresponde al estilo arquitectónico de finales de la época mameluca.

N.J.

Jan al-Wikala al-Garbiyya, fachada este, vista general, Nablus.

VI.1.f Zoco de Jan al-Tuyyar y Wikala al-Farrujiyya

En el centro de la ciudad antigua de Nablus
Horario: todo el día.

El hecho de que la ciudad de Nablus se encuentre sobre las rutas comerciales que a lo largo de la historia han atravesado Palestina tuvo una clara influencia en el desarrollo de una arquitectura al servicio de los intercambios comerciales y en la construcción de numerosos *jans* y *wikalas*, dentro y fuera de la ciudad, en las sucesivas épocas islámicas. De la mayoría

Jan al-Wikala al-Garbiyya, fachada sur, Nablus.

175

Nablus

de estos edificios solo se han conservado unos pocos ejemplos, algunas ruinas o algunos fragmentos de su historia escrita.

Zoco de Jan al-Tuyyar

Como su nombre lo indica, el zoco de Jan al-Tuyyar (también conocido como Zoco al-Sultani, el mercado del Sultán) era el centro de actividad comercial y económica de Nablus. Está descrito en los registros (*sijil*s) del Tribunal Islámico de Nablus y mencionado en las obras del viajero turco Evlia Çelebi, que visitó la ciudad en 1082/1671-1672. El zoco fue fundado en 975/1567-979/1571, por el ministro turco Lala Mustafa Pacha, *wali* de Siria, quien también lo dotó de un *waqf*.

Con un ancho de 40 m, el zoco se extiende de este a oeste, a lo largo de 80 m de longitud; un gran número de tiendas se suceden a ambos lados de una larga calle, revestida con hermosas baldosas. Está cubierto por una serie de altas bóvedas por arista, separadas por arcos apuntados; en cada bóveda hay unas aberturas que permiten una buena ventilación. Debajo, en la parte central de los puestos situados en el lado sur, una escalera conduce al exterior. Frente a ella, en el lado norte, se encuentra la entrada a Jan al-Tuyyar, que el viajero turco Evlia Çelebi comparó con una ciudadela con 150 habitaciones.

El *jan* consta de dos plantas; en la planta baja, que da al patio central, las tiendas ocupan los espacios que en el pasado se utilizaban como establos. A la planta superior se accede a través de una escalera de piedra situada en el lado oeste del patio. Allí se encuentran las habitaciones de distintos tamaños, en las que pernoctaban los huéspedes. Estas estancias están formadas por tres hileras de cúpulas, precedidas por tres *'uliyya*s en los lados oeste, este y sur que daban al patio central. En la actualidad es la arteria principal o Zoco al-Saga (el mercado del Oro). Algunas fuentes históricas mencionan que en el lado oeste del *jan* había un manantial y una mezquita cubierta por una cúpula revestida de plomo, la única de este tipo en Nablus. Desafortunadamente, de estos elementos no se ha conservado nada, debido al terremoto que sufrió la ciudad en 1345/1927 y que también afectó al *jan*. Ihsan al-Nimr, historiador de la Nablus moderna, men-

Zoco de Jan al-Tuyyar, entrada oeste, Nablus.

RECORRIDO VI *Nablus: la ciudad de los* hammams *y del jabón*
Nablus

Zoco de Jan al-Tuyyar, interior, vista general, Nablus.

Mezquita Mayor, entrada principal, Nablus.

ciona que en la planta superior del *jan* había una *madrasa* en la que se impartían las enseñanzas de las cuatro doctrinas del Islam (*chafi'i, hanafi, hanbali* y *maliki*).

Wikala al-Farrujiyya

Al final del zoco, en el lado norte, se pueden ver los restos de la *wikala* al-Farrujiyya, levantada en 1030/1620 y llamada así en alusión a su constructor, el célebre *emir* Faruj Ibn 'Abd Allah al-Charkasi, gobernador de Jerusalén y Nablus, y a quien se confió la organización del peregrinaje (*hayy*) en Siria, a principios del siglo XI/XVII. Lamentablemente, de esta construcción solo se han conservado algunas habitaciones de la primera y segunda plantas, que se utilizan actualmente como establecimientos comerciales. Estas ruinas no reflejan en absoluto la forma original del sitio ni su pasado glorioso, cuando la *wikala* albergaba —según nos informa Ihsan al-Nimr— la caravana de los peregrinos sirios, tras haberse reunido con la caravana de los egipcios, en ruta hacia el Hiyaz.

M.A.K.

VI.1.g Mezquita Mayor

Está situada al este de la ciudad antigua, en el cruce de Chari' (gran calle o avenida) al-Nasir y Chari'al-Jan.
Horario: durante el día, excepto a las horas de oración.

Por tratarse de la mezquita más grande e importante de la ciudad, Jami' al-Kabir (la Mequita Mayor) era el centro desde el que se difundían todos los decretos gubernamentales, administrativos y políticos.

RECORRIDO VI *Nablus: la ciudad de los* hammams *y del jabón*

Nablus

Mezquita Mayor, interior, Nablus.

Mezquita Mayor, alminar, Nablus.

Del análisis de los elementos arquitectónicos y decorativos y de algunos indicios históricos, se deduce que el edificio actual es el resultado de distintas modificaciones de estilo y de ampliaciones que se produjeron a lo largo de varios siglos. Los orígenes pueden remontarse a la época bizantina, cuando en el lugar se levantó una iglesia en la época del emperador romano Justiniano (527-565). La mezquita mencionada por al-Muqaddasi y que sitúa en el centro de la ciudad, probablemente se había construido sobre las ruinas de esta iglesia. Sin embargo, cuando Nablus fue sometida a los cruzados en 562/1167, estos expropiaron la mezquita para reconstruirla como iglesia, aunque reutilizando muchos elementos arquitectónicos de la primitiva iglesia bizantina. Tras la liberación de la ciudad de los cruzados, en 583/1187, Saladino ordenó rehabilitar el lugar como mezquita y pronto fue llamada Jami' al-Salahi al-Kabir (la Mezquita Mayor de Saladino). En la época mameluca fue restaurada y se reconstruyó la techumbre, y en la época otomana también fue reconstruida.

El uso de la mezquita no se limitaba al culto religioso, sino que también era un espacio de conocimiento y de estudio, donde se llevaban a cabo numerosas conferencias y cursos sobre las ciencias del Corán, el derecho islámico y la gramática árabe.

La mezquita es un vasto complejo rectangular dotado de dos entradas, una al este y la otra al norte. Ambas se abren a un patio descubierto desde el cual se accede a la sala de oración. La planta de la sala de oración es rectangular, tiene una longitud de 61 m de este a oeste y una anchura de 16,55 m. En el muro sur hay tres *mihrabs*, de los cuales el mayor es el central, que se encuentra frente a la entrada norte. Al oeste del *mihrab* hay un púlpito (*mimbar*) de mármol, atribuido al *emir* mameluco 'Izz al-Din al-Amiri (713/1313). Dos hileras de columnas de mármol y de pilares de piedra dividen la sala de oración en tres naves, cada una de las cuales está cubierta por una bóveda por arista.

El alminar está situado en el centro del muro norte, justo encima de la entrada. De la base cuadrada de piedra se levanta el fuste octogonal, que termina con un balcón de piedra sostenido por hileras de *muqarnas* y rematado por una pequeña cúpula.

M.A.K.

VI.1.h Maqam Riyal al-'Amud

Al pie del monte Garizim, en el lado suroeste de la ciudad, cerca de la comisaría de policía. Horario: todo el día, previo permiso del chayj del mausoleo.

El *maqam* está relacionado con el número cuarenta, estrechamente vinculado a los diferentes credos y rituales de las tres religiones monoteístas de Palestina, donde se han podido contabilizar hasta más de cincuenta *maqam*s relacionados con esta cifra. Muchas leyendas populares rodean al Maqam Rijal al-'Amoud, sin contar con el relato de los samaritanos según quienes el emperador Zenón, en un intento de

Maqam Riyal al-'Amud, vista general, Nablus.

RECORRIDO VI *Nablus: la ciudad de los hammams y del jabón*

Nablus

Maqam Riyal al-'Amud, interior, Nablus.

someterlos al cristianismo, habría asesinado a setenta de ellos en este lugar.

El viajero sufí 'Abd al-Gani al-Nabulsi describió así el mausoleo en 1101/1689: "Fuimos a visitar el lugar de los cuarenta profetas, llamado Riyal al-'Amud [los hombres de la columna]. Al llegar, vimos un magnífico mausoleo. En su interior había una cueva donde se había construido una tumba. Una abertura conducía a ella, llamada Magarat al-Arba'in" [la cueva de los cuarenta]. En el interior se levantaba una columna, de ahí su nombre."

En el *maqam* se pueden ver algunas estelas funerarias que revelan nombres como el del *chayj* Muhammad 'Amud al-Nur, el de su hijo el *chayj* Salih y el del *chayj* Sa'd al-Din. El historiador de Nablus, Ihsan al-Nimr, cree que el mausoleo habría sido erigido en honor de los mártires que cayeron en las guerras contra los cruzados. Es probable que date de la época ayyubí (s. VI/XII), aunque posteriormente fue objeto de numerosas intervenciones.

El mausoleo consta de un amplio patio de aspecto solemne, rodeado por una muralla exterior desde la cual puede admirarse la montaña que domina el sitio. Las tumbas se encuentran en las habitaciones, algunas de las cuales se empleaban para alojar a los visitantes y al guardián del lugar, mientras que otras han sido transformadas en mezquita. Como se podrá observar, la familia al-'Amudi eligió el *maqam* como última morada, mientras que los terrenos que rodean el exterior constituyen el cementerio de los habitantes del pueblo. Raramente se encuentra en Palestina un *maqam* que no tenga un valor simbólico concreto y al cual se dirija la gente en busca de ayuda. El de Riyal al-'Amud era precisamente el lugar al que acudían los habitantes de Nablus y los alrededores para rogar por la lluvia en caso de sequía. Durante las últimas décadas se han venido realizando obras de restauración en el edificio, fundamentalmente porque cumple la función de mezquita principal para toda la región circundante.

N.J.

LA FABRICACIÓN DEL JABÓN

Marwan Abu Khalaf

La fabricación del jabón en Nablus es muy antigua y de gran importancia. No se dispone de datos fiables sobre el origen de esta manufactura, pero se remonta al menos a la época en que el aceite de oliva se utilizó por primera vez en el proceso de fabricación. Las primeras indicaciones disponibles hacen referencia al siglo IV/X: los escritos de al-Muqaddasi (m. 380/990) la mencionan como uno de los productos de exportación de Palestina. Aunque no precisa con exactitud el lugar de fabricación, está ampliamente admitido que fuera Nablus, porque su región es rica en materia prima y por la fama que adquirió la ciudad a lo largo de diversas épocas gracias a esta industria. En la época de los cruzados, fue tal la fama de los jabones de Nablus que su fabricación fue decretada monopolio real. El *chayj* al-Rabwa (m. 727/1300) alude claramente a ella, como ya lo había hecho el historiador Muyir al-Din al-Hanbali (901/1496), lo que demuestra la continuidad de esta industria en la época mameluca.

La fabricación del jabón se convirtió en uno de los oficios tradicionales de Nablus en la época otomana; las estadísticas apuntan la existencia de 15 jabonerías en 1257/1842, cifra que se duplica a principios del siglo XX. Las factorías se reparten por los seis barrios de la ciudad: al-Garb, al-Yasmina, al-Qaryun, al-'Aqaba, al-Qaysariyya y al-Habla. En el casco histórico, la calle que comunica los barrios de al-Yasmina y al-Qaryun se llama "pasaje del jabón".

La industria del jabón estableció un equilibrio entre las zonas urbanas y las zonas rurales de Nablus. La producción se repartía entre la aglomeración y los pueblos circundantes. Mientras que los pueblos suministraban la materia prima (el aceite de oliva), la ciudad aseguraba la fabricación y la comercialización del producto final (el jabón). Los jabones de mayor calidad se fabrican con aceite de oliva. El más puro se emplea para la fabricación de un jabón blanco de gran pureza. Luego viene otro de color amarillo y, finalmente, del aceite obtenido del prensado del hueso de la oliva se fabrica un jabón de color verde. El proceso de fabricación se realiza en varias etapas: la cocción, la extensión, el troceado, el secado y, por último, el empaquetado.

Los propietarios de las jabonerías de Nablus pertenecían a la clase dirigente, los aristócratas, los *ulemas* y los ricos comerciantes, que se preocuparon de hacer publicidad de su producto, de manera que podía encontrarse en los

Factoría de jabón de la familia Tuqan, obrero envolviendo las pastillas de jabón, Nablus.

Factoría de jabón de la familia Tuqan, planta baja, sala de cocción, vista general, Nablus.

mercados extranjeros, sobre todo en países árabes como Egipto y Siria. Aún hoy, la mayoría de los propietarios de jabonerías destacan con orgullo que sus fábricas no desprenden olores, a diferencia de las que, en otros sitios, emplean los residuos y grasas animales para producir el jabón. Las fuentes históricas indican que, en 1938, el valor total de las exportaciones palestinas a Egipto alcanzó las 60.000 libras, y más de dos tercios correspondían solo al jabón. Los registros de comercio mencionan que al-Hayy 'Abd al-Rahim Efendi al-Nabulsi, fue enviado a Londres con unas muestras del jabón de Nablus para darlas a conocer en los mercados británicos. Posteriormente se escribió un libro sobre el jabón, donde se informaba que la producción de Nablus había tenido una gran aceptación en esos mercados y que una compañía británica había solicitado el envío de cierta cantidad del mejor jabón.

Además de para lavar y limpiar, el jabón de Nablus era empleado por la medicina popular, y formaba parte de muchas recetas, especialmente de cataplasmas. También se utilizaba en la preparación de la seda.

La planta arquitectónica de las jabonerías es muy similar, generalmente formada por dos niveles: la planta baja es una gran sala rectangular de techo alto con ventanas pequeñas, donde se cuece el jabón; y en la primera planta, muy espaciosa y dotada con numerosas ventanas, se extiende, seca y prepara el jabón. Las jabonerías tienen varias puertas que facilitan la entrada de las cargas de aceite y la salida de la producción. A la entrada, una habitación hace las veces de despacho del propietario. En el interior de cada jabonería hay uno o varios pozos para almacenar el aceite, así como un horno, una caldera para la cocción y numerosas pilas llenas de agua.

LOS PALACIOS DE NABLUS

Naseer R. Arafat

Los palacios (o casas solariegas) de las más antiguas familias de Nablus son los monumentos arquitectónicos más importantes de la ciudad. Su construcción se hizo según un estilo extremadamente parecido al de las residencias damascenas. En general, se caracterizan por sus grandes dimensiones, y algunos formaban parte de grandes complejos que contaban con una jabonería y un *hammam* privado, como la casa del *qadi* 'Abd al-Wahid al-Jammach, en el barrio de al-Yasmina. Estos palacios pueden dividirse en dos grupos. El primero incluye las viviendas de los propietarios de jabonerías y ricos comerciantes como 'Achur, 'Arafat, Sufan al-Nabulsi, Kan'an y al-Jammach. Esta residencias se distinguían por la amplitud de sus habitaciones, la excelente calidad de los materiales empleados en la construcción, el lujoso equipamiento interior, la decoración especialmente cuidada de las entradas, los hierros forjados y los techos interiores policromos de madera o estuco. El segundo tipo son las casas que evocan fortalezas. En la época otomana, sus propietarios eran los gobernadores o *walies* de la ciudad, quienes, entre otras cosas, eran los responsables de la recaudación de los impuestos y acumulaban fortunas cuantiosas. Entre estos palacios se encuentran los de las familias Tuqan, al-Nimr y 'Abd al-Hadi.

La experiencia de visitar uno de estos palacios despierta el deseo de descubrir los secretos ocultos tras sus altos muros impenetrables. La entrada, cuando está permitida, se hace a través de una puerta muy pequeña que se conoce como *juja*, ubicada en el monumental portal de madera, que de ninguna manera sugiere que detrás se encuentra un palacio. Quien penetra en la casa está obligado a agachar la cabeza, como en un lugar sagrado, y el sentimiento de su propia insignificancia lo acompañará mientras recorre el estrecho pasillo, que desemboca en un patio al aire libre.

En el centro del patio hay una fuente y un jardín donde abundan los jazmines,

Patio interior e iwan de un palacio, vista general, Nablus.

Fachada exterior de un palacio, Nablus.

LOS PALACIOS DE NABLUS

Palacio de la familia 'Abd al-Hadi, vista aérea del patio con la ciudad de Nablus detrás (© Sonia Hallyday Photographs, foto D. Silvermann).

Entrada principal de un palacio, vista desde el exterior, Nablus.

Patio interior de un palacio, vista parcial, Nablus.

las flores y los árboles frutales, como granados y limoneros. Alrededor del patio y del jardín se encuentran los establos, las calles y las escaleras, que conducen a la planta superior; la zona residencial, donde las numerosas estancias e *iwan*s levantados alrededor del patio garantizan la privacidad de los habitantes. Hay un tercer nivel, al que se accede a través de pasillos y escaleras, compuesto por un patio alrededor del cual se disponen las habitaciones del hijo casado y su familia. El conjunto constituye una vivienda independiente para el hijo y, al mismo tiempo, comunicada con la de sus padres a través del patio y la entrada comunes. Esta organización ha permitido perpetuar la estructura de la "familia extendida".

La arquitectura del palacio correspondía a las funciones sociales y privadas, y revelaba los valores y gustos de sus propietarios. Primero encontramos la zona pública y luego la privada, hasta los espacios más íntimos. El arquitecto, al proyectar la construcción, también tenía en cuenta las condiciones geográficas y climatológicas de la región. Los palacios se concebían para asegurar el mayor confort a sus ocu-

Entrada de un palacio, vista desde el exterior, Nablus.

pantes, proporcionando calor en invierno y frescor en verano.

En las ventanas, las *machrabiyya*s (celosías) de madera permiten observar lo que sucede en el exterior sin ser visto. Las decoraciones florales y geométricas que decoran las entradas de los edificios, las ventanas, las puertas o el mobiliario del interior, al igual que las fuentes o los techos de madera de brillantes colores no dejarán de seducir al visitante.

RECORRIDO VII

La ruta de la peregrinación entre Jerusalén y Hebrón

Nazmi al-Ju'beh

VII.1 BELÉN
    VII.1.a Tumba de Raquel
    VII.1.b Iglesia de la Natividad

VII.2 ALBERCAS DE SALOMÓN
    VII.2.a Albercas de Salomón
    VII.2.b Qal'at al-Birak

OPCIÓN PAISAJÍSTICA
    Wadi Artas: un paisaje rural típico de Palestina

VII.3 HALHUL
    VII.3.a Mezquita Nabi Yunis

VII.4 SA'IR
    VII.4.a Mezquita Nabi al-'Is

El sistema de abastecimiento de agua en Jerusalén

Iglesia de la Natividad, nave central, Belén.

RECORRIDO VII *La ruta de la peregrinación entre Jerusalén y Hebrón*
Belén

Debido a su complementariedad religiosa, política, social y científica, Jerusalén y Hebrón siempre han estado estrechamente relacionadas. Por otra parte, casi siempre estuvieron sometidas al mismo sistema administrativo. En la época ayyubí se creó el cargo de custodio de los Santos Lugares de Jerusalén y Hebrón, a imitación del que ya existía en La Meca y Medina. En la época mameluca, esta función evolucionó y se convirtió en un puesto religioso de pleno derecho, que disfrutaba de un prestigio considerable. El nombramiento era realizado personalmente por el sultán desde El Cairo y la tarea consistía en la administración de los dos santuarios y de sus *waqf*s.

Este recorrido transcurre por la carretera de montaña que se extiende a lo largo de 40 km entre Jerusalén y Hebrón. Innumerables peregrinos siguieron esta ruta, al igual que los califas y sultanes, en sus frecuentes visitas a ambos Santos Lugares, o las caravanas que comerciaban entre Siria y Egipto.

En el camino que conduce de Jerusalén a Hebrón visitaremos algunos lugares que tuvieron especial importancia en la evolución de la historia islámica de Palestina. El visitante podrá disfrutar de unos parajes naturales fascinantes, como los terraplenes que han protegido el suelo de la erosión a través de los tiempos, y las torres de vigilancia que se encuentran dispersas a lo largo del camino. La región es famosa por sus viñedos, y algunos caminos se encuentran prácticamente en el mismo estado que durante la conquista islámica.

El recorrido comienza con la visita de la tumba de Raquel, a la que veneran por igual musulmanes, cristianos y judíos, considerada como el primer lugar santo de la ruta de Belén a Hebrón. Luego visitaremos Belén; para los cristianos, el lugar del nacimiento de Jesús es, con el Santo Sepulcro de Jerusalén, el sitio más sagrado del mundo. Posteriormente nos dirigiremos hacia el sur, para llegar a las Albercas de Salomón, donde podremos contemplar uno de los proyectos hídricos más insólitos y complejos del mundo. A partir de ahí, se propondrá una opción paisajística, el río *(wadi)* y el pueblo de Artas, uno de los valles más hermosos de Palestina. El recorrido continúa hasta el pueblo de Halhul donde se visita la mezquita de Nabi Yunis (el profeta Jonás), y desde allí hasta Sa'ir, donde se encuentran el maqam y la mezquita de Nabi al-'Is, dos lugares que miles de sufíes han honrado a través de los tiempos.

VII.1 BELÉN

A una distancia de casi 10 km al sur de Jerusalén, la ciudad se encuentra sobre la línea divisoria de las aguas de las colinas de Jerusalén-Hebrón, como estas dos ciudades. Con el Santo Sepulcro, es una de las ciudades más sagradas del mundo para los cristianos, ya que vivió el nacimiento de Jesús. Todavía se conserva una parte considerable de la ciudad antigua; la mayoría de sus casas ha sido rehabilitada con motivo de la celebración del año 2000. Aunque no abundan los datos sobre la mayoría de los edificios —salvo los que se remontan a los siglos XIX y XX—, es probable que, por su estructura arquitectónica tradicional, gran parte de la ciudad date de las épocas mameluca y otomana.

RECORRIDO VII *La ruta de la peregrinación entre Jerusalén y Hebrón*
Belén

Tumba de Raquel, entrada principal, Belén.

Tumba de Raquel, interior, Belén.

VII.1.a **Tumba de Raquel**

Poco antes de entrar en Belén, a 7 km al sur de Jerusalén, a la derecha de la carretera Jerusalén-Hebrón.
Horario: todo el día.

Raquel fue una de las esposas de Jacob y la madre de José y de Benjamín. Su muerte se produjo tras el alumbramiento de su hijo menor Benjamín, el duodécimo hijo de Jacob, y se cree que fue enterrada en este lugar llamado Qubba de Raquel. La tumba de Raquel aparece mencionada en la primera literatura de viajes sobre Palestina que se remonta al siglo IV de la era cristiana, así como en las obras de los viajeros y geógrafos cristianos, judíos y musulmanes. Al-Idrisi (m. 560/1165) la menciona en estos términos: "A mitad del camino que lleva a Belén está la tumba de Raquel, madre de José y de Benjamín, los hijos de Jacob. La tumba presenta doce piedras y está cubierta con una cúpula que se eleva desde la roca". Aunque se desconoce la fecha de construcción del edificio y quién fue su constructor, es probable que fuese erigida en los primeros tiempos del Islam.

Los testimonios que nos han proporcionado los viajeros coinciden en señalar que la tumba estaba compuesta por doce piedras, probablemente en alusión al número de hijos de Jacob. El edificio, coronado por una cúpula, era muy visitado. El que existe en la actualidad fue mandado construir por el gobernador de Jerusalén Muhammad Pacha en 1033/1623, y a finales del siglo XIII/XIX fue restaurado. El edificio es cuadrado y presenta una cúpula y una estancia alargada en su lado este; en el patio oriental se encuentran un

RECORRIDO VII *La ruta de la peregrinación entre Jerusalén y Hebrón*
Belén

Iglesia de la Natividad, acceso, Belén.

Iglesia de la Natividad, nave norte, Belén.

mihrab y un gran número de tumbas de musulmanes que deseaban la protección de Raquel.
Más tarde se han añadido unas altas murallas y torres para proteger el monumento que, bajo control israelí desde el año 1967, ha sido transformado en cuartel militar.

VII.1.b Iglesia de la Natividad

La iglesia de la Natividad está considerada como el monumento más importante y elegante de Belén.
Horario: diariamente de 5:30 a 18.

Puede resultar sorprendente la presencia de este edificio cristiano en medio de nuestro recorrido islámico. Esto se debe a que la ciudad de Belén, como lugar de nacimiento de Jesús, ocupa un lugar preferente en el corazón de los musulmanes. Recordemos que María y su Hijo están muy presentes en el Corán, que reconoce a Jesús como el último profeta antes de Muhammad, y en diversos episodios de la vida del Profeta. Por ejemplo, durante su famoso Viaje nocturno, Muhammad reconoce la unión simbólica de todos los enviados de Dios, entre los cuales se encuentra 'Isa (Jesús). Por otra parte, a lo largo de las distintas épocas islámicas y, en particular, durante el período mameluco, tanto los cristianos de Belén como sus representantes en Jerusalén gozaron de un estatus privilegiado. Diversos decretos establecían la exención de impuestos y la protección de los religiosos, los visitantes de la basílica y los peregrinos. Otros les otorgaban el derecho a rehabilitar la Natividad cada vez que fuese necesario. También conviene señalar que este trascendente lugar cristiano ocupaba un lugar destacado en los principales libros de viajes islámicos, donde se describe pormenorizadamente, para situar mejor la figura de Jesús en la tradición islámica.

RECORRIDO VII *La ruta de la peregrinación entre Jerusalén y Hebrón*
Albercas de Salomón

Iglesia de la Natividad, estrella de la Natividad, Belén.

La iglesia de la Natividad se levanta sobre la cueva donde se venera el alumbramiento de Jesús. La emperatriz Elena, madre del emperador Constantino (r. 306-337), ordenó construir la iglesia originaria en 329, una vez abolida la prohibición de practicar el cristianismo en 313, con el edicto de Milán. Pero el santuario fue destruido en 529 y reconstruido poco después por el emperador Justiniano (527-565). Excepto el suelo y el techo, que han sido sustituidos varias veces, la estructura de la base de la basílica de Justiniano es aproximadamente la misma que vemos actualmente.

No lejos de la basílica de la Natividad, el visitante puede contemplar decenas de iglesias y monasterios que, como la capilla de la Gruta de la Leche y las iglesias de San José y de los Campos de los Pastores, han desempeñado un importante papel en la época islámica.

VII.2 ALBERCAS DE SALOMÓN

VII.2.a Albercas de Salomón

A unos 3 km al suroeste de Belén y al este de la carretera a Hebrón.
Horario: todo el día.

Albercas de Salomón, vista general.

191

RECORRIDO VII *La ruta de la peregrinación entre Jerusalén y Hebrón*

Albercas de Salomón

*Albercas de Salomón, vista general
(© Sonia Halliday Photographs).*

Estas tres albercas se encuentran en un hermoso entorno situado entre cautivadores bosques de pinos, al principio del verde valle de Artas, fértil en árboles frutales.

No se sabe cuándo se excavó la primera alberca, pero la superior y la central ya existían en tiempos de Herodes Antipas (4 a. C.-39). La tercera alberca, situada en la parte inferior, fue construida por el sultán mameluco Juchqadam (865/1460-872/1467), quien también renovó totalmente el sistema hidráulico. Sin embargo, la obra más importante realizada en estas albercas la llevó a cabo el sultán otomano Sulayman al-Qanuni en 943/1536, quien completó el sistema de canalizaciones y lo prolongó hasta Jerusalén, donde añadió una serie de fuentes que todavía se pueden ver en la ciudad antigua.

Estas albercas se utilizaron para recoger el agua de lluvia y de los manantiales naturales dispersos por la región, para, posteriormente, canalizarla hasta Jerusalén, a través de una red de acueductos y de conductos subterráneos que atravesaban las colinas. A veces el agua se recogía a más de 15 km. Para aprovechar la pendiente natural de las colinas, el acueducto más largo debía seguir un trazado de 68 km, aunque la distancia en línea recta es solo de 21 km. Este sistema funcionó hasta 1922, fecha de la instalación de las primeras bombas eléctricas. En la actualidad, el visitante puede disfrutar de una vista general sobre las albercas y ver los vestigios de los acueductos y las conducciones subterráneas que las rodean.

La primera alberca tiene una longitud de 116 m, una anchura de 70-72 m, una profundidad de 6-12 m y una capacidad de 85.000 m^3. La central mide 129 m de largo, 70-76 m de ancho, 12 m de profundidad y tiene una capacidad de 90.000 m^3. La alberca inferior, construida en la época mameluca, es la de mayor tamaño y capacidad, con una longitud de 177 m, una anchura de 86-95 m, una profundidad de 15 m y una capacidad de 113.000 m^3.

VII.2.b Qal'at al-Birak

A 3 km al suroeste de Belén, en el lado este de la carretera que conduce a las Albercas de Salomón. Horario: a cualquier hora.

Para defender este sistema hidráulico complejo y vital, el sultán otomano 'Uzman II construyó una fortaleza en 1027/1617-1618, como indica una inscripción fundacional que se encuentra sobre el pórtico de la entrada, a la que

RECORRIDO VII *La ruta de la peregrinación entre Jerusalén y Hebrón*
Opción Paisajística

Qal'at al-Birak, fachada principal, albercas de Salomón.

fueron destinados cuarenta soldados pertrechados con cañones y municiones. Popularmente el lugar es conocido como Qal'at al-Birak ("la ciudadela de las piscinas") o Qal'at Murad ("la ciudadela [del sultán] Murad").

La ciudadela se encuentra a unos metros al norte de la primera alberca. Es un edificio rectangular (70 × 45 m) con una entrada principal en el centro del muro oeste y cuatro torres en las esquinas. En la parte superior de sus muros pueden observarse todavía las troneras. En los lados este y oeste hay una serie de habitaciones. En el exterior del ángulo suroeste había una pequeña mezquita, cuyo abastecimiento de agua procedía de un manantial que brotaba en el lado sur.

En 1998 el monumento fue rehabilitado y actualmente se está acondicionando para acoger un centro de artes y tradiciones populares de Palestina.

OPCIÓN PAISAJÍSTICA

Wadi Artas: un paisaje rural típico de Palestina

El paisaje palestino y, en particular, las zonas rurales montañosas presentan todas las características de una topografía típicamente mediterránea. En ellas podemos hallar indicios de una intensa explotación agrícola. Los diversos habitantes de esta zona, a lo largo de distintas épocas, reunieron en un único legado la armonía y la integración con la naturaleza y el entorno. Es fácil, entonces, comprender el amor con que el hombre ha cultivado la tierra. Wadi Artas es un buen ejemplo, que ofrece las condiciones naturales para una ocupación humana continua desde hace miles de años. Al este del valle, en la zona más escarpada y fértil, fluyen numerosas fuentes, mientras que en el lado norte del *wadi* se

Wadi Artas, vista general del valle.

RECORRIDO VII *La ruta de la peregrinación entre Jerusalén y Hebrón*
Halhul

Wadi Artas, monasterio, vista general.

Wadi Artas, inscripción en piedra de estilo mameluco (desplazada de su lugar de origen).

ha desarrollado el histórico pueblo de Artas. El valle es famoso por sus frutos tempranos y leguminosas de todas clases, que lo han transformado en el paraíso de las verduras frescas durante todo el año. Para enfrentar la progresión demográfica del pueblo, los habitantes han ido ocupando las dos vertientes del valle y han hecho cultivables sus laderas, transformándolas en terrazas escalonadas para evitar la erosión del suelo. Con las piedras recogidas en la limpieza de los campos, han construido muros de contención que se adaptan perfectamente a las curvas y declives del monte. Estas terrazas sembradas de almendros, cerezos y olivos han transformado las colinas en una maravilla siempre verde. Durante la primavera, las terrazas parecen un cuadro surrealista. Como en el resto de las zonas rurales montañosas de Palestina desde Galilea hasta Hebrón, los olivos pintan las cuatro estaciones del año de su hermoso color gris verdoso.

Quien contempla el este del valle, puede observar un mosaico de campos que no han cesado de ser divididos a lo largo de la historia de la región y que han dado lugar a una de las vistas más pintorescas, por la variedad de los cultivos y las parcelas.

VII.3 HALHUL

VII.3.a Mezquita Nabi Yunis

Halhul se encuentra a casi 32 km al sur de Jerusalén y a 5 km al norte de Hebrón.
Horario: todo el día, excepto a las horas de los rezos.

La mezquita, que también sirve de *maqam*, se encuentra en el centro de la ciudad y fue construida por al-Malik al-Muʿaddam ʿIsa, hijo del sultán ayyubí al-Malik al-ʿAdil en 623/1226. Los sultanes mamelucos también se interesaron por el mantenimiento de este *maqam* y lo visitaron durante sus venidas a Hebrón. Por ello, desde la época ayyubí el lugar alcanzó una fama sin igual como uno de los centros del sufismo. El *maqam* y la mezquita adyacente aparecen citados en la mayoría de los libros de los viajeros y de los sufíes que se dirigieron a la ciudad de Hebrón. En 1101/1689-1690 'Abd al-Gani al-Nabulsi escribió: "Seguimos hasta el pueblo de Halhul para visitar la tumba del profeta Yunis Ibn Matta; ¡que la paz sea con él! Allí vimos la mezquita y una cueva, y visitamos la tumba". Aunque en cada una de las ocho regiones que constituyen Palestina hay una tumba o un *maqam* de Nabi Yunis, el más famoso es el de Halhul.

Al *maqam* se accede a través de la puerta principal de la moderna mezquita de dos plantas construida recientemente detrás del emplazamiento del primer edificio ayyubí. Para ver los vestigios de la antigua mezquita, hay que dirigirse hacia la *qibla* y el centro de la construcción.

El antiguo *maqam* es un edificio de planta cuadrada rodeado, salvo por el lado norte, de pórticos, cada uno de los cuales está formado por tres grandes pilares, que soportan impresionantes bóvedas por arista de gran belleza y perfección. Bajo los pórticos aparecen unas elegantes ventanas que dan a la habitación funeraria conmemorativa, una estancia cuadrada rematada por una bóveda de cañón.

El cenotafio está cubierto por una tela verde, práctica común en la tradición islámica. Sobre la ventana situada al oeste de la cámara funeraria hay una vestidura con el nombre de Yunis bordado en hilo de seda, similar a las que encontramos en la mezquita al-Ibrahimi de Hebrón, y data, probablemente, del último período otomano (sin duda, del reinado del sultán 'Abd al-Hamid). La tumba propiamente dicha es una construcción de tipo conmemorativo y no está orientada hacia la *qibla*, como es costumbre en las tumbas islámicas, sino hacia el suroeste. La explicación de este hecho puede ser que el lugar se remonta a épocas preislámicas, como lo demuestra el descubrimiento de una serie de tumbas antiguas, realizado durante los trabajos de ampliación de la mezquita. La cámara funeraria está en una cavidad situada bajo el edificio. Es inaccesible y, por tanto, no se puede visitar. Para los habitantes del pueblo, este *maqam* es un lugar sagrado, donde se formulan votos, y también un verdadero centro religioso y popular.

Si dispone de tiempo, el visitante puede dirigirse unos 100 m hacia el sur de la mezquita y llegará al núcleo histórico del pueblo donde, agrupadas de una forma

Mezquita Nabi Yunis, interior, vista general, Halhul.

RECORRIDO VII *La ruta de la peregrinación entre Jerusalén y Hebrón*

Sa'ir

Mezquita Nabi al-'Is, interior, Sa'ir.

original, las casas abandonadas son uno de los más destacados testimonios de la arquitectura rural tradicional.

VII.4 SA'IR

VII.4.a Mezquita Nabi al-'Is

Sa'ir se encuentra a unos 7 km de Hebrón. Horario: durante el día, excepto a las horas de oración.

El pueblo de Sa'ir se levanta sobre una amplia superficie; para llegar a su mezquita hay que atravesar los barrios modernos del pueblo en dirección al centro, donde se encuentra la mezquita de Nabi al-'Is (Esaú), hermano de Jacob e hijo de Isaac, hijo este de Abraham.

Las fuentes históricas mencionan una mezquita construida en época mameluca para conmemorar al profeta, cuya figura ocupa un lugar importante en la tradición local de Hebrón. Las dos primeras generaciones de descendientes de Abraham fueron enterradas en Hebrón, pero el otro nieto, Esaú (al-'Is) fue sepultado en esta ciudad. No se sabe cuándo se construyó el *maqam*, aunque es prácticamente seguro que se trata de la primera mezquita levantada en Sa'ir, probablemente en la época temprana del Islam.

Recientemente se ha construido una gran mezquita moderna, para dar cabida a todos los fieles del pueblo, en el emplazamiento de la mezquita mameluca, de la cual solo se han conservado las dos fachadas sur y oeste. Pero estos restos carecen de interés al compararlos con la impresionante arquitectura de la época; entre las piedras, bastamente talladas, no hay ninguna de color ni rastro de decoraciones o inscripciones. El cenotafio y la cámara funeraria son de origen.

Al mausoleo se accede por una pequeña puerta abierta en el lado oeste de la primera planta de la mezquita. Se entra primero en una sala rectangular (de aproximadamente 20 × 7 m), formada por un pórtico con tres bóvedas por arista al norte de la cámara funeraria. En el interior de esta estancia hay un modesto *mihrab*, probablemente el original. La zona oeste de esta sala está parcialmente cerrada y proporciona a los sufíes la posibilidad de aislarse.

En esta sala se puede rezar y leer los versículos del Corán, mientras se observa el cenotafio a través de una ventana. También puede verse el mausoleo desde la mezquita que se eleva al este. Al centro de la cámara funeraria —rematada por una bóveda de cañón algo rebajada y de una longitud de casi 10 m— se encuentra el cenotafio, también cubierto con una tela de color verde.

EL SISTEMA DE ABASTECIMIENTO DE AGUA EN JERUSALÉN

Nazmi al-Ju'beh

Pobre en recursos hídricos naturales —la ciudad solo cuenta con un pequeño manantial—, Jerusalén sufre de una grave escasez de agua. Desde siempre, sus habitantes solían almacenar el agua de lluvia en pozos excavados en sus casas o en depósitos dispersos en distintos lugares de la ciudad. Sin embargo, estos esfuerzos no eran suficientes para hacer frente a la creciente demanda de agua, incrementada por la afluencia de visitantes y peregrinos a la ciudad.

La crisis se agravó durante la época romana, cuando las autoridades realizaron grandes esfuerzos para solucionar este problema. Situada a una altura superior a la de Jerusalén y dotada de abundantes fuentes, la zona de las albercas de Salomón constituía el lugar natural para el almacenamiento del agua y su fácil traslado a la ciudad.

Este enorme dispositivo constaba de decenas de canalizaciones que recogían el agua de lluvia y de los manantiales circundantes, la más alejada de las cuales se encontraba a 15 km. Cubiertas o al aire libre, las canalizaciones atravesaban las montañas por conductos subterráneos o salvaban las diferencias de nivel gracias a los acueductos, hasta llegar a Jerusalén, donde el agua desembocaba en los *sabil*s y depósitos tras un largo recorrido que podía alcanzar los 65 km. Desde los romanos y hasta los otomanos, los gobernantes del país se preocuparon por mantener este sistema de acueductos y depósitos; la última reconstrucción se realizó en 1318/1901. El visitante puede contemplar las tres albercas de Salomón y las decenas de acueductos que se encuentran a su alrededor, y seguir un tramo del acueducto otomano que, situado en las laderas de las colinas, une Jerusalén a Belén.

RECORRIDO VIII

Hebrón: la ciudad de Abraham

Nazmi al-Ju'beh

VIII.1 HEBRÓN
        VIII.1.a Mezquita al-Haram al-Ibrahimi
        VIII.1.b Mezquita al-Yawali
        VIII.1.c Zawiya al-Ya'abira
        VIII.1.d Zawiya al-Magariba y Tumba de José
        VIII.1.e Zawiya de Chayj 'Ali al-Bakka'
        VIII.1.f Hammam al-Jalil (Museo de Hebrón)

Los barrios antiguos
La producción de vidrio

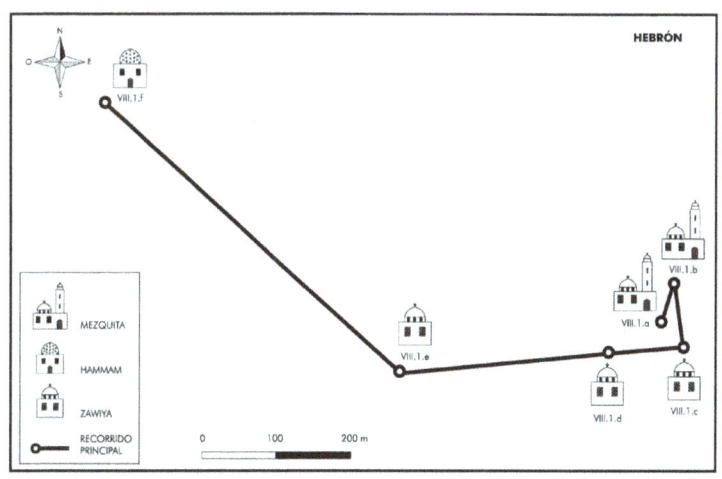

Zawiya de Chayj 'Ali al-Bakka', entrada principal y alminar, Hebrón.

RECORRIDO VIII *Hebrón: la ciudad de Abraham*

Hebrón está situada al sur de la cordillera montañosa central de Palestina, a 30 km al sur de Jerusalén y a una altura de 900-950 m sobre el nivel del mar. Una carretera une ambas ciudades, vía Belén, en unos 40 minutos, con un servicio de transporte rápido y bien organizado.

Hebrón, considerada una de las ciudades más antiguas, ha estado habitada ininterrumpidamente desde hace aproximadamente 3.500 años. La antigua población —cuyo origen se remonta a la época intermedia de la Edad del Bronce, hacia el 2000-1500 a. C.—, estaba situada al oeste de la ciudad actual, sobre la cima del monte al-Rumayda. Las murallas y las puertas de la antigua ciudad han sido descubiertas y han permitido conocer numerosos hallazgos arqueológicos y vestigios arquitectónicos que se remontan a distintas épocas hasta los omeyas (41/661-132/750).

El nombre árabe de la ciudad procede de "al-Jalil" (el bien amado de Dios), atribuido a Abraham, pues su tumba junto con las de su esposa, su hijo y Rebeca, la mujer de Isaac, se encuentran en el centro de la ciudad. La presencia de la tumba de Abraham —figura de gran importancia en el Islam—, ha hecho de Hebrón la cuarta ciudad santa islámica después de La Meca, Medina y Jerusalén, y la ha convertido en un lugar de peregrinación muy frecuentado por los musulmanes en las sucesivas épocas islámicas. Hebrón cobró gran importancia durante los ayyubíes y los mamelucos, cuando se estableció un estrecho vínculo con Jerusalén al crearse un importante cargo administrativo: el de custodio de los dos *harams* (santuarios sagrados) de Jerusalén y Hebrón, cargo que incluía también la gestión de sus respectivos *waqf*s. La estrecha relación de la ciudad con el Islam estimuló considerablemente la actividad constructora en la época mameluca y se edificaron decenas de establecimientos, en particular *zawiyas* sufíes, que se convirtieron en un signo distintivo de Hebrón; numerosas cofradías sufíes venían buscando la soledad a la sombra de la tumba de Abraham.

Parece ser que la tradición de Abraham, representada por su hospitalidad, ha tenido una gran influencia en el legado islámico de Hebrón. Desde la conquista musulmana de la ciudad, apareció un tipo de alojamiento llamado "Simat Ibrahim" donde, desde su llegada, los visitantes recibían comida y bebida gratuitas, y esta tradición, consolidada en la época mameluca, sigue siendo una de las características de la ciudad. Solo se vio interrumpida durante el período de los cruzados.

En la época mameluca, era práctica común que los sultanes se deshicieran de sus rivales desterrándolos a lugares muy distantes de la capital, centro del poder político. Numerosos *emires* mamelucos fueron alejados así de El Cairo y establecidos en Jerusalén y Hebrón. En esta última ciudad, aprovecharon el clima intelectual y contribuyeron al desarrollo de las instituciones científicas, religiosas y sufíes, a favor de las cuales instituyeron numerosos *waqf*s.

En la actualidad, la ciudad de Hebrón, donde predomina la arquitectura mameluca, es una de las pocas poblaciones islámicas que han conservado su carácter original. Los viejos barrios, la trama

RECORRIDO VIII *Hebrón: la ciudad de Abraham*

Vista general de la ciudad, Hebrón, litografía, D. Roberts (© Museo Victoria y Albert, Londres).

urbana, los edificios, los zocos y los modos de vida tradicionales siguen reflejando el espíritu original de la ciudad islámica. Recientemente, una amplia campaña nacional de restauración y rehabilitación del casco histórico ha contribuido a darle un esplendor renovado, al conferirle una dimensión mayor en el patrimonio arquitectónico islámico de Palestina.

En este recorrido visitaremos al-Haram al-Ibrahimi; considerado el monumento más antiguo de Palestina, ha mantenido su actividad hasta nuestros días, a pesar de los cambios religiosos que se han producido en los dos últimos milenios. Debido a su prestigio en Hebrón, en él se encuentran las tumbas de los profetas. La intensa actividad de los sufíes, que se congregaban junto a la tumba de Abraham, fue el origen de la aparición de gran número de *zawiya*s en todos los rincones de la ciudad, y de tumbas de *chayj*s y musulmanes píos. Por esta razón, en el

RECORRIDO VIII   *Hebrón: la ciudad de Abraham*

Hebrón

Mezquita al-Haram al-Ibrahimi, vista aérea (Tumba de los patriarcas), Hebrón (© Sonia Halliday Photographs).

recorrido se incluye la visita de tres *zawiya*s y del mayor *hammam* de la ciudad, que ahora alberga el museo de Historia y del Patrimonio de Hebrón. Desde la primera "ventana" nos asomaremos a los barrios de la ciudad, a su historia, su composición religiosa y étnica, y a los rasgos distintivos de su arquitectura. La segunda "ventana" nos permitirá conocer la célebre artesanía del vidrio en Hebrón. Durante el desplazamiento hasta los distintos monumentos, el visitante tendrá ocasión de pasear por la ciudad antigua y sus zocos, y de descubrir los rasgos arquitectónicos, así como algunas de sus características socioeconómicas.

VIII.1 **HEBRÓN**

VIII.1.a **Mezquita al-Haram al-Ibrahimi**

En el límite suroeste de la ciudad antigua.
Horario: de 8 a 15 todos los días, excepto los viernes y durante las oraciones de la tarde. Hay numerosas plazas de estacionamiento.
Entrada gratuita. Controles de seguridad muy estrictos. Es obligatorio vestir decorosamente.

Este recorrido comienza en al-Haram al-Ibrahimi (el santuario de Abraham), cuya enorme silueta con sus dos alminares

RECORRIDO VIII   *Hebrón: la ciudad de Abraham*
Hebrón

domina la ciudad. La historia de este edificio abarca un período que comienza en la época romana (h. 20 a. C.) y llega hasta finales de la época otomana (1336/1917). Al-Haram al-Ibrahimi es el cuarto de los Santos Lugares del Islam y el segundo de Palestina, tras la mezquita al-Aqsa. El carácter sacro del lugar se ha mantenido gracias a que, desde los primeros tiempos del Islam y hasta la actualidad, las tumbas de los profetas han sido muy visitadas por los peregrinos, con el fin de obtener su bendición.

El edificio consta de un muro exterior construido con enormes bloques de piedra hermosamente pulidos, de más de 10 m de longitud cada uno. Este enorme recinto fue levantado durante la época romana para proteger las tumbas de los profetas. A principios del siglo II/VIII, los omeyas construyeron una mezquita en el interior de este recinto, pero los cruzados la destruyeron en 492/1098-1099, y en su lugar construyeron una iglesia de estilo gótico, cuya planta general todavía se conserva. En 583/1187, cuando Saladino recuperó Hebrón, transformó la iglesia en mezquita, añadiendo simplemente un *mihrab* que aún se conserva. El *mimbar* de madera, a la derecha del *mihrab*, se remonta a la época fatimí; fue mandado construir por el *emir* Badr al-Yamali, jefe del ejército fatimí, en 484/1091-1092. Saladino había traído desde Ascalón este púlpito suntuosamente esculpido e incrustado de lapislázuli, uno de los más antiguos *mimbar*s que se conservan en buen estado.

Los mamelucos realizaron una serie de intervenciones arquitectónicas en este edificio, que se iniciaron con una restauración general en 667/1268. Asimismo, en 733/1332-1333, el *emir* Tankiz, delegado del sultán en Siria (véase III.1.f), llevó a cabo otros trabajos y ordenó revestir las paredes con mármol de colores, de gusto típicamente mameluco. Al-Nasir

Mezquita al-Haram al-Ibrahimi, vista general, Hebrón.

Mezquita al-Haram al-Ibrahimi, mihrab, Hebrón.

RECORRIDO VIII *Hebrón: la ciudad de Abraham*

Hebrón

Mezquita al-Haram al-Ibrahimi, alminar, Hebrón.

796/1393-1394, Chihab al-Din al-Yagmuri, custodio de los Santos Lugares de Jerusalén y Hebrón, y representante del sultán, añadió un pórtico a lo largo del muro oeste de la parte cubierta, conocido actualmente como Yami' al-Nisa' (la mezquita de las Mujeres). Entre los añadidos más destacables se encuentra la tribuna para los funcionarios religiosos (*dikkat al-muballig*) al sur, paralela al *mihrab*. Construida en 732/1332, se distingue por sus columnas y diferentes capiteles de mármol. Los mamelucos agregaron los cenotafios de los seis mausoleos, un ejemplo perfecto de la habilidad de sus artesanos y, sobre todo, de su destacable maestría en los trabajos de hierro forjado.

Al norte del patio de la mezquita, una de las habitaciones también debidas a los mamelucos alberga la biblioteca; algunos de los manuscritos conservados en ella datan de esta época. Sobre la fachada este de la mezquita, se puede contemplar una espléndida caligrafía dorada. También son de aquella época las piedras de colores intercaladas según la técnica *ablaq*. En los ángulos sureste y noroeste del recinto, dos alminares cuadrados de estilo mameluco se elevan a una altura de 15 m.

Nasir al-Din Muhammad, que gobernó en dos períodos, reconstruyó la ciudadela situada en el muro oeste de la mezquita y la transformó en una *madrasa* que lleva su nombre; durante la campaña militar de Ibrahim Pacha en Palestina (1246/1831-1256/1840) fue destruida y de ella tan solo se han conservado el muro norte y la torre. Se dice que el sultán Barquq (784/1382-801/1399) construyó el *mihrab* situado a la derecha de la zona cubierta. En

VIII.1.b Mezquita al-Yawali

Horario: desde el amanecer hasta las 15. Está cerrada el viernes y durante las oraciones de la tarde.
Entrada gratuita. Controles de seguridad muy estrictos. Es obligatorio vestir decorosamente.

La mezquita al-Yawali tiene un pasillo en común con al-Haram al-Ibrahimi, al que

RECORRIDO VIII   *Hebrón: la ciudad de Abraham*
Hebrón

Mezquita al-Yawali, cúpula, Hebrón.   *Mezquita al-Yawali, mihrab, Hebrón.*

está integrada. Desde el exterior, resulta difícil distinguir sus propios muros de los de al-Haram. Su pared oeste constituye el muro este del recinto de al-Haram, y su pared este, tallada en la roca, no puede verse desde el exterior. Lo mismo ocurre con los muros norte y sur, también construidos en la roca.

La mezquita fue edificada en 720/1320 por el *emir* 'Alam al-Din Sanyar al-Yawali, custodio (*nadir*) de los *haram*s de Jerusalén y de Hebrón. Se accede por el pórtico sureste, que conduce a una gran sala por un doble portal de mármol. La segunda puerta, coronada por una inscripción con el nombre del fundador y la fecha de construcción del edificio, comunica con la mezquita. En las fachadas de ambas puertas hay placas de mármol con bandas de inscripciones coránicas. El segundo acceso a la mezquita al-Yawali se realiza por la puerta situada al noroeste de al-Haram al-Ibrahimi.

La mezquita consta de tres naves con bóvedas por arista que se apoyan en enormes pilares de piedra. En el centro de la mezquita hay una elegante cúpula de piedra, cuyas pechinas están decoradas con *muqarnas*. En el tambor de la cúpula se abre una serie de ventanas y en el eje de la *qibla* se sitúa un *mihrab* tallado en la roca y revestido de mármol de colores. La mezquita se eleva por encima del nivel del pasillo que conduce a al-Haram al-Ibrahimi, especialmente por el lado este. Posteriormente, para separar la sección de las mujeres de la de los hombres, se procedió a elevar el lado norte (el posterior) de la mezquita una altura de tres escalones.

RECORRIDO VIII   *Hebrón: la ciudad de Abraham*

Hebrón

Zawiya al-Yaʿabira, fachada principal, Hebrón.

VIII.1.c **Zawiya al-Yaʿabira**

A 20 m al sur de al-Haram al-Ibrahimi. Puede visitarse con autorización previa del chayj de la zawiya.

La *zawiya* al-Yaʿabira es un eslabón de una larga cadena de *zawiya*s construidas en Hebrón durante la época mameluca. La familia al-Yaʿbari es originaria de Qalʿat Yaʿbar, una ciudadela a orillas del Éufrates, en Siria. El fundador del linaje, Ibrahim Ibn ʿUmar al-Yaʿbari (m. 732/1332) se trasladó a la ciudad de Hebrón a finales del siglo VII/XIII, tras ser nombrado *chayj* de al-Haram al-Ibrahimi.

Numerosos descendientes de la familia fueron hombres de leyes o religiosos, y algunos figuran en las fuentes históricas. La *zawiya* desempeñó un papel muy activo en el movimiento sufí de Hebrón y los propios Yaʿbari dirigieron una cofradía. Hasta hace relativamente poco tiempo se mantuvo activa y todavía se conservan en ella los estandartes e instrumentos, como tambores y vasos, que empleaban los *derviches* en sus celebraciones u oraciones especiales. Aunque se desconocen la fecha de construcción de esta *zawiya* y el nombre de su constructor, por su estilo arquitectónico puede situarse hacia finales del período mameluco.

El edificio consta de una sola planta de gran altura que se alza sobre una parcela muy estrecha, ya que no había mucho terreno disponible cerca de al-Haram al-Ibrahimi. La fachada oeste consta de los elementos propios de los *haram*s de la época mameluca, con alternancia de piedras en tonos crema y rojo en toda la altura del edificio; en la parte superior de la fachada aparecen pequeños *muqarnas* poco profundos y escalonados; una ornamentación típica de la última etapa mameluca pero que puede corresponder a principios de la otomana. Sobre la entrada hay una inscripción, cuyos caracteres fueron borrados por el paso del tiempo.

Al edificio se accede a través de un portalón que conduce a un pequeño vestíbulo cuadrado, donde otra puerta conduce al muro sur de la *zawiya*. La estructura está compuesta por una amplia sala rectangular dividida en dos pequeñas estancias —oeste y este— por un arco apuntado. La primera sala está cubierta por una bóveda por arista rematada por una cúpula rebajada y decorada con motivos geométricos y vegetales. En esta habitación, dos escalones conducen a la segunda estancia abovedada, cuyo suelo está pavimentado con baldosas de piedra que podrían datar de la época de su fundación.

VIII.1.d Zawiya al-Magariba y Tumba de José

Al oeste de al-Haram al-Ibrahimi. Visita previa autorización del Ministerio de los Waqfs y Asuntos Religiosos.

Conocida también con el nombre de *zawiyat* al-Achraf, se encuentra a la izquierda del portalón principal de acceso a al-Haram que conduce a la ciudad antigua y a los zocos. Según la fecha que figura en una de las tumbas, fue probablemente construida en 652/1254-1255, a principios de la época mameluca. Sin embargo el nombre de su fundador es desconocido. Debe recordarse que la comunidad de los Magariba (magrebíes), originaria del norte de África y de al-Andalus, desde el siglo VI/XIII formaba parte de la población de Hebrón. Al parecer, la *zawiya* al-Magariba fue construida para albergar a los peregrinos magrebíes que venían a Hebrón para visitar las tumbas de los profetas. Probablemente el constructor de la *zawiya* fuese el *chayj* Muhammad Ibn 'Abd Allah al-Husayni al-Saqawati (m. 652/1254). En 795/1392-1393, los Magariba construyeron otra *zawiya* en Hebrón, llamada de 'Umar al-Muyarrad en alusión a su constructor. Sus descendientes, miembros de la familia al-Charif, aún viven en Hebrón.

A la *zawiya* se accede por un portalón situado en el muro este, cuya reciente reconstrucción ha alterado definitivamente la fisonomía original de la antigua fachada y no se conserva ningún documento que nos informe al respecto. A través de unos escalones, se llega a un patio que da acceso al lado sur de la *zawiya* y al cenotafio del lado oeste.

La *zawiya* consta de una sala de oración y una amplia cámara funeraria cuadrada, cubierta por una bóveda por arista. La cámara está ocupada por tumbas pertenecientes a la familia al-Charif, cuyos miembros se cree que fueron adeptos de la cofradía sufí de los Jalwati Rahmani, dirigida por la misma familia al-Charif y que atrajo a un gran número de seguidores en Hebrón. Por otra parte, la cofradía sigue practicando sus ritos sufíes en el lugar histórico de la *zawiya*. La

Zawiya al-Magariba, entrada, Hebrón.

RECORRIDO VIII   *Hebrón: la ciudad de Abraham*
Hebrón

Zawiya de Chayj 'Ali al-Bakka', entrada principal y alminar, Hebrón.

que conducen a una cámara funeraria cubierta por una bóveda de cañón; en el ángulo sur se encuentra la tumba, que no se sabe exactamente a quién pertenece: puede tratarse de la tumba de José o de un simple mausoleo conmemorativo erigido en su honor. Por su parte, los judíos creen que se trata de la tumba de Avner hijo de Ner.

VIII.1.e Zawiya de Chayj 'Ali al-Bakka'

Al noroeste de la ciudad, en el barrio 'Ali al-Bakka'.
Horario: durante el día, excepto en horas de oración.

Esta *zawiya*, situada en la zona noroeste de Hebrón, ejerció una atracción considerable en la época mameluca, cuando mucha gente venía a instalarse en sus proximidades, atraída por los servicios que ofrecía. Numerosos adeptos de la cofradía del *chayj* se establecieron en la zona adyacente. Así que, poco a poco, se formó un barrio que lleva el nombre del fundador de la *zawiya*. Posteriormente, el nombre se redujo a "barrio del *Chayj*", y finalmente pasó a integrar la trama urbana de la ciudad. Esta *zawiya* es una de las más famosas de la ciudad de Hebrón y de las más importantes en la historia del movimiento sufí; fue destinataria de generosos *waqfs*, y muchos *chayjs* de Hebrón, la mayoría pertenecientes a la familia al-Ya'bari y emparentados con *chayj* al-Bakka', le dedicaron los mayores cuidados. La *zawiya* se atribuye al famoso sufí *chayj* 'Ali al-Bakka', venido de Iraq y conocido por no poder contener su llanto cuando imploraba el nombre de Dios. De ahí su

gran cantidad de tumbas que hay en esta estancia es un indicio de la importancia que se concedía al hecho de ser enterrado junto al fundador, el *chayj* 'Abd Allah al-Saqawati. La sala de oración es rectangular y está cubierta por una bóveda por arista. En el muro de la *qibla* hay un *mihrab* sencillo. En esta sala aún se realizan las reuniones de la cofradía sufí y de la familia al-Charif. La tumba de José se encuentra debajo del patio, a la que se llega por unos escalones

apelativo al-Bakka' (el lloroso). Particularmente interesado en el sufismo, como todos los mamelucos, el sultán Baybars ordenó la construcción, en 668/1269, de un complejo arquitectónico en honor del *chayj* 'Ali al-Bakka', que consta de una mezquita, un mausoleo, una tumba, un cementerio, un jardín, tres estancias, tres sótanos, un horno, una tienda y dos grandes salas.

En el siglo XX se hicieron muchas reformas que han alterado la mayoría de sus elementos arquitectónicos originales, aunque todavía conserva el más hermoso alminar mameluco de la ciudad, construido por el *emir* Sayf al-Din Salar, por orden del sultán Muhammad Ibn Qalawun en 702/1302-1303. De fuste hexagonal, se eleva sobre una base cuadrada donde una puerta conduce al patio interior. La parte superior de la entrada está decorada por hermosos *muqarnas*. Una inscripción conmemorativa rodea la base, y en el techo de la entrada aparece la firma del arquitecto, Sulayman. El alminar presenta todas las características de la arquitectura y la decoración mamelucas: *muqarnas*, *ablaq*, inscripciones, decoración en piedra esculpida, rosetones de lacería, entre otros detalles.

En 1978 se levantó la nueva mezquita sobre las ruinas del edificio mameluco. Se reconstruyó la estancia de la tumba del *chayj* y se añadió una sala donde se estudian los *hadiz*.

VIII.1.f Hammam al-Jalil (Museo de Hebrón)

Situado en al-Dariya, el barrio más antiguo de Hebrón. Tras dejar la explanada de al-Haram al-Ibrahimi, entrar en el zoco de la ciudad antigua por la puerta situada enfrente y, después de unos 250 m, girar a la izquierda. Horario: de 6 a 14.

Hasta el *hammam* conduce una callejuela estrecha y sinuosa, cubierta por un techo abovedado construido en el siglo II/VIII, que forma el actual zoco de al-Dariya. En esa época comienza a desarrollarse la idea del *haram*, mientras la ciudad empieza a expandirse alrededor de las tumbas de los Profetas, lejos de su emplazamiento

Zawiya de Chayj 'Ali al-Bakka', entrada principal, Hebrón.

Hebrón

Hammam al-Jalil, entrada, Hebrón.

se encuentran inscripciones en piedra, monedas, objetos de vidrio y piedra, manuscritos y motivos decorativos realizados en mármol de distintas épocas, en particular del período mameluco.

La fachada del *hammam*, que refleja el estilo arquitectónico del edificio, es relativamente pequeña, debido a la falta de espacio urbano. En su centro tiene una entrada rectangular flanqueada por dos *mastabas* laterales. Construida en el estilo *ablaq*, con hileras de piedra alternadas de color amarillo, rojo y negro, es una fachada de composición sencilla y exenta de decoración.

El *hammam* consta de dos salas principales: un vestuario exterior y una sala caliente interior. La estancia exterior, cuadrada, está cubierta por una bóveda por arista, en cuyo centro aparece una linterna poligonal; cada uno de sus cuatro lados presenta un nicho coronado por un arco apuntado. El conjunto proporciona a la sala una atmósfera particularmente armoniosa. Como en los otros *hammams*, largas tarimas cubiertas de cojines rodean la sala, donde los visitantes descansan, degustan el té, fuman el narguile o charlan. En el centro hay una encantadora fuente de mármol. A través de un pasillo estrecho y de poca altura se entra a la sala interior octogonal (la sala caliente), cubierta por una cúpula rebajada, con varias aberturas de ventilación cerradas por vidrios de colores para la iluminación; las pechinas están decoradas con *muqarnas*. La estancia tiene cuatro alcobas coronadas por arcos apuntados cuyo uso era el de salas de baño separadas; el suelo embaldosado se caldea con el agua caliente que circula debajo. El edificio cuenta con otras dependencias de servicio.

original en el monte al-Rumayda. El *hammam* está a unos 150 m del zoco, al noroeste de la mezquita al-Ibrahimi.

A pesar de que se desconocen la fecha de construcción y el fundador del *hammam*, por su estilo arquitectónico puede situarse a finales de la época mameluca. En la actualidad, se utiliza como museo de Historia de la Ciudad, que exhibe sobriamente una serie de piezas, entre las que

RECORRIDO VIII   *Hebrón: la ciudad de Abraham*
Hebrón

Hammam al-Jalil, sala de recepción con la fuente central, Hebrón.

LOS BARRIOS ANTIGUOS

Nazmi al-Ju'beh

Los barrios antiguos, Mezquita Ibn 'Uzman, Hebrón.

Había tres tipos de barrios. El primero agrupaba las comunidades religiosas: la judería y el barrio cristiano (que dejó de existir en el siglo X/XVI, para convertirse en parte del barrio al-Dariya). El segundo incluía minorías étnicas, como los kurdos, los ya'baris (de la ciudadela de Ya'bar sobre el Éufrates), el barrio del *Chayj*, el barrio Tamima o Dariya (el barrio más antiguo de origen árabe). Finalmente, el tercer tipo reunía los barrios por corporaciones, como al-Qazzazin (el barrio de los vidrieros) y al-'Aqaba (el barrio de los artesanos del cuero).

Esta división conllevó ciertos enfrentamientos locales entre las distintas comunidades que pretendían hacerse con el poder político y religioso. Así ocurrió en la época mameluca, cuando un violento litigio enfrentó a los kurdos con los dariya, y con sus aliados árabes y beduinos. Los combates fueron tan violentos que el sultán en persona tuvo que desplazarse desde El Cairo para poner fin a este conflicto.

Bordeada al sur y al este por el desierto habitado por los beduinos, la ciudad tuvo que protegerse de sus continuos ataques. Hebrón no estaba fortificada, así que las casas fueron imbricadas unas en otras sobre dos niveles o incluso más, a lo largo del perímetro exterior. Salvo las altas ventanas (generalmente en el segundo piso) y algunas puertas seguras y fuertemente controladas, se limitó el número de aberturas hacia el exterior. Cada barrio tenía su propia puerta que comunicaba con el exterior, sin necesidad de atravesar otras partes de la ciudad.

Además, los barrios también se fortificaron para hacer frente a los ataques de los barrios vecinos; cada uno tenía sus pro-

Los barrios de la ciudad antigua de Hebrón son de los pocos que aún conservan, en el mundo islámico, la huella del período mameluco. Algunos se remontan a los cruzados o a los ayyubíes, pero la mayoría se desarrolló en la época mameluca. Puede decirse que la trama urbana de la ciudad es mameluca, aunque también presenta algunas características locales. Las descripciones de la ciudad a finales del período mameluco coinciden en gran medida con la realidad que encontramos hoy en día.

pias entradas y puertas, que hasta principios del siglo XX se cerraban por la noche. A pesar de la relativa armonía interna, cada barrio estaba dividido en unidades arquitectónicas independientes, adaptadas a la estructura de sus familias extendidas. En cada barrio vivía un grupo de familias aliadas; cada una ocupaba una zona fortificada que protegía, tanto por razones de seguridad como sociales. En cada unidad encontramos un patio interior donde las familias celebraban en privado sus fiestas y ceremonias. Cada unidad familiar se llama *hawch* y constituye un complejo arquitectónico donde hay un gran número de dependencias más pequeñas (apartamentos) para los hijos de la familia. El complejo se ampliaba a medida que aumentaba la familia. Una sola familia podía tener más de un *hawch* para dar cabida a cada una de sus distintas ramas.

Al pasear por estos barrios, el visitante podrá percibir claramente este sistema de organización, que conserva sus características arquitectónicas tal y como eran durante las épocas mameluca y otomana, aunque el tejido social haya cambiado.

LA PRODUCCIÓN DE VIDRIO

Nazmi al-Ju'beh

Antes de visitar la ciudad se aconseja visitar la fábrica de vidrio, que se encuentra en las afueras de la ciudad, en la carretera Hebrón-Halhul.
Horario: de 8 a 22.

Los viajeros de la época mameluca nos informan de que las caravanas cargadas de vidrio de Hebrón pasaban por la ruta de El Cairo y de que otras se dirigían al este de Jordania. No se conoce con precisión el origen de la industria del vidrio ni cómo llegó esta técnica a Hebrón. Sin embargo, se sabe que desde el siglo VII/XIII la economía de la ciudad dependía en gran medida de la industria del vidrio y de sus famosos viñedos. El vidrio se exportaba a Egipto y Siria, y sobre todo al este de Jordania. Los comerciantes de Hebrón abrieron en El Cairo y en al-Karak (Jordania) sus propios centros para comercializar su producción a gran escala.

Aunque no existen estadísticas oficiales sobre el número de fábricas de vidrio y el volumen de la producción en la época mameluca, se supone que las fábricas eran muy numerosas y que su producción era considerable. Por ejemplo, a pesar de la recesión que afectó a Hebrón en 1222/1808, el número de talleres era de 26. Producían diferentes objetos de uso doméstico, además de grandes cantidades de alhajas como pulseras, anillos y pendientes, muy preciados en toda la región. En la actualidad, solo tres fábricas siguen produciendo vidrio con la técnica tradicional del soplado y empleando las mismas herramientas de trabajo. El horno está construido con terracota y barro, pero ha cambiado el combustible empleado, pues la leña ha sido sustituida por el petróleo. En cuanto a la materia prima, ya no está constituida por arena y otras sustancias traídas de la región de Neguev, al sur de Palestina. En la actualidad, el proceso de fabricación recurre al reciclado; el vidrio se funde antes de ser remodelado.

Por lo que se refiere al tipo de objetos fabricados, podemos decir que la popularidad de las joyas de vidrio ha sufrido un retroceso, mientras la demanda de utensilios de uso doméstico y de *souvenirs* se ha incrementado. Los colores utilizados van del azul oscuro al turquesa, el marrón, el azul celeste, el color miel y el verde, colores similares a los que encontramos en las piezas mamelucas expuestas en los museos. Y se vuelve a realzar estos colores con esmalte policromo y dorados, exactamente igual que en los objetos de vidrio de la época mameluca.

La producción de la cerámica (loza esmaltada) es otra industria que mantiene su vigencia. Esta tradición particular, que se ha desarrollado en Palestina en el siglo XIX, sigue siendo objeto de gran demanda, sobre todo en el sector turístico. Los motivos, realizados según el sistema armenio, representan temas decorativos palestinos, como escenas y sitios religiosos, pero también retoman la decoración antigua.

La producción de vidrio, obrero trabajando en el horno.

La producción de vidrio, soplado del vidrio.

RECORRIDO IX

Gaza: la puerta de África

Mu'en Sadeq

IX.1 GAZA
        IX.1.a Mezquita 'Ali Ibn Marwan
        IX.1.b Zawiya al-Ahmadiyya
        IX.1.c Mezquita Mayor al-'Umari
        IX.1.d Hammam al-Samara
        IX.1.e Mezquita de Katib al-Wilaya
        IX.1.f Madrasa del Emir Bardabak (Mezquita al-Mahkama)
        IX.1.g Mezquita Chihab al-Din Ibn 'Uzman

IX.2 JAN YUNIS
        IX.2.a Jan del Emir Yunis al-Nawruzi

La producción de alfarería
La industria textil tradicional

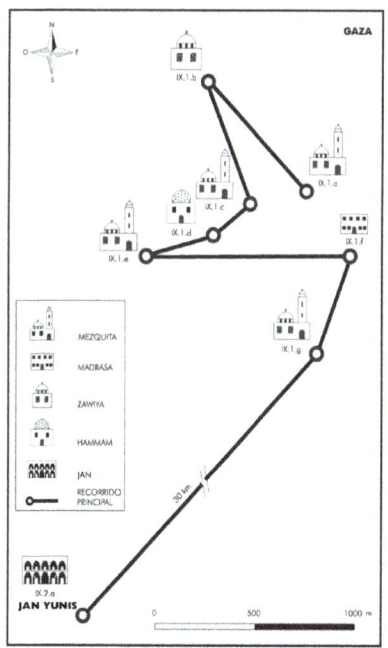

Madrasa del Emir Bardabak, alminar, detalle del fuste, Gaza.

RECORRIDO IX *Gaza: la puerta de África*
Gaza

*Gaza, 1843,
litografía, D. Roberts
(© The Art Archive).*

IX.I GAZA

La ciudad de Gaza se beneficia de una situación estratégica excepcional desde la noche de los tiempos. Ubicada sobre las principales vías militares y comerciales del mundo antiguo, punto de enlace entre Egipto y Siria, fue codiciada por numerosos reyes egipcios que aspiraban a conquistarla para asegurarse el control de las rutas comerciales y, en consecuencia, de toda la región. Los asirios y otros pueblos del Oriente Próximo reunieron sus tropas en Gaza antes de invadir Egipto. La ciudad se convirtió en una puerta de África y un punto de pasaje hacia Asia.

Aunque la ciudad de Gaza siempre estuvo lejos de las capitales de los sucesivos Estados islámicos, su privilegiada situación contribuyó a convertirla en un centro de estudios islámicos de gran prestigio. Allí nació el *imam* al-Chafi'i (150/767-204/820), el eminente fundador del *madhhab chafi'i*.

Numerosos geógrafos e historiadores árabes se hicieron eco de la importancia de Gaza como centro agrícola y comercial durante la época fatimí (358/969-492/1099). Los geógrafos describieron Gaza como una ciudad importante que se

RECORRIDO IX *Gaza: la puerta de África*
Gaza

extendía hasta el desierto. Evocaban su sólida Mezquita Mayor y destacaban que, rodeada por huertos y viñedos, se encontraba a 2 km del mar. Su antiguo puerto romano, Maiumas, se mantuvo próspero hasta la época bizantina.

Los cruzados ocuparon Gaza medio siglo después de haber conquistado Jerusalén, y reconstruyeron las zonas que habían sido destruidas por la guerra. Pero la victoria de Saladino en la batalla de Hattin en 583/1187 puso fin a su dominio sobre toda Palestina, incluida Gaza. En 691/1291, el sultán al-Malik al-Achraf la transformó en una provincia independiente (*niyaba*) dirigida por un vice-sultán.

Durante la época mameluca (648/1250-922/1517), Gaza se convirtió en la principal ciudad de la región y disfrutó de un período de paz. Se construyeron numerosos establecimientos como mezquitas, *madrasa*s, *zawiya*s, hospitales, *jan*s y zocos, algunos de los cuales se han conservado hasta nuestros días.

Este recorrido pretende sacar a luz la historia de algunos de los más celebres edificios islámicos de la ciudad y explicar sus funciones en las sucesivas épocas islámicas. Consta de ocho monumentos y dos "ventanas": la primera trata de la industria de la alfarería y la segunda de la confección de textiles tradicionales en la región. El recorrido incluye cuatro mezquitas (la mezquita 'Ali Ibn Marwan, la Mezquita Mayor al-'Umari, las mezquitas de Katib al-Wilaya y Chihab al-Din Ibn 'Uzman), la *zawiya* sufí al-Ahmadiyya, el *hammam* al-Samara, la *madrasa* del *emir* Bardabak al-Dawadar (mezquita al-Mahkama) y el *jan* del *emir* Yunis al-Nawruzi.

Gaza, vista aérea desde el alminar de la Mezquita Mayor al-'Umari (© M. Hamilton Burgoyne).

219

RECORRIDO IX *Gaza: la puerta de África*

Gaza

Mezquita 'Ali Ibn Marwan, mihrab y mimbar, Gaza.

IX.1.a Mezquita 'Ali Ibn Marwan

En el barrio de al-Tuffah, en la calle de Jaffa, poco antes de llegar a la ciudad antigua.
Horario: durante el día, excepto en horas de oración.

La mezquita se atribuye al *chayj* 'Ali Ibn Marwan, una de las personalidades musulmanas de Gaza en la época mameluca. Murió en 715/1316, y fue enterrado en una estancia cubierta por una cúpula, situada junto a la mezquita. En la actualidad, esta sepultura forma parte del cementerio histórico conocido como "el cementerio de Ibn Marwan".
Se desconoce la fecha exacta de construcción de la mezquita, pero es probable que ya existiese a principios del siglo VIII/XIV: algunas fuentes históricas la mencionan como un edificio que fue restaurado y ampliado en 772/1370-1371 por Muhammad Ibn Buktumur, quien hizo agrandar los *iwans* de la sala de oración, renovar el alminar y construir seis tien-

das, cuyos beneficios se asignaban a los salarios del muecín y del *imam* de la mezquita, y cubrían también los gastos de mantenimiento del mausoleo. En 1217/1802-1803, el *emir* Yahya, gobernador de Gaza, restauró ciertas partes de la mezquita y abrió una entrada en el muro oeste de la sala de oración.
La mezquita consta de una sala de oración de 200 m², dividida en tres naves mediante columnas de mármol con capiteles corintios procedentes de otros edificios. Cada una incluye tres partes, cubiertas por cúpulas rebajadas. A la derecha del *mihrab* se encuentra un *mimbar* de mármol construido por el *emir* Chamsi Safar, que desempeñaba la ocupación de chambelán en el siglo VIII/XIV. El *mimbar*, de la época mameluca, es uno de los más hermosos de la ciudad y se caracteriza por la riqueza de sus *arabescos* y motivos geométricos. Su cúpula es una de las más destacadas de la época mameluca, por su decoración exterior con motivos geométricos y vegetales. El alminar, restaurado en 772/1370-1371, se eleva a 11,60 m sobre una base cuadrada, al sur de la fachada de la mezquita. Su fuste es octogonal y en él se insertan unos nichos con numerosos arcos decorados con esculturas de motivos geométricos y vegetales. El balcón del alminar también es octogonal y se apoya en consolas de piedra. A 10 m al suroeste de la actual mezquita se encuentra el mausoleo, que consiste en una estructura cuadrada cubierta

Mezquita 'Ali Ibn Marwan, inscripción fundacional, Gaza.

Zawiya al-Ahmadiyya, fachada principal, Gaza.

Zawiya al-Ahmadiyya, interior, Gaza.

por una cúpula. Al sureste se encuentra la tumba del *chayj* 'Ali, que no tiene lápida. La planta cuadrada de la estancia adquiere un aspecto circular debido a los triángulos esféricos situados en sus ángulos.

IX.1.b Zawiya al-Ahmadiyya

En el barrio de al-Darch, calle al-Wahda, al sur del palacio del Pacha.
Horarios: durante el día, excepto a las horas de oración

Esta *zawiya* se atribuye al *chayj* Ahmad Ibn Ibrahim Ibn Muhammad Ibn Bakr, llamado al-Badawi (m. 675 / 1276), uno de los sufíes más famosos de su época. Vivió en la ciudad egipcia de Tanta y tuvo muchos seguidores en la región y fuera de ella. La inscripción fundacional situada sobre la puerta de entrada indica que el *emir* Tarantay al-Yukandar, *wali* de Gaza, hizo construir la *zawiya* en 731 / 1330-1331, bajo el reinado del *emir* Tankiz al-Nasiri. La *zawiya* se compone de dos partes principales: la sala de oración y el ala residencial. La sala de oración, de planta cuadrada con 8,5 m de lado, ocupa el ala sur del edificio. Está cubierta por una cúpula de piedra que se apoya en un tambor poligonal con numerosas ventanas para la ventilación. El *mihrab* es de estilo mameluco. El ala reservada a los residentes está compuesta por un gran patio interior cuadrado, cubierto por una bóveda por arista. En el centro se encuentra una fuente de abluciones de forma octogonal, alimentada por las aguas de un arroyo próximo, que también suministraba el agua destinada al sistema para refrescar el aire. El

RECORRIDO IX   *Gaza: la puerta de África*

Gaza

Mezquita Mayor al-'Umari, vista general del patio, Gaza.

lado oeste de la estancia da al patio delantero a través de dos arcos apuntados. Tres *iwans* abovedados rodean el patio y dan al recinto exterior mediante una ventana abovedada geminada.

IX.1.c **Mezquita Mayor al-'Umari**

En el barrio de al-Darch, en el centro de la ciudad antigua.
Horarios: todo el día, excepto en horas de oración.

La Mezquita Mayor al-'Umari (66,5 × 65,5 m) es un edificio heteróclito, resultado de sucesivas etapas arquitectónicas, entre las que destaca la época mameluca. Durante la Primera Guerra Mundial buena parte de la mezquita fue destruida, pero el Consejo Islámico Supremo llevó a cabo su reconstrucción en 1924.

La fecha de construcción de la parte más antigua del edificio, que presenta una planta basilical, se remonta a la época de los cruzados. Era la catedral, puesta bajo la advocación de san Juan Bautista, que los cruzados habían levantado en el emplazamiento de la mezquita *aljama* o de los viernes, en el centro de la ciudad, a comienzos de la era islámica. Consta de una nave central flanqueada por dos laterales, cubiertas por bóvedas por arista. En el centro del muro oeste se abre la puerta de acceso principal, rematada por una ventana circular. Esta entrada, con sus columnas, capiteles y arcos, es de estilo gótico. A ambos lados de la nave se eleva una hilera de pilares y columnas bizantinas de mármol, coronadas por capiteles de estilo corintio reutilizados.

Tras la partida de los cruzados en 583/1187, el edificio fue transformado en Mezquita Mayor y recuperó su antigua denominación de "mezquita al-'Umari". En la época mameluca, el sultán al-Mansur Husam al-Din Layin (696/1297-698/1299) añadió la puerta este, que conduce directamente a la nave central del edificio primitivo (la basílica), e hizo erigir el alminar. Este se derrumbó a consecuencia de un terremoto, pero poco antes de la Primera Guerra Mundial fue reconstruido. El *emir* Sunqur al-'Ala'i, vice-sultán de Gaza en 697/1297-1298, supervisó los trabajos de restauración y

IX.1.d Hammam al-Samara

Mezquita Mayor al-'Umari, alminar, Gaza.

En el barrio de al-Zaytun, en la ciudad antigua. Horario: todos los días hasta las 12 para los hombres y después de esa hora para las mujeres.

Es uno de los seis baños antiguos que utilizaban los habitantes y los visitantes de Gaza. La inscripción que aparece en el *hammam* indica que se remonta a la época mameluca. Está construido con piedra tallada bien labrada y su suelo se sitúa a unos 3 m por debajo del nivel de la calle. Como todos los baños públicos, también desempeñaba funciones sociales.

El *hammam* se compone de tres partes principales: la sala de recepción, la sala de baños y una zona de servicio. Su acceso se realiza por la entrada situada en el muro norte, que da al centro de la ciudad. Un pasillo abovedado conduce a la sala de

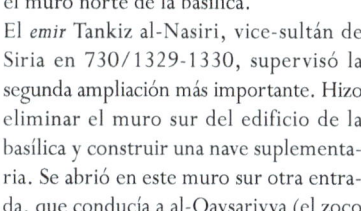

ordenó abrir una ventana y una puerta en el muro norte de la basílica.
El *emir* Tankiz al-Nasiri, vice-sultán de Siria en 730/1329-1330, supervisó la segunda ampliación más importante. Hizo eliminar el muro sur del edificio de la basílica y construir una nave suplementaria. Se abrió en este muro sur otra entrada, que conducía a al-Qaysariyya (el zoco del Oro) y a Jan al-Zayt (del Aceite).
Al norte del antiguo edificio hay un patio rodeado de pórticos en sus lados este, oeste y sur. El situado al sur fue construido en el siglo XI/XVII y da al patio a través de una columnata de tres arcos. Está cubierto por tres bóvedas por arista rebajadas. Las galerías este y oeste se remontan al siglo XII/XVIII. En el pórtico sur hay un *mimbar* y un *mihrab* de estilo mameluco, procedentes de la mezquita del sultán Qaytbay. A finales del siglo XIII/XIX se construyó la entrada oeste y algunos pórticos.

Hammam al-Samara, sala de recepción, Gaza.

Gaza

Mezquita de Katib al-Wilaya, alminar, Gaza.

Mezquita de Katib al-Wilaya, inscripción fundacional, Gaza.

IX.1.e Mezquita de Katib al-Wilaya

La mezquita se encuentra en Ra's al-Tali', en el barrio de al-Zaytun, en la ciudad antigua de Gaza.
Horario: todos los días, excepto en horas de oración. Visita previa autorización del custodio.

Aunque la mezquita data de la época mameluca, se atribuye al *emir* Ahmad Bek, secretario de la provincia (*katib al-wilaya*), quien realizó la ampliación de la mezquita durante la época otomana. Por su historia y arquitectura, tiene dos partes principales. La primera consta de la sala de oración mameluca y el alminar, que se eleva por encima de la fachada este. En la actualidad, se accede a la sala de oración por una puerta abierta en el muro de la *qibla*, pero se cree que antiguamente la entrada principal estaba en el muro norte, donde se encuentra uno de los dos almacenes. La sala de oración, rectangular, está dividida en seis naves mediante columnas corintias de mármol, en las que se apoyan arcos apuntados. En el centro del muro sur se encuentra el *mihrab* semicircular; junto a él hay un *mimbar* de mármol con algunos elementos decorativos de piedra o mármol procedentes de otro edificio mameluco.

recepción cuadrada, pavimentada con lozas de mármol de color, que componen figuras geométricas. Una fuente octogonal cubierta por una cúpula ocupa el centro de la sala, flanqueada, en los lados sur y este, por dos *iwans* que sirven para sentarse y cambiarse de ropa. La sala de recepción conduce, a través de una habitación intermedia, a la estancia donde se encuentra la piscina, revestida de mármol policromo. El calor procede del sistema de combustión que circula bajo el suelo.

En 835/1431-1432, el *emir* Inal al-'Ala'i, vice-sultán de Gaza, construyó el alminar, antes de convertirse en sultán mameluco (857/1453-865/1461). En el centro de la inscripción fundacional figura un blasón compuesto de tres registros: un tintero, símbolo del cargo de *dawadar* (secretario); una copa cincelada que alude a las funciones de copero (*saqi*); y una flor de lis, símbolo del primer cargo que desempeñó el *emir* Inal, probablemente militar. El alminar tiene una base cuadrada, sobre la que se apoya un fuste octogonal; en la cima, el balcón del muecín reposa sobre modillones. Originariamente medía 17,55 m pero, durante la Primera Guerra Mundial, fue parcialmente destruido; posteriormente fue restaurado y se construyó con una altura superior.

La segunda parte de la mezquita, al oeste de la sala de oración, fue construida por el *emir* Ahmad Bek, secretario de la provincia, en 995/1586-1587. Se compone de un pórtico cubierto por dos cúpulas, que da al patio; los dos arcos apuntados se apoyan sobre tres pilares de piedra cuadrados. El pilar lateral, que conserva inscripciones en caligrafía *nasji*, proviene de otra mezquita en ruinas.

inscripción situada encima de la puerta), esta *madrasa* estaba dedicada principalmente a la educación, aunque también servía de lugar de oración, incluida la del viernes. Todas estas funciones correspondían

Madrasa del Emir Bardabak, alminar, Gaza.

IX.1.f Madrasa del Emir Bardabak (Mezquita al-Mahkama)

Calle de Bagdad, en el histórico barrio de al-Chuya'iyya, cerca de la entrada principal oeste.
Horario: todo el día.

Construida en 859/1454-1455 por el *emir* Bardabak al-Dawadar (como indica la

Madrasa del Emir Bardabak, inscripción fundacional, Gaza.

Gaza

Madrasa del Emir Bardabak, mihrab de la mezquita, Gaza.

a las *madrasa*s en la época mameluca y explican la presencia de un alminar, un *mihrab* y un *mimbar*. En la época otomana, la actual mezquita era utilizada como sede del Tribunal Religioso, de ahí su nombre de mezquita al-Mahkama. Bajo el mandato británico, fue usada como escuela para chicos y se llamaba *madrasa* al-Chuyaʻiyya al-Amiriyya.

La puerta principal de la *madrasa* está en la fachada norte y coronada por un arco apuntado decorado de motivos vegetales. La *madrasa* consta de un patio central —situado a 1,20 m por debajo del nivel de la calle— que tiene, al suroeste, el *iwan* de la *qibla*. Es la parte más importante del edificio, donde se pueden distinguir tres secciones: al centro, la parte principal, con el *mihrab* y el *mimbar*, está cubierta por una bóveda por arista. Las dos partes laterales del *iwan* están cubiertas por bóvedas de cañón y dan a la nave central a través de arcos apuntados. Frente al *iwan* de la *qibla*, en el lado noroeste, había un *iwan* más pequeño, aunque no se ha conservado. Los otros dos lados del patio, el norte y el sur, estaban ocupados por las habitaciones de los *chayj*s y los estudiantes, y por otras estancias de servicio. En la actualidad solo se conserva el lado norte, que consta de cuatro habitaciones pequeñas rectangulares y cubiertas por cúpulas, que miden 3,77 × 3,69 m. Una de estas habitaciones es la sala de entrada. Es la única *madrasa* de este estilo que se conserva en Gaza.

El alminar de la *madrasa* se eleva en el ángulo noroeste. A los lados de la base rectangular unos nichos atenúan su austeridad. El fuste es octogonal y tiene dos niveles, donde se han insertado unos vanos —decorados con motivos geométricos y vegetales— que permiten la iluminación y la ventilación de la escalera de caracol. En la parte superior del alminar, el balcón del muecín, también octogonal reposa en *muqarnas*.

IX.1.g Mezquita Chihab al-Din Ibn ʻUzman

En el barrio al-Chuyaʻiyya, en la calle del Zoco, que forma parte del barrio Turkman. Horario: todo el día, excepto en horas de oración.

RECORRIDO IX   *Gaza: la puerta de África*
Gaza

La mezquita se atribuye a su fundador, el *chayj* Ahmad Ibn Muhammad Ibn 'Uzman Ibn 'Umar Ibn 'Abd Allah al-Nabulsi al-Maqdisi, conocido por el sobrenombre de al-Jalili, fallecido en La Meca en 805/1402-1403. Con sus 45 m de largo y 36,5 m de ancho, es la segunda mezquita en tamaño de Gaza. Su planta corresponde al esquema tradicional de las mezquitas con patio central rodeado de pórticos por los cuatro lados.

El edificio actual se considera fruto de varios proyectos realizados en tres etapas durante la época mameluca, como indican las inscripciones y el estilo arquitectónico. La primera fase de la mezquita comprende los elementos arquitectónicos más antiguos del edificio, es decir, la fachada oeste con sus dos entradas, un alminar y algunas habitaciones situadas tras este. Estas obras fueron realizadas por el *emir* Aqbuga al-Tulutmari en 802/1399-1400. En la fachada oeste hay dos puertas de entrada, coronadas por inscripciones que enumeran las obras del *emir* Aqbuga, mientras que sobre la puerta están grabados los bienes que el *emir* Arzamak donó como *waqf* a la mezquita en 797/1394-1395.

El alminar se eleva sobre la fachada oeste, entre las dos entradas. Detrás se encuentran tres salas, una de las cuales contiene la tumba del *emir* Sa'd al-Din Yaljuya, vice-sultán de Gaza en 849/1445-1446, quien poco antes de morir en 850/1446-1447 había pedido ser enterrado ahí. Las otras dos habitaciones sirven a las distintas funciones de la mezquita.

La segunda etapa está representada por el patio central (30,80 × 27,9 m) y el pórtico situado frente al muro de la *qibla*. El actual pórtico es una reforma realizada en tiempos del sultán al-Mu'ayyad Chayj (821/1418-1419), bajo la supervisión del *emir* Abu Bakr al-Yagmuri, jefe de la guardia de Gaza. El *mihrab* principal, un nicho hemisférico revestido de mármol, es una obra maestra excepcional. Este *mihrab* y la cúpula que lo precede fueron construidos por 'Alam al-Din Sanyar, en 834/1430-1431.

La última etapa de edificación está representada por los pórticos norte y sur, construidos poco después de 821/1418-1419. Dan al patio de la mezquita

Mezquita Chihab al-Din Ibn 'Uzman, entrada y alminar, Gaza.

227

Jan Yunis

Mezquita Chihab al-Din Ibn 'Uzman, mihrab y mimbar, Gaza.

Mezquita Chihab al-Din Ibn 'Uzman, mihrab del patio, Gaza.

mediante arcos apuntados, que se sostienen en pilares cuadrados. Cada pórtico está dividido, mediante una hilera de pilares, en dos partes cubiertas por sendas bóvedas por arista.

IX.2 JAN YUNIS

IX.2.a Jan del Emir Yunis al-Nawruzi

En el centro de Jan Yunis.
Horario: todo el día.

Situado en la antigua ruta que comunicaba Egipto, al sur, con Palestina, Siria y la Media Luna fértil al norte, el *jan* constituía el núcleo de la ciudad de Jan Yunis y su centro arquitectónico. Fueron muchas las razones que motivaron la elección de este emplazamiento para la construcción del edificio: su estratégica situación, la fertilidad del suelo, la abundancia de agua subterránea y la presencia de numerosas canteras al este de la ciudad.

Este *jan* fortificado fue erigido como lugar de descanso para las caravanas, pero también como centro de intercambios comerciales, estación de posta y guarnición para los ejércitos acampados entre las capitales mamelucas de El Cairo y Damasco, sede del vice-sultán mameluco. El lugar continuó cumpliendo su función comercial hasta finales de la época mameluca, cuando los intercambios comerciales entre Egipto y Siria comenzaron a decaer. Poco después, los otomanos lo usaron como cuartel militar destinado a la seguridad de la ruta. Desde

RECORRIDO IX *Gaza: la puerta de África*
Jan Yunis

entonces, a este edificio se le llama "fortaleza".

Según las tres inscripciones conmemorativas, el *emir* Yunis construyó este *jan* bajo el reinado del sultán mameluco al-Dahir Barquq, en 789/1387. La inscripción más larga se extiende a ambos lados de la puerta de entrada, sobre la cual aparece el blasón del *emir* Yunis: un cáliz, una gran copa y un tintero con dos plumas, atributos referentes a los cargos que ostentó el *emir* Yunis durante su carrera. El blasón aparece repetido en la fachada y entre cada secuencia de dos blasones se puede observar una placa de forma almendrada, dividida en tres registros con fórmulas de alabanza a favor del sultán al-Dahir Barquq.

Del *jan* solo se ha conservado la fachada oeste, restos de algunas habitaciones situadas tras ella y las ruinas del alminar y de la cúpula de la mezquita. El edificio ha sufrido un deterioro progresivo desde la Primera Guerra Mundial. Durante el mandato británico, la administración egipcia y también bajo la ocupación israelí, se construyeron nuevos edificios en el lugar que ocupaba el *jan*.

Pero de los restos que se han conservado y de los datos históricos disponibles se puede deducir cuáles eran sus elementos básicos. El edificio tenía una planta cuadrada de 75,5 m de lado, y dos niveles que daban a un patio central. La planta baja se empleaba para el almacenamiento de las mercancías y en la superior pernoctaban los comerciantes y huéspedes. En esta planta se ubicaba una mezquita, constituida por una planta cuadrada cubierta por una cúpula, que se ha conservado parcialmente. El

Jan del Emir Yunis al-Nawruzi, vista general, Gaza.

Jan del Emir Yunis al-Nawruzi, inscripción fundacional, Gaza.

mihrab y el *mimbar* de la mezquita han desaparecido y solo permanece una parte del alminar que se levanta sobre la fachada. El patio servía como zona de servicio y establos.

Puesto que el *jan* fue construido en una ruta rural antes de la fundación de la ciudad, fue dotado de medios defensivos, como torres y gruesas murallas exteriores con troneras; sobre la entrada había matacanes para verter aceite hirviente sobre los asaltantes.

LA PRODUCCIÓN DE ALFARERÍA

Mu'en Sadeq

Desde la Edad de Hierro y hasta la era islámica, Gaza ha exportado sus objetos de cerámica —caracterizada por sus tonos marrón y rosa— a las regiones vecinas y a las ciudades del mar Mediterráneo desde su antiguo puerto de Anthidon, cuyas ruinas se encuentran en la costa noroeste de la ciudad.

Las alfarerías de Gaza producían, entre otros objetos, grandes jarras de arcilla roja que se emplearon, sobre todo durante las épocas romana y bizantina, para exportar el vino, el aceite y otros productos a las ciudades mediterráneas. Conocidas como "jarras de Gaza", llegaron en gran cantidad hasta Francia, Gran Bretaña, Grecia, Italia y África del Norte. Durante la época islámica, Gaza aún desarrollaba la producción de alfarería. El barrio de los alfareros (Hay al-Fujari), en la ciudad antigua, ha sido durante siglos el epicentro de este excepcional artesanado.

El trabajo de los alfareros no se limitaba a la fabricación de objetos de uso doméstico, sino que también se aplicaba a la fabricación de canalizaciones de agua, a los sistemas de riego y a otros materiales de construcción, especialmente para las cúpulas, las terrazas de las casas y los muros.

Numerosos habitantes de Gaza siguen empleando recipientes de alfarería para distintos usos, sobre todo vasijas, jarras de almacenamiento, vajilla y tiestos para flores. Se producen artículos de cerámica pintada o decorada con diversos motivos en relieve de variados colores, tanto para el mercado local como para los turistas.

La producción de alfarería, alfarero moldeando una jarra sobre el torno manual.

Hay testimonios de la industria de la alfarería en Gaza desde el milenio V a. C., probablemente debido a la influencia de Egipto, la primera región donde se conoce el desarrollo de esta artesanía, consecuencia de los contactos con otras civilizaciones del norte y el sur, a través de la ruta internacional que la atraviesa. Un factor que contribuyó considerablemente al establecimiento y desarrollo de esta industria ha sido la abundancia de arcilla en Gaza y en la zona circundante a través de la historia.

LA INDUSTRIA TEXTIL TRADICIONAL

Mu'en Sadeq

Desde antiguo, Gaza ha sido famosa por su industria textil, especialmente por las alfombras conocidas como *kilims* y por las telas de seda y lana confeccionadas mediante telares manuales. Actualmente, numerosos habitantes de la ciudad, especialmente los del barrio al-Chuya'iyya, siguen utilizando telares manuales de madera para fabricar diversas piezas en pelo de camello o de oveja, previamente lavado y teñido. Las formas, motivos, caligrafías y colores reflejan la cultura local y la tradición palestina, pero también la creatividad de los artistas.

A pesar del retroceso que ha sufrido esta industria durante las últimas décadas, en la actualidad se fomenta su mantenimiento para evitar su extinción. El Ayuntamiento de Gaza estudia actualmente los medios para comercializar los productos textiles de los telares manuales a través de su introducción en el mercado turístico. Entre estas iniciativas, puede mencionarse el Pueblo de las Artes y los Oficios, donde se exponen los productos de la industria textil tradicional con el fin de promover y preservar una de las mayores tradiciones de la ciudad.

Industria textil tradicional, mujeres tejiendo un kilim en un telar manual.

Industria textil tradicional, mujeres confeccionando un kilim.

GLOSARIO

Ablaq	(Del turco *iplik*, "cuerda" o "hilo".) Técnica de construcción que consiste en la disposición alterna de hileras de piedras blancas y negras.
Aljama	Mezquita mayor donde se celebran la oración cotidiana y la del viernes.
Arabesco	Adorno decorativo árabe, compuesto de tracerías, follajes, cintas y roleos.
Bahri	Relativo al Nilo *(al-Bahr)*. Los mamelucos *bahri*es deben su nombre a que su cuartel se hallaba en la isla de Rawda, sobre el Nilo.
Bursh	Fortín, bastión. Torre, a veces rodeada de una muralla secundaria.
Burshi	Los mamelucos *burshi*es o circasianos deben su nombre al hecho de haberse formado en las torres (sing. *bursh*) de la Ciudadela.
Caravansaray	Hospedería situada a lo largo de las grandes vías de comunicación, destinada al albergue de viajeros y el almacenamiento de sus mercancías.
Chadda	Grafema de geminación de la escritura árabe que se sitúa sobre una consonante para marcar su doble pronunciación.
Chafi'i	Una de las cuatro escuelas jurídicas del Islam ortodoxo.
Chari'a	(Lit. "vía", "camino".) Conjunto de los preceptos islámicos que debe seguir el creyente para estar en el camino recto que conduce a Dios; gobierna el comportamiento de los fieles tanto en el ámbito espiritual, jurídico, social y político como en los aspectos más específicos de la vida cotidiana.
Chayj	Anciano, hombre respetado por su edad y conocimientos. Jefe de una escuela jurídica, título de algunos dignatarios religiosos.
Cúfico	Forma de escritura árabe angulosa muy estilizada, y a menudo muy decorativa, que se usaba en los primeros Coranes e inscripciones fundacionales, supuestamente originaria de Kufa, en Irak.
Dawadar	Cargo que ostentaba el secretario de Estado.
Dawadar kabir	(Lit. "gran secretario", véase *dawadar*.)
Derviche	Integrante de una cofradía religiosa musulmana, célebre por sus ejercicios de devoción.
Dikkat	Tribuna para el funcionario religioso encargado de repetir las oraciones del día, de manera que todos los fieles las oyeran y siguieran el oficio.
Diwani	Estilo caligráfico cercano al estilo *farsi*; muy apreciada, esta escritura solía usarse en las cartas de las cancillerías otomanas.
Durqa'a	En mezquitas y *madrasa*s, espacio central desde el que se accede a las distintas dependencias, flanqueado por dos o cuatro *iwan*s, y generalmente cubierto por un techo de madera con aberturas para la ventilación y la iluminación cenital.
Emir	Gobernador, príncipe, alto dignatario.

Glosario

Farsi	Originario o habitante de Persia. Estilo caligráfico cursivo particularmente elegante que enfatiza las curvas de la letra árabe, al reducir las figuras angulares.
Fatwa	Dictamen, respuesta de jurisconsulto sobre una consulta de derecho religioso.
Funduq	En el norte de África, hospedería (alhóndiga) para mercaderes y sus animales de carga, almacén para mercancías y centro de comercio equivalente al *caravansaray* o al *jan* del Oriente islámico.
Habiz	Donación de inmuebles hecha bajo ciertas condiciones a una mezquita u otra institución religiosa, como la *madrasa* o la *janqa*, o civil, como el *sabil* o incluso una casa.
Hadiz	(Lit. "dichos".) Tradición relativa a los hechos, dichos y actitudes del Profeta Muhammad y sus compañeros.
Hammam	Baño público o privado.
Hamza	Grafema de oclusión glotal.
Hamzat al-qat'	*Hamza* de corte, se pronuncia siempre, seguida de una vocal, y se escribe sobre el *alif* (primera letra del alfabeto árabe).
Hamzat al-wasl	*Hamza* de unión que permite, al borrarse en la lengua oral, realizar la transición con la última sílaba de la palabra precedente; guión, enlace.
Hanafi	Una de las cuatro escuelas jurídicas *sunnies* (Islam ortodoxo). Nació con Abu Hanifa al-Nu'man (79/699-149/767) y se convirtió en la escuela predilecta de los otomanos, que la exportaron a sus provincias.
Hanbali	Una de las cuatro escuelas jurídicas *sunnies* (Islam ortodoxo).
Haram	(Lit. "sagrado", "prohibido".) Santuario. Designa también el acto ilícito y, por tanto, reprensible desde el punto de vista religioso.
Hayy	El "quinto pilar del Islam", la gran peregrinación a La Meca y a los lugares santos que todo creyente debe realizar al menos una vez en su vida, si tiene los medios necesarios.
Imam	El que preside la plegaria islámica. Guía, jefe o modelo espiritual o religioso, y a veces también político, en una sociedad musulmana.
Iwan	Sala abovedada sin fachada, con muros por tres de sus lados y provista de un gran arco al frente, o gran nicho abovedado, con fondo llano.
Iytihad	(De la misma raíz que *yihad*). Esfuerzo de interpretación personal de la ley musulmana.
Jalwa	Pequeña estancia, a veces desprovista de ventanas, en la que se retiraban los sufíes para aislarse. En Jerusalén constituye una unidad arquitectónica independiente.
Jan	Posada, lugar de alojamiento para viajeros y mercaderes en las grandes vías de comunicación. Almacén y hospedería en aglomeraciones de cierta importancia. (Véase *funduq* y *caravansaray*.)
Janqa	Monasterio u hospedería para sufíes o *derviches*.

Glosario

Ka'ba	(Lit. "cubo".) Templo de La Meca convertido en el centro del culto islámico.
Kilim	Término genérico que designa a las alfombras tejidas, para diferenciarlas de las alfombras de nudos.
Machrabiyya	Rejilla de madera torneada y ensamblada. Celosía.
Madhhab	Escuela jurídica islámica. Las cuatro grandes obediencias del Islam *sunni* u ortodoxo son las escuelas *chafi'i, maliki, hanafi* y *hanbali*.
Madrasa	Escuela de ciencias islámicas (teología, derecho, Corán, etc.) y lugar de alojamiento para estudiantes.
Magrebí andalusí	Estilo caligráfico cursivo que se difundió rápidamente en la España musulmana y en África del Norte.
Maktab	Lugar en el que los niños huérfanos aprenden los rudimentos de la lectura y la escritura, y memorizan el Corán.
Maliki	Una de las cuatro escuelas jurídicas *sunnies* (Islam ortodoxo). Surge con el *imam* Malik (94/713-178/795) y sus discípulos, y se difunde por el oeste del mundo musulmán, incluyendo al-Andalus.
Maqam	Edificio compuesto de una o más unidades arquitectónicas y cubierto por una *qubba*, en el que se encuentra la tumba de una importante personalidad religiosa a la que acuden gran número de visitantes.
Maristan	Hospital.
Mastaba	Banco largo de piedra adosado al muro exterior de un edificio en los laterales de sus accesos. En el Egipto faraónico, la *mastaba* era la sepultura de los nobles y dignatarios de la corte. Tenía forma de pirámide truncada, de base rectangular, y comunicaba con un hipogeo funerario.
Masyid	(Lit. "lugar de prosternación".) Mezquita sin *mimbar* donde, por esta razón, no puede celebrarse el oficio religioso del viernes.
Mawsim	(Pl. *mawasim*.) Fiesta estacional dedicada a un santo.
Mihrab	Nicho situado en el muro de la *qibla* que indica la dirección de La Meca hacia donde los creyentes deben dirigir sus rezos.
Mimbar	Púlpito de una mezquita desde donde el *imam* dirige el sermón (*jutba*) a los fieles.
Muftí	Jurisconsulto musulmán con autoridad pública, cuyos conocimientos religiosos le permiten dictaminar *fatwas* sobre situaciones inéditas, desde su interpretación personal.
Muqarnas	Mocárabe, decoración de prismas a modo de estalactitas cuya superficie inferior es cóncava.
Muyawir	Quien ha dejado su ciudad para establecerse en una de las tres ciudades santas del Islam (La Meca, Medina y Jerusalén).
Nadir	Observador, asistente, guardián, inspector, director.
Nasji	(Lit. "copiado".) Nombre de una de las caligrafías más extendidas del alfabeto árabe; une la flexibilidad del estilo *farsi* con la armonía de la escritura *cúfica*.

Nasta'liq	Caligrafía árabe cursiva (variante del *ta'liq*) elaborada por los calígrafos persas a finales del siglo XIV; utilizada sobre todo para copiar poesías o textos en prosas. Se distingue por sus formas redondeadas, claridad y pureza geométrica.
Niyaba	Región administrativa, provincia.
Qadi	Juez musulmán.
Qasr	(Del latín *castrum*.) Palacio, castillo.
Qaysariyya	Mercado cubierto, alcaicería.
Qibla	Dirección de la *Ka'ba*, hacia donde se orientan los creyentes para la oración. Muro de la mezquita en el cual se sitúa el *mihrab* que señala esta dirección.
Qubba	Cúpula. Por ext., monumento elevado sobre la tumba de un santo.
Ribat	Fortaleza construida en las zonas fronterizas, desde donde los monjes guerreros que lo habitaban partían para la guerra santa (norte de África); hospicio para peregrinos (Egipto mameluco, Palestina y Siria).
Ruq'a	Estilo caligráfico utilizado por la administración otomana. Hoy en día, generalmente utilizado en los titulares de los periódicos árabes
Sabil	Construcción dedicada a la distribución de agua potable. Fuente pública.
Sanyak	(Del turco, lit. "bandera".) Antigua subdivisión territorial en Turquía.
Saqi	Copero y encargado de la organización de la mesa del sultán y de las bebidas.
Sukun	Cierre de sílaba; pausa al final de la sílaba.
Sunna	(Lit. "tradición"). Para el Islam ortodoxo, conjunto de tradiciones del Profeta donde se apoyan los jurisconsultos y teólogos para precisar el contenido de la ley islámica que dimana del Corán.
Sunni	Partidario de la *Sunna*. El "sunnismo" es un sistema político-religioso que se opone al "chiismo". Los *sunnies* se subdividen en cuatro escuelas: *maliki*, *hanbali*, *hanafi* y *chafi'i*.
Takiyya	Centro para *derviches* donde podían reunirse, rezar y vivir; tipología arquitectónica introducida por los otomanos (*tekke*, en turco). Sinónimo de "lugar donde la comida se sirve gratuitamente".
Ta'liq	Estilo caligráfico persa elaborado en el siglo XIV, utilizado principalmente en las cartas de las cancillerías.
Turbe	Lugar funerario privado; práctica arquitectónica introducida por los turcos.
Ulema	(Del árabe *'alim*, pl. *'ulama'*, lit. "sabio", "erudito".) Experto en derecho musulmán, garante del respeto y de la aplicación de los principios del Islam.
'Uliyya	Habitación pequeña en la parte superior de la casa, situada entre la azotea y las otras dependencias del edificio.

Wadi	Curso de agua, a menudo temporal, en las regiones áridas.
Wali	Protector, gobernador de una región.
Waqf	Donación a perpetuidad —usualmente suelo o propiedades— cuyos rendimientos se reservaban para el mantenimiento de fundaciones religiosas. (Véase *habiz*.)
Wikala	Uno de los distintos tipos de establecimientos comerciales. (Véase *caravansaray*.)
Yami'	Mezquita *aljama*.
Yihad	Esfuerzo de perfeccionamiento moral y religioso. Puede conducir al combate "en la senda de Dios" contra disidentes o paganos. (Véase *Iytihad*.)
Yund	Provincia administrativa y militar.
Zawiya	Establecimiento dedicado a la enseñanza religiosa, orientada a formar a los *chayj*s, que incluye el mausoleo de un santo, construido en el lugar donde vivió.
Zelish	Pequeños azulejos de cerámica esmaltada, que se utilizan en la decoración de monumentos o en interiores.
Zuluz	Estilo caligráfico cursivo, utilizado habitualmente en la decoración de edificios religiosos musulmanes. Extremadamente codificado, el estiramiento de sus letras permite realizar composiciones decorativas muy complejas.

ÍNDICE DE PERSONAJES HISTÓRICOS

'Abd al-Gani al-Nabulsi (m. 1143/1731)
Sufí, poeta, viajero y *ulema*.

'Abd al-Hamid II (r. 1293/1876-1327/1909)
Sultán otomano.

'Abd Allah al-Saqawati (m. 652/1254)
Chayj a quien se atribuye la construcción de la *zawiya* al-Magariba de Hebrón.

'Abd al-Malik Ibn Marwan (r. 65/685-86/705)
Quinto califa omeya, fundador de la Cúpula de la Roca.

'Abd al-Qadir al-Yilani (470/1077-561/1166)
Eminente *imam* sufí fundador de la cofradía al-Qadiriyya. Fue uno de los santos más populares del Islam y su santuario se encuentra en Bagdad, ciudad donde enseñó, durante muchos años, tanto las ciencias esotéricas como las exotéricas.

Abu Bakr al-Yagmuri, Emir
Jefe de la guardia de Gaza, realizó algunas obras en la mezquita de Chihab al-Din (821/1418).

Ahmad Ibn Ibrahim Ibn Muhammad Ibn Bakr, llamado al-Badawi
(598/1199-675/1276)
Famoso sufí que vivió en la ciudad egipcia de Tanta. Desde muy joven destaca por su devoción y espiritualidad. En 634/1236, una visión lo impulsa a visitar las tumbas de diversos sufíes en Irak. De regreso a Egipto, reúne un grupo de discípulos en Tanta. Así nace la cofradía de los Badawiyya, junto con la reputación de misticismo y santidad de su fundador, a quien también se atribuyen milagros.

Ahmad Ibn Radwan, Pachá (m. 1015/1606)
Gobernador de Gaza durante tres décadas.

Ahmad Ibn 'Uzman, Chayj (m. 805/1402)
Mandó construir la primera mezquita de Gaza, edificio que recibió su nombre.

Al-Achraf Salah al-Din Jalil (r. 689/1290-693/1293)
Hijo de Qalawun, en 690/1291 recuperó la ciudad de Acre de manos de los cruzados y, más tarde, las demás ciudades de Siria bajo dominio cristiano, que tras casi doscientos años volvieron a ser posesiones islámicas.

Al-Achraf Sayf al-Din Barsbay (r. 825/1422-842/1438)
Con el sultán Barsbay se abre un periodo de estabilidad, durante el cual la soberanía egipcia se extiende por una vasta zona del Mediterráneo, hasta el puerto de Yeddah y los puertos del mar Rojo. Para afirmar su política de monopolio del comercio tanto interior como exterior, Barsbay manda drenar el canal de Alejandría, a fin de facilitar la navegación fluvial y la comunicación entre las ciudades. Aunque perjudicial para los intereses del pueblo egipcio, este

monopolio proporcionó al sultán los recursos indispensables para pagar a sus mamelucos y prepararlos para la defensa del país.

Al-Achraf Sayf al-Din Qaytbay (r. 872/1467-901/1496)
Su prolongado gobierno de veintinueve años se considera excepcional por sus victorias militares y su duración, pues en esa época los sultanes permanecían poco tiempo en el poder. Bajo su reinado se erigieron en el Cairo y las provincias de Egipto, Siria y al-Hiyaz numerosos edificios caracterizados por la esbeltez de su construcción, su finura, belleza y decoración. Construyó una *madrasa* y un *sabil* en Jerusalén.

Al-'Adil Zin al-Din Katbuga (r. 694/1294-696/1297)
Delegado del sultán durante el primer gobierno de al-Nasir Muhammad, a quien depuso.

'Alam al-Din Sanyar al-Yawali
Ocupó diversos cargos en Egipto y otras provincias, en tiempos del sultán mameluco al-Mansur Qalawun y de su hijo Muhammad. Bajo el reinado de este último, fue designado delegado del sultán y gobernador de Jerusalén, Nablus, Galilea y Gaza, ciudades donde construyó numerosas mezquitas, entre otras (720/1320) la que lleva su nombre en Hebrón. Asimismo, fue guardián de los Santos Lugares de Jerusalén y Hebrón.

Al-Awza'i Sufyan al-Zawri (88/707-157/774)
Destacado *imam*, fundador de una *madrasa* que lleva su nombre.

Al-Chafi'i, Abu 'Abd Allah Muhammad Ibn Idris (150/767-204/820)
Nacido en Gaza, el *imam* al-Chafi'i fue una de las más eminentes autoridades en materia de teología y derecho musulmán (asimismo, se le atribuyen conocimientos de medicina y fisonomía). Aunque no fue su fundador, dio el nombre a una de las cuatro escuelas jurídicas del Islam *sunni*.

Al-Dahir Rukn al-Din Baybars I al-Bunduqdari (r. 658/1260-676/1277)
Considerado el verdadero fundador del Estado mameluco, por las obras y reformas que emprendió y por las guerras que libró, instauró el califato abbasí en Egipto y permaneció en el poder durante unos diecisiete años. Fue el primero en enviar a La Meca el *mahmal* (palanquín decorado que lleva el velo negro de la Ka'ba), para manifestar que era el protector del califa.

Al-Dahir Sayf al-Din Barquq (r. 784/1382-801/1399)
Llamado así (*barquq*, ciruelas) por tener los ojos saltones, fue el primer sultán mameluco circasiano o *burshi* de Egipto hasta su muerte.

Al-Dahir Sayf al-Din Juchqadam al-Ahmadi (r. 865/1460-872/1467)
Originario de Grecia, a diferencia de los demás sultanes mamelucos, que eran de origen circasiano.

Alejandro Magno el Macedonio (356-323 a. C.)
Sucesor del rey Filipo de Macedonia (r. 336-323 a. C.), derrotó a los persas, y ocupó Siria y Palestina en 332-331 a. C. Helenizó Oriente y fundó la ciudad de Alejandría en Egipto. Murió en Babilonia.

Al-Gazi Abu al-Su'ud (952/1545-981/1574)
Gran *muftí* de Jerusalén a finales del siglo x/xvi.

Al-Ghazali Abu Hamid, Imam (435/1058-505/1111)
Filósofo sufí conocido por el apelativo de Huyyat al-Islam ("prueba del Islam"), enseñó derecho en Bagdad, donde su saber enciclopédico y su notoria aptitud pedagógica le valieron gran renombre; sus teorías ejercieron una considerable influencia en la evolución del Islam. Sus escritos, que refutan la filosofía racionalista, logran reconciliar teología, filosofía, derecho y mística. Entre otras obras mayores, destaca la célebre *Ihya' 'Ulum al-Din* ("Revivificación de las Ciencias de la Religión"). La Edad Media latina lo conoció como Algazel; algunos de sus tratados han sido traducidos al catalán por Raimundo Lulio.

'Ali al-Bakka', Chayj (m. 670/1271)
Sufí conocido por su propensión a llorar mientras oraba. Está enterrado en Hebrón.

Al-Idrisi, Abu 'Abd Allah Muhammad (493/1100-560/1165)
Famoso viajero, geógrafo y cronista marroquí. Vivió en la corte del rey Ruggero II de Sicilia, para quien escribió una descripción detallada del mundo (*Kitab Ruyar* o *Libro de Ruggero*, 549/1154).

'Ali Ibn Marwan (m. 715/1316)
Destacado *chayj* mameluco de Gaza, originario de Marruecos. Está enterrado en Gaza, en la mezquita que lleva su nombre.

Al-Mansur Husam al-Din Layin (r. 696/1297-698/1299)
Delegado del sultán durante el gobierno de al-'Adil Zin al-Din Katbuga, su asesinato puso fin a su reinado y permitió el retorno al trono del sultán al-Nasir Muhammad.

Al-Mansur Sayf al-Din Qalawun (r. 678/1279-689/1290)
Está considerado el segundo instaurador del Estado de los mamelucos *bahri*es. Su familia detentó el poder cerca de cien años. Murió durante el sitio de la ciudad de Acre, en 689/1290. Bajo su reinado se llevaron a cabo numerosos proyectos arquitectónicos en Palestina.

Al-Mu'addam 'Isa, Emir (m. 625/1227)
Gobernador del sur de Siria y de Palestina bajo el reinado ayyubí.

Al-Mu'ayyad Sayf al-Din Chayj (r. 815/1412-824/1421)
Sultán mameluco circasiano.

Al-Muqaddasi, Muhammad Ibn Ahmad (m. 380/990)
Geógrafo originario de Jerusalén (al-Bayt al-Muqaddas, en árabe), como lo indica su apodo, este viajero incansable visitó todas las regiones del Islam, excepto al-Andalus. Es autor de la mayor enciclopedia geográfica: *Kitab ahsan al-taqasim fi-ma'rifat al-aqalim* ("La mejor repartición para el conocimiento de las provincias"), traducida en Leyde en 1906.

Índice de personajes históricos

Al-Nasir Nasir al-Din Muhammad (Primer reinado: 693/1293-694/1294)
Hijo de Qalawun, asumió el poder a la edad de siete años y gobernó durante más de cuarenta en distintos períodos, pues fue apartado del poder en dos ocasiones. Su época está considerada entre las más espléndidas de la arquitectura islámica, por la intensa actividad constructiva y por la difusión de un estilo de fachadas decoradas con *muqarnas*. Dirigió numerosos proyectos arquitectónicos en Palestina.

Al-Walid I Ibn 'Abd al-Malik (48/668-96/715)
Excepcional constructor, el sexto califa omeya (r. 86/705-96/715) es conocido principalmente por haber edificado en Damasco la primera obra maestra de la arquitectura islámica, la mezquita de los Omeyas. También se le debe la reconstrucción de la Mezquita Mayor de Medina y de la mezquita al-Aqsa, frente a la Cúpula de la Roca; esta había sido levantada en Jerusalén por su padre 'Abd al-Malik, cuya obra continuó, introduciendo ciertos usos bizantinos y persas en la administración califal. Bajo su reinado, continuó la expansión del Islam tanto en Oriente, donde alcanzó la Transoxiana, como en Occidente, con la conquista de al-Andalus.

Al-Walid II Ibn Yazid (r. 125/743-126/744)
Hombre culto y con gran sentido estético, este califa omeya fue primero un poeta original, amante de los placeres; cuando sucedió a su tío Hicham, se enfrentó a la hostilidad de las tribus yemeníes y fue derrocado por un golpe de estado. Perseguido por sus enemigos, pereció a los treinta y cinco años en uno de los palacios que había hecho edificar en las desérticas estepas de la Palmirena.

Al-Zawri, Sufyan Abu 'Abd Allah (97/715-161/778)
Originario de Kufa, este célebre *imam* iraquí es considerado uno de los mayores eruditos de su tiempo. Asceta de profunda religiosidad y de una excepcional agudeza de espíritu, es autor de obras y comentarios místicos y jurídicos que han influido en numerosos *ulemas*.

Badr al-Yamali, Al-Afdal Ibn Badr al-Yamali (404/1014-486/1094)
De origen armenio, inicialmente gobernador de Acre, contribuyó a asentar la dinastía fatimí al responder a la llamada del califa al-Mustansir (427/1036-486/1094) para restablecer el orden en Egipto a donde, desde Siria, condujo su ejército en 466/1074. Tras haber estabilizado rápidamente todo el país, fue nombrado visir y comandante en jefe de los ejércitos.

Chams al-Din Muhammad al-'Alami (s. X/XVI)
Sufi de Jerusalén, *chayj* de la *zawiya* al-As'adiyya, donde fue enterrado.

Elena (h. 247-327)
Madre del emperador Constantino, junto a quien desempeñó un papel fundamental para el reconocimiento oficial de la Iglesia cristiana, debe su celebridad, en gran medida, al descubrimiento o "Invención de la Verdadera Cruz" durante una peregrinación a Tierra Santa, que realizó hacia 326, a la edad de veinticuatro años. Pero entre actividad política, piedad religiosa y dedicación a los pobres y oprimidos, su vida entera fue novelesca: de origen modesto, recibió el título de Augusta en 324, fundó diversas instituciones y fue santificada después de su muerte, que dio lugar a unos funerales de pompa sin igual en Roma.

Evlia Çelebi (1021/1611-1092/1682)
Al igual que de las numerosas regiones que visitó, el gran viajero turco dejó, de sus dos estancias en Palestina (1059/1649 y 1082/1671-1672), anotaciones de una extrema precisión sobre el hábitat, los usos y costumbres, las creencias y las leyendas de la época otomana, pero también sobre las grandes figuras políticas que tuvo ocasión de conocer durante las misiones oficiales que desempeñó por encargo del sultán Murat.

Faruj Ibn 'Abd Allah al-Charkasi
Emir local, gobernador de Jerusalén y Nablus, fue encargado de organizar la peregrinación (*hayy*) en Siria (para luego salir hacia La Meca), a comienzos del siglo XI/XVII.

Heraclio I (r. 610-641)
Nacido en Capadocia hacia 575, fue emperador bizantino de Oriente, derrotó a los persas sasánidas y fue vencido por los árabes.

Hicham Ibn 'Abd al-Malik (r. 105/724-125/743)
Décimo califa omeya, bajo su reinado los árabes fueron detenidos por Carlos Martel cerca de Poitiers. Es el momento en que el Imperio omeya alcanza su mayor extensión. Menos de diez años después de su muerte, el califato omeya desaparecía.

Ibn al-'Arabi, Muhammad Ibn 'Abd Allah (m. 543/1148)
Este jurista y orador sevillano, que se instaló en Jerusalén, emitía apreciaciones muy escuchadas sobre lo lícito y lo ilícito para el musulmán que se encontraba fuera de los territorios del Islam, aconsejando por ejemplo la emigración a los andalusíes que permanecían en la Península Ibérica después de la Reconquista, así como a todos los fieles que vivieran bajo una hegemonía peligrosa para su salud, su persona, sus bienes y allegados.

Ibn al-'Arabi, Muhyi al-Din (560/1165-638/1240)
Originario de al-Andalus y autor de una obra filosófica y metafísica colosal (más de 400 volúmenes), esta inmensa figura del sufismo influyó tanto en sus partidarios como en sus detractores. Todos los pensadores musulmanes posteriores han retomado su terminología gnóstica, y su mensaje trasciende ampliamente el misticismo islámico. Teórico de la unicidad ontológica, sus doctrinas visionarias sacudieron el universo del pensamiento sufí y del esoterismo musulmán en general, y continúan inervando toda reflexión sobre la naturaleza de lo divino.

Ibrahim Ibn 'Umar al-Ya'bari (m. 732/1332)
Chayj de al-Haram al-Ibrahimi, fundador de la familia al-Ya'bari en la ciudad de Hebrón, linaje originario de Qal'at Ya'bar (Siria). La historia, el derecho o la religión recogen los nombres de muchos de sus descendientes.

Ibrahim Pacha (1204/1789-1264/1848)
A las órdenes de su padre Mohamed Ali, gobernador de Egipto, invadió Palestina y Siria, derrotó a los soldados otomanos y dirigió estos dos países durante diez años, de 1246/1830-1831 a 1256/1840-1841. Durante su reinado, se desarrolló la cultura árabe y se crearon numerosos centros culturales y escuelas.

'Izz al-Din al-Amiri, Emir
Construyó un *mimbar* de mármol en la Mezquita Mayor de Nablus (713/1313).

Juan Bautista (san Juan Bautista) (m. 28)
Conocemos la vida del profeta Yahya por diversas presentaciones interpretativas de los Evangelios y los Hechos de los Apóstoles, y por el testimonio más neutro de Flavio José. Precursor del cristianismo, este profeta judío llevaba una vida ascética en el desierto y, acompañado de algunos discípulos, predicaba la virtud, la justicia y la conversión interior, anunciando la venida inminente del Mesías. Se bautizó a sí mismo por inmersión en las aguas del Jordán y fue él quien bautizó a Jesús.

Justiniano I (482-565)
Emperador bizantino (r. 527-565). Entre sus generales se encontraban Belisario y Narsés. Combatió a los vándalos y los persas, y reconquisto África e Italia. Hizo compilar el *Digesto*, las *Instituciones*, las *Novelas* y los *Códigos*, y construir admirables monumentos (Santa Sofía de Constantinopla).

Muhammad al-Jalili, Chayj (m. 1147/1734)
Sufí de Jerusalén, originario de Hebrón.

Muhammad Tahir al-Husayni
Muftí de Jerusalén, se ocupó del *maqam* de Nabi Musa (1303/1885-1886).

Muyir al-Din al-Hanbali al-'Ulaymi (860/1456-928/1522)
Qadi e historiador de Jerusalén. La casi totalidad de nuestros conocimientos sobre Jerusalén y Hebrón en el siglo XV se deben a los dos volúmenes de su obra *al-Uns al-yalil bi-tarij al-Quds wa-l-jalil*, publicada en 901/1496. Sus restos descansan al pie del monte de los Olivos.

Nasir al-Maqdisi, Chayj (m. 490/1096)
Erudito radicado en Jerusalén. Se le atribuye la construcción de la primera *madrasa* de la ciudad, que conserva su nombre.

Rabi'a al-'Adawiyya (95/713-185/801)
Introductora de la idea del amor divino en el sufismo, es una de las mayores figuras del Islam; por sus actos, palabras y poemas se considera entre quienes mejor expresaron sus alabanzas a Dios.

Salah al-Din al-Ayyubi (Saladino) (532/1138-589/1193)
Fundador de la dinastía *ayyubí* (567/1171-648/1250), es una de las más altas figuras de la Edad Media musulmana. Si bien debe en gran parte su prestigio a su victoria sobre los francos establecidos en Siria y Palestina desde la cruzada de 1097-1099, el héroe de la batalla de Hattin fue también un magnífico administrador, y la extrema dignidad de su comportamiento, incluido el contacto con los cruzados, le valió, más allá de las barreras confesionales, la estima indefectible de sus contemporáneos y de la posteridad.

Sefronio (m. 17/638)
Antes de convertirse en patriarca de Jerusalén (634-638), en la época en que los árabes conquistaron la ciudad, el monje damasceno Sefronio destacó por su ascetismo y su piedad, pero también por su amor a las ciencias y la filosofía. Realizó, con el monje Juan Moskos, descripciones de la vida monástica en Palestina, y dejó colecciones de relatos y textos morales que fueron altamente apreciados por el VII Concilio ecuménico.

Sulayman al-Qanuni (Solimán el Magnífico) (h. 900/1494-974/1566)
Nacido en Trebisonda y muerto en Szeged (Hungría), Solimán es el décimo sultán (r. 926/1520-974/1566) de la dinastía otomana, y también el más célebre. Apodado "el Legislador" por los turcos y "el Magnífico" por los occidentales, condujo el Imperio otomano a su apogeo territorial, político, artístico e intelectual. Gran conquistador y organizador sin par, intervino en la política europea a favor de Francisco I y contra Carlos V, y fue el primer sultán que otorgó a los europeos —en este caso, a los franceses— "capitulaciones" comerciales dentro del Imperio otomano.

Tachtamur al-'Ala'i
Emir mameluco, fundador de la *madrasa* de su nombre en Jerusalén, amante de la música, la poesía y la teología, ocupó altos cargos administrativos y militares, entre otros el de *dawadar kabir* del sultán al-Achraf Cha'ban, gobernador de la provincia de Safad y jefe de los ejércitos de Egipto. Fue enterrado en 786/1384 en su *turbe*, en la *madrasa* al-Tachtamuriyya.

Tamim Ibn 'Aws al-Dari
Este piadoso compañero del Profeta y primer habitante de Palestina convertido al Islam, también puede ser considerado como el primer detentador de la tradición del *waqf* sobre la Tierra Santa: mucho antes de que toda Palestina fuera decretada bien islámico inalienable, el Profeta habría concedido la tierra de Hebrón a al-Dari, sus hermanos y sucesores "hasta el día del Juicio Final", reivindicando así el derecho de propiedad legítimo del Islam sobre Palestina.

Tankiz al-Nasiri (712/1312-740/1340)
Como muchos otros *emires* mamelucos, el fundador de la *madrasa* al-Tankiziyya de Jerusalén comenzó su vida como esclavo antes de convertirse en la más destacada figura militar y administrativa de Siria bajo el reinado de al-Nasir Muhammad Ibn Qalawun. Mecenas generoso, gracias a su inmensa fortuna financió numerosos proyectos arquitectónicos (*madrasas*, *caravansarays*, *hammams*, equipamientos hidráulicos) en Damasco, Jerusalén y en toda Palestina. Durante su brillante carrera, desempeñó también funciones de *saqi*, un cargo extremadamente considerado en la jerarquía mameluca.

Tuqan (familia)
Se debe a esta rica familia de Nablus la construcción (1149/1736-1737) del *hammam* al-Yadida en un palacio de su propiedad, así como la fundación de una de las más importantes fábricas de jabón de la ciudad, a finales del siglo XIII/XIX.

'Umar Ibn 'Abd al-'Aziz (16/681-101/720)
Octavo califa omeya (r. 99/717-101/720). Las reformas administrativas figuran entre sus mayores logros.

'Umar Ibn al-Jattab (r. 13/634-23/644)
Segundo califa ortodoxo, famoso por su equidad. Bajo su reinado, los ejércitos islámicos se impusieron a los imperios sasánida y bizantino.

Yalal al-Din al-Rumi (604/1207-672/1273)
Poeta sufí persa nacido en Balj, en el Khorasan. Después de varios años de estudio en Alepo y Damasco, donde coincidió, sin duda, con Ibn al-'Arabi, se instala en Konya, donde enseña jurisprudencia y derecho canónico, sucediendo a su padre, teólogo eminente que había sido invitado por el sultán selyuquí a dirigir una *madrasa*. Fundó la orden de los *derviches* danzantes. Su obra maestra, el *Mathnavi* ("Dísticos espirituales"), que lo ha hecho célebre, es una colección de reflexiones religiosas y morales que ejerció una profunda influencia sobre la espiritualidad iraní, mientras sus concepciones musicales marcaron la música turca.

Yunis al-Nawruzi, Emir
Construyó un *jan* en el año 789/1387, que posteriormente se convirtió en el núcleo de la ciudad de Jan Yunis.

ORIENTACIÓN BIBLIOGRÁFICA

ADDAS, Cl., *Ibn Arabi et le voyage sans retour*, París, 1996.

ADLER, E. N., *Jewish Travellers*, Nueva York, 1966.

AL-ISFAHANI, I. D., *Conquête de la Syrie et de la Palestine par Saladin*, trad. de H. Massé, París, 1972.

AL-SAYYAD, N., *Cities and Caliphs: on the Genesis of Arab Muslim Urbanism*, Nueva York, 1996.

BAEDEKER, K., *Palestine and Syria*, Leipzig, 1912.

BAGATTI, B., *The Church of the Gentiles in Palestine*, Jerusalén, 1971.

BLAIR, SH., y BLOOM, J. M., *Arte y arquitectura del Islam: 1250-1800*, Madrid, 1999.

BOSWORTH, C. E., *The Islamic Dynasties*, Edimburgo, 1980.

CAHEN, Cl., *Oriente y Occidente en tiempos de las Cruzadas*, Madrid, 2001.

CANAAN, T., *Mohammedan Saints and Sanctuaries in Palestine*, Londres, 1927.

CHEVALIER, J., *Le soufisme*, París, 1984.

CHEVALIER, J., *El sufismo y la tradición islámica*, Barcelona, 1986.

CLOT, A., *Soliman le Magnifique*, París, 1983.

CONDER, Cl. R., *The Survey of Eastern Palestine*, Londres, 1889.

CORTÉS, J. (ed.), *El Corán*, Barcelona, 1995.

CRESWELL, K. A. C., *Early Muslim Architecture* (2 vols.), Oxford, 1969.

CRESWELL, K. A. C., y ALLAN, J. W., *A short Account of Early Muslim Architecture*, El Cairo, 1989.

DUSSAUD, R., *Topographie historique de la Syrie antique et médiévale*, París, 1928.

ELISSÉEFF, N., *Nur ad-Din. Un grand Prince musulman de Syrie au temps des Croisades (511-569/1118-1174)*, Damasco, 1967.

ETTINGHAUSEN, R., y GRABAR, O., *Arte y Arquitectura del Islam: 650-1250*, Madrid, 1996.

GRABAR, O., *La formación del arte islámico*, Madrid, 1988.

HAYES, J. R. (ed.), *The Genius of Arab Civilization: Source of the Renaissance*, Cambridge, Massachusetts, 1983.

HILLENBRAND, R., *Islamic Art and Architecture*, Londres, 1999.

HITTI, P. K., *History of Arabs*, Nueva York, 1970.

HOURANI, A., *Historia de los pueblos árabes*, Barcelona, 1992.

HOURANI, A., y STERN, M. (ed.), *The Islamic City*, Oxford, 1970.

IBN AL-'ARABI, *Las contemplaciones de los misterios*, trad. y ed. de Suad Hakim y Pablo Beneito, Murcia, 1999.

IBN BATTUTA, *A través del Islam*, trad. de S. Fanjul, Madrid, 2002.

IBN MUNQIDH, U., *Des enseignements de la vie, souvenirs d'un gentilhomme syrien du temps des Croisades*, trad. de A. Miquel, París, 1983.

JAUSSEN, A., y SAVIGNAC, R., *Mission Archéologique en Arabie* (3 vols.), París, 1909-1922.

KURAN, A., *Mimar Sinan*, Estambul, 1986.

LAPIDUS, I. M., *Muslim Cities in the Later Middle Ages*, Cambridge, Massachusetts, 1967.

LE STRANGE, G., *Palestine under the Moslems, a description of Syria and the Holy Land from A.D. 650 to 1500*, Beirut, 1965.

LINGS, M., *¿Qué es el sufismo?*, Madrid, 1981.

MEISTERMANN, B., *Guide to the Holy Land*, Londres, 1923.

MOUTON, J.-M., *Saladin, le sultan chevalier*, París, 2001.

MURPHY-O'CONNOR, J., *The Holy Land*, Oxford, 1992.

ROBERTS, D., *Yesterday and Today. The Holy Land. Litographs and Diaries by David Roberts R. A.*, El Cairo, 1996.

SARTRE, M., *Trois études sur la Syrie Romaine et Byzantine*, Bruselas, 1982.

SAUVAGET, J., *La poste aux chevaux dans l'Empire des Mamelouks*, París, 1941.

SCHICK, R., *The Christian Communities of Palestine from Byzantine to Islamic Rule: A historical and Archaeological Study*, Princeton, 1995.

SHAFI'I, M. I., *La Risala, les fondements du droit musulman*, trad. de L. Souami, Arles, 1997.

SÖNMEZ Z., *Başlangıcıdan 16.Yüzyıla Kadar Anadolu-Türk Islam Mimarisinde Sanatçılar*, Ankara, 1995.

SOURDEL, D., *Histoire des Arabes*, París, 1985.

VV. AA., *L'Orient de Saladin. Le temps des Ayyoubides*, París, 2001.

VEINSTEIN G. (ed.), *Les usages du Livre Saint dans l'islam et le christianisme*, París, 2001.

WALKER, J., *Catalogue of the Muhammadan Coins in the British Museum*, vol. II: *A Catalogue of the Arab Byzantine and Post-Reform Umayyad Coins*, Londres, 1956.

AUTORES

Walid Sharif (Director del proyecto)
Titulado de la Facultad de Arqueología, Sociología y Antropología de la Universidad de Birzeit en 1982, diplomado de MA en Arqueología de Medio Ambiente por la Universidad de Durham (Reino Unido) en 1986, prepara actualmente su tesis doctoral en l'Université Lumière en Lyon (Francia).
Ha sido encargado de cursos y asistente pedagógico en el Instituto de Arqueología de la Universidad de Birzeit entre 1983 y 1993, período durante el cual participó en numerosas excavaciones arqueológicas en Palestina. Desde 1994, ocupa el puesto de Director General en la Dirección del Patrimonio Cultural y en calidad de tal es miembro del ICOMOS, ICROM e ICOM. Actualmente es miembro activo de la unidad de Patrimonio Cultural del proyecto "Belén 2000". Por otra parte, ha participado en numerosos cursos y seminarios internacionales sobre la conservación del patrimonio.

Mahmoud Hawari
Diplomado en Arqueología por la Universidad Hebraica de Jerusalén en 1978 y diplomado de MA en 1986, obtiene el doctorado de Estado en 1998 en Arte y Arqueología Islámicas en la Escuela de Estudios Orientales y Africanos de la Universidad de Londres. Su tesis doctoral se intitula *Ayyubid Jerusalem: An Architectural and Archaeological Study* (La Jerusalén Ayyubí: un estudio arquitectónico y arqueológico). Ha dado clases en las Universidades Palestinas de Birzeit, Belém y al-Qods (Jerusalén). Su trabajo en el Departamento de Cartografía y Geografía de la Sociedad de Estudios Árabes en Jerusalén (1986-1991) le ha proporcionado una considerable experiencia en la elaboración e ilustración de mapas. Por otra parte, ha trabajado también en numerosos documentales y ha adquirido una notable experiencia en el campo turístico. En calidad de arqueólogo de campo, ha participado en numerosas excavaciones y estudios arquitectónicos. Autor de varios artículos sobre arqueología islámica, ha intervenido en diversos coloquios nacionales e internacionales.

Marwan Abu Khalaf
Diplomado en Arqueología por la Universidad de Jordania en 1973, obtiene en 1975 su diploma de MA en Arqueología Prehistórica en la Universidad de la Sorbonne de París y su doctorado en Arte y Arqueología Islámica en la Universidad de Oxford en 1985, fecha desde la cual ocupa el cargo de Director del Museo Islámico de al-Haram al-Charif en Jerusalén. Ha dictado clases de Arqueología e Historia Islámicas en la Universidad de Birzeit, la Universidad de Hebrón (Cisjordania), la Universidad King Saʿud De Riad (Arabia Saudí). Desde 1992, es Director del Instituto de Arqueología Islámica en la Universidad de al-Qods en Jerusalén.
Participó en numerosas excavaciones arqueológicas, conferencias y seminarios nacionales e internacionales. Autor de varios artículos sobre arte y arqueología islámicas en Palestina, acaba de publicar el catálogo ilustrado del Museo Islámico de al-Haram al-Charif de Jerusalén.

Nazmi al-Juʻbeh
Diplomado en Estudios de Oriente Medio y Arqueología por la Universidad de Birzeit en 1979, Director del Museo Islámico de al-Haram al-Charif en Jerusalén entre 1981 y 1985, obtiene su MA en Estudios Orientales y Arqueología en 1988 y su Doctorado de Estado en Arqueología e Historia de la Planificación por la Universidad de Tübingen (Alemania) en 1991.
Ha sido profesor asistente en el Departamento de Historia de la Universidad de Birzeit y,

actualmente, está a cargo de la dirección del Departamento de Historia, Arqueología y Geografía de la Universidad.
En el Centro Riwaq para la Arquitectura Tradicional (al-Bireh, Cisjordania), del cual es codirector desde 1994, ha supervisado la realización del inventario de la arquitectura tradicional de Ramallah y al-Bireh. Por otra parte, es miembro activo de diversos organismos académicos y públicos palestinos. Entre 1992 y 1994, fue delegado en el seno del equipo palestino encargado de las negociaciones bilaterales de paz. Autor de varias obras y artículos sobre la historia y la arqueología palestinas, ha participado en numerosos seminarios y simposios nacionales e internacionales.

Yusuf Natsheh

Diplomado en MA y BA en Arqueología Islámica en la Universidad de El Cairo en 1975 y 1982, respectivamente, y doctorado en Arqueología Islámica por la Escuela de Estudios Orientales y Africanos (Universidad de Londres) en 1997 con una tesis intitulada *Ottoman Public Buildings in Jerusalem during the 16th Century* (Los edificios públicos otomanos en Jerusalén en el siglo XVI). Por otra parte, posee un diploma de guía.
Desde 1977 es director del Departamento de Arqueología Islámica de la Administración de los Waqfs en Jerusalén. En el marco de sus funciones actuales, ha participado en numerosos cursos de formación en temas de documentación, conservación y restauración de yacimientos y edificios arqueológicos. Ha dictado clases a tiempo parcial en las Universidades palestinas de Birzeit, Belén, Hebrón y al-Qods. Autor de varias obras y artículos sobre Arqueología Islámica, ha participado en numerosas conferencias nacionales e internacionales.

Mu'en Sadeq

Diplomado en Arqueología por la Universidad de El Cairo en 1979, obtuvo el diploma de MA y el doctorado en Arqueología por la Universidad Libre de Berlín en 1987 y 1990, respectivamente. Desde 1994 es director del Departamento de Antigüedades y Turismo de Gaza. De 1980 a 1984, trabajó como arqueólogo en el seno de la Misión Arqueológica francesa de Doha (Qatar) y fue codirector de las excavaciones arqueológicas franco-palestinas, sueco-palestinas y anglo-palestinas en la franja de Gaza. Fue encargado de cursos de Arqueología en el Instituto Superior de Arqueología de la Universidad al-Qods (Jerusalén) en 1991, vicedecano de la Facultad de Educación de Gaza y titular de la cátedra de Arqueología de Palestina entre 1991 y 1994. De 1994 a 2000, fue profesor de Arqueología (a tiempo parcial) en la Universidad al-Azhar de Gaza y dirigió numerosas investigaciones y campañas de excavaciones arqueológicas realizadas por equipos palestinos en la Franja de Gaza.
Aparte de sus contribuciones a conferencias y talleres locales, regionales e internacionales, ha publicado numerosos artículos y obras sobre Arqueología Islámica.

Naseer R. Arafat

Diplomado en Arqueología por la Universidad de Birzeit en 1995, ha continuado sus estudios especializándose en la restauración de edificios antiguos y documentación sobre la arquitectura tradicional en Palestina. Ha participado en numerosos seminarios locales e internacionales sobre la conservación y la rehabilitación de edificios históricos, en particular en el curso intensivo intitulado "Restauración y rehabilitación urbana en las ciudades islámicas" en el Instituto Superior de Estudios Arquitectónicos en la Universidad de York (Reino Unido).

El arte islámico en el Mediterráneo

Marruecos
EL MARRUECOS ANDALUSÍ
El descubrimiento de un arte de vivir *264 páginas*
cuenta la historia de los intercambios entre la frontera más alejada del Magreb y al-Andalus, durante más de cinco siglos. Las circunstancias políticas y sociales condujeron a una encrucijada de culturas, técnicas y estilos artísticos, evidenciada por el esplendor de las mezquitas, los minaretes y las madrasas idrisíes, almorávides, almohades y meriníes. La influencia de la arquitectura cordobesa y los modelos decorativos, los arcos de herradura, los motivos florales y geométricos andalusíes, así como el empleo del estuco, la madera y las tejas policromadas, muestran el intercambio continuo que hizo de Marruecos uno de los ámbitos más brillantes de la civilización islámica.

Palestina
PEREGRINACIÓN, CIENCIAS Y SUFISMO
El arte islámico en Cisjordania y Gaza *254 páginas*
explora un período durante los reinados de las dinastías ayyubíes, mamelucas y otomanas, en el cual llegaban a Palestina numerosos peregrinos y eruditos de todo el mundo musulmán. Las grandes dinastías encargaban obras maestras del arte y la arquitectura para los centros religiosos más importantes. Por atraer a los sabios más destacados, muchos centros gozaban de un prestigio considerable y promovían la difusión de un arte peculiar que sigue fascinando. Los monumentos y la arquitectura islámica de este Itinerario-Exposición reflejan claramente las conexiones entre el mecenazgo dinástico, la actividad intelectual y la rica expresión de la devoción popular, arraigada en esta tierra durante siglos.

Portugal
POR TIERRAS DE LA MORA ENCANTADA
El arte islámico en Portugal *200 páginas*
descubre los cinco siglos de civilización islámica que dejaron su impronta en la población del antiguo Garb al-Andalus. Desde Coimbra hasta los más lejanos confines del Algarbe, los palacios, mezquitas cristianizadas, fortificaciones y centros urbanos atestiguan el esplendor de un pasado glorioso. Este recuerdo artístico es la expresión de una delicada simbiosis, que ha determinado las particularidades de la arquitectura vernácula y sigue omnipresente en la identidad cultural de Portugal.

Túnez
IFRIQIYA
Trece siglos de arte y arquitectura en Túnez *312 páginas*
es un viaje a través de la historia de la arquitectura islámica del Magreb, para descubrir una civilización milenaria que convirtió en obras de arte sus espacios más importantes. Las grandes dinastías islámicas –abbasíes, aglabíes, fatimíes, ziríes, almohades, hafsíes, otomanos–, así como las escuelas y los movimientos religiosos islámicos dejaron la impronta de su expresión artística a lo largo de los siglos. El arte islámico de Túnez es una encrucijada de culturas y ha sido ampliamente influenciado por las costumbres artísticas locales, por los elementos arquitectónicos y decorativos andalusíes y orientales, por tradiciones árabes, romanas y beréberes, y por la diversidad del paisaje natural.

Turquía
LOS INICIOS DEL ARTE OTOMANO
La herencia de los emiratos   *252 páginas*

presenta las expresiones artísticas y arquitectónicas del oeste de Anatolia y el surgimiento de la dinastía otomana en los siglos XIV y XV. Los emiratos turcos desarrollaron una nueva síntesis estilística de las tradiciones centro-asiática y selyúcida con el legado de las civilizaciones griega, romana y bizantina. Los esquemas arquitectónicos de las mezquitas, los hammam, hospitales, madrasas, mausoleos y grandes complejos religiosos, las columnas y cúpulas, la decoración floral y caligráfica, la cerámica y la iluminación atestiguan la riqueza de estilos. El florecimiento cultural y artístico que acompañó al surgimiento del Imperio Otomano estuvo profundamente marcado por la herencia de los Emiratos.

Solo disponible en inglés:

Siria
THE AYYUBID ART
Art and Architecture in Medieval Syria   *288 páginas*

was conceived not long before the war started. All texts refer to the pre-war situation and are our expression of hope that Syria, a land that witnessed the evolution of civilisation since the beginnings of human history, may soon become a place of peace and the driving force behind a new and peaceful beginning for the entire region.

Bilad al-Sham testifies to a thorough and strategic programme of urban reconstruction and reunification during the 12th and 13th centuries. Amidst a period of fragmentation, visionary leadership came with the Atabeg Nur al-Din Zangi. He revived Syria's cities as safe havens to restore order. His most agile Kurdish general, Salah al-Din (Saladin), assumed power after he died and unified Egypt and Sham into one force capable of re-conquering Jerusalem from the Crusaders. The Ayyubid Empire flourished and continued the policy of patronage. Though short-lived, this era held long-lasting resonance for the region. Its recognisable architectural aesthetic – austere, yet robust and perfected – survived until modern times.

www.ingramcontent.com/pod-product-compliance
Lightning Source LLC
Chambersburg PA
CBHW070343240426
43671CB00013BA/2388